U0023860

思想觀念的帶動者
文化現象的觀察者
本土經驗的整理者
生命故事的關懷者

{ PsychoAlchemy }

啟程，踏上屬於自己的英雄之旅
外在風景的迷離，內在視野的印記
回眸之間，哲學與心理學迎面碰撞
一次自我與心靈的深層交鋒

心靈大師的自我療癒

榮格的30個夢

The Self Healing Journey of

CG JUNG

在大師的夢境裡
看見他的糾結，他的情感
以及你我共同的追尋

李孟潮———著

榮格的 30 個夢列表

* 本書收錄的 30 個夢境，如無特別說明，皆引自榮格自傳。

英文版：Memories, Dreams, Reflections by C. G. Jung, recorded and edited by Aniela Jaffe, translated from the german by Richard and Clara Winston, revised edition, VINTAGE BOOKS, 1989.

德文版：Erinnerungen, Träume, Gedanken von C. G. Jung, Aufgezeichnet und herausgegeben von Aniela Jaffé, WALTER VERLAG, 1997.

榮格的 30 個夢：心靈大師的自我療癒

少見以榮格思想寫成的榮格傳記

王浩威／作家，榮格分析師

1

即使是書寫同一個人，一本傳記可能因為從不同的面向切入寫作，而呈現出完全不一樣的結果。在這許多的切入面向裡，透過心理學或心理傳記（psychobiography）去理解傳主，是現在傳記學裡面的主流之一，至少是經常被引用的技巧。因為如此，「心理傳記」一詞也在二十世紀以後開始盛行。

然而，如果這本傳記要描述的傳主本身就是心理學家，那又會如何呢？艾瑞克·艾瑞克森（Erik Erikson）本身就是心理傳記的先驅之一，他一生的著作，包括《甘地的真理》和《青年路德》這兩本傳記在內，都是相當具代表性的心理傳記作品。然而即使是這樣一位偉大的心理學家，也少有關於他的心理傳記作品。

有關榮格傳記的數量，在心理學家當中，恐怕只有佛洛伊德才可以跟他相互抗衡。在這眾多作品中，李孟潮醫師所寫的這一本《榮格的30個夢：心靈大師的自我療癒》，顯得特別的有意思。

李孟潮是中國大陸相當具有知名度的心理治療師，不只是臨床實務的能力傑出，他博覽群書的功力也是眾所皆知的。出生於雲南的他，在武漢開始成為一位投入精神分析的精神科醫師，到了上海自行執業以後，更是開始涉獵榮格思想，包括在澳門城市大學心理

分析研究院完成了他的博士論文。

　　在這一本有關榮格的論述裡，他透過描寫榮格的三十個夢境，企圖達到兩個目的：一是介紹榮格學派的心理治療，包括他個人的實踐；而另一個目的則是透過這三十個夢，來描繪榮格的一生。

2

　　對榮格的分析心理學來說，夢永遠都是最重要的，因為無意識比意識更具優先性。透過這三十個夢來理解榮格的一生，等於是用榮格的理論來寫榮格的心理傳記，這是過去所沒有的，不只是世界不同語言有關榮格的上百本傳記恐怕不曾有過，甚至在其他心理學家的傳記裡，也相當不容易見到。

　　榮格的傳記，最為人所知的，當然就是一直到死後才發表的《榮格自傳：回憶・夢・省思》。在去世的前五年向來不太喜歡談自己私生活的榮格，終於答應了出版社的要求，在第二年，也就是 1957 年，開始著手進行這本傳記的寫作。當時已經衰老的他，「正常工作安排得很緊，又很容易疲勞，」然而和最後一任秘書亞菲（Aniela Jaffé, 1903–1991）開始口述以後，「開始時，他有點顧忌，很快地，他便對這工作熱心起來了。他越來越興味盎然地講起他自己，他的成長，他的夢及他的思想。」因為這樣的興緻，他同時也自己親手寫下了〈童年歲月〉、〈中學生活〉與〈大學時代〉的三章。其他的部分則有的是完全口述，有的是口述加上部分的手稿所寫成的。他們兩人的工作，在基本的架構和內容都初步完成時，榮格就忽然在短暫的疾病以後離開了人間。後來的編輯工作又參雜了家族成員不同的意見，使這本書在他去世的那一年年底才終

於問世。

自傳總有它獨到的價值，作者怎麼要看他自己，以及作者如何沒有看到他自己，都是十分有趣的事情。譬如榮格學者，也是德國現代思想專家保羅・必夏（Paul Bishop，1967-），在他所寫的榮格傳記裡，一開始就煞有其事地寫起榮格的祖父，也就是卡爾・榮格一世，是如何與歌德有密切的關係——包括他的母親怎麼認識的哥德，兩個人如何在一起，以及榮格一世又是如何在歌德友人照顧下慢慢長大。然而後來筆鋒忽然一轉，提到這些傳說其實都沒有真正的史料支持，開始進一步追問：「隔了兩代以後，這個小男孩日後的孫子對於所謂歌德是他的（非合法的）曾祖父，為什麼如此有興趣呢？」從這個點切入，他開始談到榮格對於父職，特別是父親形象，其實有著相當複雜的態度。然後開始解釋，榮格的父親為什麼讓榮格這麼感到困擾。

3

在榮格的自傳裡，有很多關於父親的片段：大家從瀑布裡把撈起屍體以後反應冷漠的父親，小榮格發燒哭鬧而沒法睡覺時唱著兒歌抱著他的父親，和同事用半是惱怒半是恐懼的語調討論耶穌會會士們陰魔活動的父親，半夜將他抱起來看火山爆發的父親⋯⋯。他寫下很多片段，每個片段裡顯然都有豐富的情感，但從來沒有十分直接地說到他的父親。除了他這麼寫著：「這一段相當長的時間裡，『女人』總讓我產生不可靠的感覺，而『父親』這意味著可靠但沒有權利⋯⋯」

然而到了李孟潮醫師的書裡，他所描述的三十個夢裡頭的第一

個，獨眼肉柱夢，也是榮格在自傳裡提到的：

　　有一個牧師樓孤零零地豎在勞芬城堡附近，教堂司事的院落後面有一大片草場。夢中，我站在這片草地上。突然我發現地面上有一個黑暗的、方形的洞……通向深處的一條石階，我畏首畏尾地走下去。下面有一扇拱門，隔著一道綠簾。簾子又大又沉……我把簾子推到旁邊……台上放著御座，金碧輝煌……上面還有什麼。那是龐然大物，幾乎觸頂……它的直徑五六十釐米，高達四五米。但是這個東西卻稀奇古怪：它由皮膚和鮮活的肌肉組成，而頂上有一種無臉無髮的圓頭；顱頂站著一隻獨眼，眼睛一動不動地往上看著……在這難挨一刻，我突然好像聽到母親從外面上方喊道：「對，可要看好了。這是食人者！」這更加劇了我的恐懼，我驚汗而醒，嚇得半死。

　　這樣的夢境，到了李孟潮的解釋裡，當然不是只有伊底帕斯情結這樣佛洛伊德式的解釋，而是更多層面的思考，譬如說，地下世界／夢／無意識對榮格心理學的重要性，或者從敘述當中可以看出榮格本身的心理類型：

　　然後我們可以看到，榮格細緻地描述地下世界第一層的各種細節——拱門、綠簾、穹頂、地磚、紅毯、坐墊、王座。這種捕捉聲物形狀、顏色、觸覺、味道等資訊的心理功能，稱為感覺與知覺功能。但這種功能被運用到外在事物，就稱之為外傾感知覺功能，被運用到內心影像和軀體知覺，就被稱之為內傾感知覺。

我們不難看出，榮格天賦異稟，有著令人吃驚的內傾感知覺功能，所以能夠栩栩如生地記錄夢境的細節。一般來說，兒童在發展的初期，社會是比較鼓勵他發展外傾感知覺能力，比如他要握持乳房、奶瓶、用餐具、走路等等，當然他也要感知身體、運動，也需要內傾感知覺功能的發展。榮格內傾感知覺如此發達，有一部分是創傷後過度補償，更多是因為這是他天生的優勢功能，這種通過描述、觀察內心意象、夢境，從而得到痛苦解脫的方法，一直持續到榮格成年。所以，他成年後也經常使用積極想像、夢境工作、繪畫、雕塑、瑜伽運動等各種方式，充分調動內傾和外傾的感知覺功能，以療癒自己。

當李孟潮開始用榮格的分析心理學觀點討論榮格的夢時，我們可以看到另外一個角度的榮格，甚至可以說是最屬於地下世界的榮格。而這樣的榮格，榮格自身一定知道，卻不習慣讓這一切浮上意識層面。作者李孟潮成為最好的解釋者，讓那些當事人——即便是像榮格這樣的心靈大師也不容易說出口的種種，如今都可以呈現在我們面前，引領著我們進一步沉思：榮格在心靈深處是怎麼樣的一個人？而包括榮格在內，我們所有人所擁有的無意識，究竟構成怎樣的一個世界？甚至，在我們集體的意識之外，那深刻地影響著我們的集體無意識，又是如何的？

4

李孟潮寫著榮格的夢，卻也寫出榮格這個人更深層的一面，同時讓我們透過這樣的閱讀親身體驗了榮格思想讓人著迷的一切。因

為如此，這一本書顯得特別——這是一本「以子之矛攻子之盾」的心理傳記，用榮格的心理學理論來寫成榮格心理傳記，這是過去所沒有的。在作者敘述這個故事同時，也讓讀者不只有理性的理解，更開始體驗到我們所不認識的自己，也就是所謂的無意識，又是如何影響著包括榮格在內的我們每一個人。

這其實是一本重要的作品，作者原本可以把它寫得相當學術的（而就我的認識，李孟潮醫師在這方面是有這樣的學術功力的），但他卻選擇寫成一本讓人可以相當愉悅地閱讀的好書，將讀者帶入到更深層的心理世界。他捨棄了學術的表達，也許就是想要讓更多人真正的體會到榮格的分析心理學重要而迷人之處。無論如何，作者能夠寫出這本書，確實讓我由衷佩服，也因此，我十分榮幸能夠在這裡向所有讀者作最真誠的推薦！

【推薦序 2】
發展自己看待榮格的觀點

陳宏儒／文心診所、心蘊心理諮商所諮商心理師

　　閱讀偉人或名人自傳一直是值得鼓勵的學習或自我修練的方式，我們總在閱讀個人故事的過程當中受到傳主的人格影響，若傳主是個思想家，我們便還能間接理解他的學思歷程，以及當時的歷史與思潮。

　　作為一個精神科醫師，榮格的學思內容主要集中在心理學與心理治療領域，但他的影響力卻擴及文學（特別是神話與童話）、藝術、宗教、靈性、神祕學、哲學中的本體論，以及影視娛樂領域。對於台灣人來說，認識榮格還給了我們一個新的切入點，去看見《易經》、煉丹、老子思想裡的心理學。

　　榮格心理學的特色在於，他所研究的心理學不單單停留在人類外顯行為，也非科學所能驗證之現象，與其說是心理學（psychology），我們或可說是一門心靈之學，研究靈魂（soul）、精神（spirit）、心靈（psyche）。莫瑞‧史丹的《榮格心靈地圖》一書，將榮格譽為「發現人類內在世界的哥倫布，人類的先知，神祕心靈世界的拓荒者。」

　　有些尋求心理諮商的人會自嘲自己窮得只剩下錢，來凸顯自己物質充沛，但卻仍無法安頓精神生活。榮格 1933 年寫了《尋求靈魂的現代人》一書，對於處在科技日新月異，或將步入虛擬世界，

面對兩年疫情還緊接著俄烏戰爭的現代人來說，其中思想仍然受用。榮格曾言：「觀外者，夢；觀內者，醒。」不論是面對科技、虛擬世界、疾病帶來的孤單疏離或戰爭等，榮格都在提醒我們重新回到根本，看向內在世界，關注自己的靈性發展。

少有名人自己為自己寫傳記，當人為自己寫傳記時，其內容想必是更加深刻，也難免揭露更多私密的部分。張老師文化所出版的《榮格自傳：回憶・夢・省思》即是這樣的一本書。這本書由榮格主筆數章，其餘由他親述，女弟子兼秘書安妮拉・亞菲執筆完成。我猜想對於一般大眾來說，《榮格自傳：回憶・夢・省思》較能激起好奇或帶來學習的重點，可能會在於他與精神分析學派創始人佛洛伊德的關係、他的神祕體驗、他的科學家精神以及他如何面對逆境。

若嫌《榮格自傳：回憶・夢・省思》有些生硬，台灣先智出版的《漫畫榮格》與立緒出版的《榮格》，都是認識榮格較好入手的圖文著作。若要更認識榮格的晚年生活，心靈工坊出版的《遇見榮格：1946-1961 談話記錄》與《榮格的最後歲月：心靈煉金之旅》是後續可以再進一步閱讀的作品。若對於榮格的情感生活有興趣，則可以閱讀商周出版《危險療程：心理學大師榮格、佛洛伊德，與她的故事》。

外行看熱鬧，內行看門道，若讀者是心理專業工作者，或者想了解榮格分析、榮格心理治療的人，應該會關切榮格自己作為一個心理學家，又是分析心理學這個門派的創始人，他的世界觀、人性觀，以及他的心理治療理論與實務工作是如何從其家庭脈絡、特殊體驗、實務經驗、個人自癒之路所發展出來的，這些內容也都詳述

在《榮格自傳：回憶・夢・省思》。

上述的神祕體驗、特殊體驗是什麼呢？我初步歸為七類：夢、幻象、創作、同時性、靈異現象、占卜、煉金術。而本書《榮格的30夢：心靈大師的自我療癒》最精彩之處就在榮格夢境的彙編與理解。

榮格是個內在世界特別活躍之人，在榮格走向精神醫學、學習精神分析釋夢以前，榮格就有好幾個夢的記憶了。在本書中，作者李孟潮醫師以中文、英文、德文三語並陳地記載了榮格一生中的三十個重要夢境，多數記載在《榮格自傳：回憶・夢・省思》裡，說明榮格夢境與其心理的關連，並於末章以其個人夢理論框架，進行夢境象徵的理解。

夢詮釋的原則之一是，若能收集夢主的數個連續夢境再來予以詮釋，會更能理解個別夢境當中的個別象徵在連續夢境脈絡下的意涵。對於榮格分析或榮格式釋夢的學習者來說，《榮格的30個夢》帶給我們一個機會，以榮格的夢學說來看榮格之夢，以懂榮格其人。雖然說這三十個夢多數記載在《榮格自傳：回憶・夢・省思》，但作者的編排方式更便於我們以榮格個人的連續夢境來理解其心理發展歷程，這是本書最大的特色與貢獻之一，而作者對夢象徵所做出的詮釋，對於釋夢學習者也有值得參考之處。若對於釋夢有興趣，心靈工坊有出版《與內在對話：夢境・積極想像・自我轉化》、《榮格解夢書：夢的理論與解析》、《夢，通往生命的泉源》可供進一步參考。

在《榮格的30個夢》當中，作者還提出了一個統整榮格情結、原型、心理類型理論、艾瑞克森社會心理發展理論、精神分析

的客體－自體的綜合理論框架，從中回看榮格一生的個體化歷程。這樣統整性的理論視框應是作者首創，理論框架的簡潔美感確實帶來一種滿足感，但榮格理論是否能這樣拼組，在合理性與應用性上可能需要進一步觀察、測試與討論。

榮格本人深受佛洛伊德對理論的固守所苦，其理論的概念也一直隨著時間演變，而榮格本人也曾避免將個人理論定為一尊，要他人恪遵奉行。畢竟，個體化的思想是鼓勵每個人發展自己獨特性的，若過分堅持理論的純粹正確使用，可能反過來阻礙了榮格精神的實踐，以及理論進一步演化的可能性。

本書在幫助理解榮格其人與學說上有獨特的重要性，但一般來說，要對已故之人的心理進行理解與剖析，通常會建議盡可能先全面收集資訊，再來找到理解與分析的觀點，就如同在看電影的評析之前，最好能先想過自己的看法。基於此，我建議讀者先閱讀過《榮格自傳：回憶・夢・省思》，再閱讀本書為宜。若求完整，除了上述推薦之書，還另外推薦《紅書：讀者版》，搭配紅書的網路圖片來理解榮格幻象爆發與創作的階段。榮格已死，榮格其人反而具備了象徵性，也就有了多元理解的空間。本書的閱讀過程當中，讀者可以體會到作者在考究上的用心，盡力達到客觀、中立、持平，但仍建議讀者將本書視為一種理解的「觀點」而非「定論」，讀者也可以嘗試發展自己看待榮格夢境與個體化歷程的觀點。

榮格的求真精神是我最欣賞的，雖然研究神祕現象，但仍運用科學思維來加以探究，並有獨立的勇氣去追求其個人的真理。願榮格不是成為讀者依循的律則，而是成為探究個人生命真實，追求個人生命意義的啟蒙。

一本給所有榮格學習者的案頭書

鐘穎／愛智者書窩主持人、諮商心理師

榮格心理學無疑地已經成為所有關切靈魂、生命乃至死亡的現代人最重視的一門學問。為什麼？因為我們不再相信宗教，而當代哲學又太過理智、枯燥，跟個人的情感和經驗絲毫不起聯繫。

但環繞在榮格身邊的懷疑與反感，和對他的尊崇與喜愛一樣多。這種救世主情結與權威情結齊集於一身的現象與心理學界對佛洛伊德的矛盾觀感相同，都是榮格已然成為大師的證明。

我有時會收到這樣的來信，質疑為何不在講座裡多講一些他荒唐的感情史和為納粹服務的醜事呢？當然更多的是相見恨晚的感謝，認為自己活了大半輩子，才聽過榮格，頗受他感召與吸引。

一個誕生於清朝時代的古人，竟然能在二十一世紀的今天繼續受到這麼多人的討論，被他的愛與恨，深刻的體悟與混蛋的行徑給擾動，這樣的現象本身就很值得進一步瞭解。究竟，榮格是一個怎樣的人呢？

除了早早就已翻譯進來的《榮格自傳：回憶‧夢‧省思》，探討他和佛洛伊德、女病人薩賓娜的不倫戀書籍《危險療程》，以及由心靈工坊所出版的《榮格學派的歷史》一書外，台灣其實不容易找到更多有關榮格本人的中文文獻。我曾經在臉書社團上做過票選，《榮格自傳》是大家接觸榮格的第一本書，但很有意思的是，

這本書留下的是更多迷霧。原因是當時已 83 歲的榮格並未對外在事件或人物做太多描述，他說自己「有關外在經歷的記憶都消退了，或許它們壓根兒就不重要，或許它們只在與我內在發展期間同時出現時才重要。」

畢竟這是一個心靈能量已經高度向內集中的年紀，對於內傾型的榮格來說更是如此。但也正因如此，今日的我們很難從他的自傳裡瞭解榮格如何成為他後來的樣子？

對我來說，學習榮格的歷程是一個拼湊拼圖的歷程。他的思想歷經多次轉變（阿妮瑪的概念就是一例），有時我瞭解越多，就越懷疑自己過去是不是誤解了榮格。但，這一切矛盾與不確定，正是一個偉大思想家的標誌。固然很可能有一些核心的東西是早早確立的，但環繞在此核心周遭的論述必然會因為論述者年齡階段的不同而有所變化。

這一本書的獨特之處就在這裡。作者是以發展心理學的概念重新建構榮格理論與生命史的軌跡的。書裡根據榮格的年齡階段依次分析了留存於世的三十個夢，詳盡而且獨具一格，關於榮格本人的盲點與偏見，以及世人對他的盲點與偏見（例如榮格被當作納粹份子的誤解），也都做了很清楚的表述。

這邊多嘴一句，當我們以後見之明來評論前人時，很容易犯下各種過錯，將應該屬於時代的部分歸因於個人。要知道，沒有人能逃過他的時代，而聰慧如榮格，也很快地就發現了納粹的偏見與引發的政治仇恨。

有些讀者可能覺得榮格與自己孩子的關係頗耐人尋味，畢竟他的夢境中未曾出現過自己的孩子（至少現存的夢境沒有），對此，

或許我們可以猜想，他與其同代人不同，孩子並不是他用來對抗死亡焦慮的武器。一個不倚靠子代來面對死亡的人，顯然更需要堅定且孤獨地走向個體化／自性化之路。

這或許也是當代這個不婚不生的社會之所以越來越喜愛榮格的原因，我們需要這個「單身」的楷模來自我激勵。很遺憾的是，這個單身形象肯定曾讓榮格的妻子與孩子感到痛苦，因為一個愛孩子的父母不可能讓自己多次陷入麻煩的外遇危機中。但也因為如此，我們覺得他更像一個「人」，一個和我們一樣有不同缺陷和欲望的人類同伴。

除了榮格與女性的關係外，他與男性的關係也頗值得我們探討。他和佛洛伊德之間的關係相當程度上再現了他和自己父親的關係：從親密到疏離。讀者可能會大感意外，因為他本人認為影響自己理論最深的不是佛洛伊德，而是德國漢學家衛禮賢。

這樣的父子情結同樣可見於他的夢境，從他中年時所做的死去父親婚姻諮商夢（夢 18），到他死前的父親聖經夢（夢 25），都可以清楚看見一個人對其內在或精神父親的苦苦尋求。他迫切地需要父親的認同，若將「父親」一詞延伸到集體的層次來說，他需要的是對家國與歐洲文化的認同。這也是為何他中年之後轉往東方尋求理論支持的原因。

正是如此，我們才會看見榮格在詮釋東方宗教經典時出現的那些偏誤。東方經典是他用以證成自身理論的工具，因此有時他的詮釋有簡化或錯解的嫌疑（例如逆著解說《西藏度亡經》），但這是東西方思想產生接觸時的必然，當中肯定有彼此相通或無法相通的層面。而榮格本人卻是大方地接受了這樣的差異，甚至屢次提醒西

方人不可盲目接受印度的瑜伽。

因此他後來返回了西方的煉金術傳統，從那裡尋求自我以及文化的救贖。這一點同樣可被我們理解為對父親（即家國與文化認同）的一種尋求。返回到煉金術傳統後，他終於與西方的文明和解，同時也在夢裡與父親和解。那個他曾經認為永遠不可能達到自己高度的父親，在父親聖經夢裡成為了一個獨立的大學者，對夢中的榮格與兩位精神科醫生談論著大量他們聽不懂、追不上的知識，榮格因此生著悶氣，惋惜父親不得不跟三個笨蛋說話。

在我們這個時代，對精神父親的尋求是更加重要了。由於「禮崩樂壞」，上一代的價值觀無法套用至這一代，而我們這一代的想法也不再適用於下一代。尋求父親，或成為自己的父親，因此變成了現代人普遍的渴求，而這有時催生了狹隘的民族與愛國主義。政治上各種對相反意見的不寬容，例如出征、陰謀論、文字審查以及炎上的行為都能在這裡找到解釋。

學習榮格無疑會帶來自我的剖析，無論是愛還是恨，皆是如此。今天我們想要親近的不只是一位心理學的思想大師，更是一個自相矛盾、為各種心理議題與情結而受困掙扎的人。讀者們必然會從這一本豐富精彩的榮格傳記裡找到你在他處看不見的材料，同時又能藉由作者深厚的筆力和眼光來理解榮格，以及他的夢與他的時代。更重要地，本書還為我們示範應該如何把這一切和中國的歷史與當代的華人世界做有意義的比較與結合。

我毫不懷疑這本由李孟潮醫師撰寫的作品會成為所有榮格學習者的案頭書。能看見榮格在國內傳記學上的缺漏被如此完整地補足起來，我的心中的某個遺憾似乎也跟著一起消退。當我們越加理解

他的偉大與不足的同時，似乎也就越加理解甚至諒解了自己的偉大與不足。

　　大梅禪師問馬祖道一：「如何是佛？」馬祖道一回答：「即心即佛。」大梅禪師若有所悟。後來馬祖遣人拜訪大梅禪師，來人說馬祖禪師最近又有新體悟。大梅忙問：「有何不同？」來人回答：「非心非佛。」大梅笑道：「任他非心非佛，我只管即心即佛。」馬祖知道這件事後，笑著說：「梅子成熟了。」

　　榮格用他的一生實踐了個體化，而這本書幫我們很好地再現了這個過程。不論是「非心」還是「即心」，祝願每個讀者都能安穩地走在屬於自己的路上，一起成熟。

爬梳榮格人生，知其理論所以然

蘇益賢／臨床心理師，初色心理治療所副所長，
臉書粉專「心理師想跟你說」共同創辦人

第一次比較有機會認識榮格理論，是在大學二年級心理系的一堂選修課「諮商理論與技術」，相信也是不少心理人共通的回憶。翻開教科書，映入眼簾的是百花爭鳴的各種諮商學派。不過，就算是不同作者、不同年代的諮商理論教科書，總有一些重要人物是不會缺席的。好比：佛洛伊德、阿德勒、法蘭可、貝克，以及《榮格的 30 個夢》本書的主角——榮格。

回憶起我和榮格的「初次見面」，其實不算順利。那時的我還是個剛踏入心理學領域的新手，光是要「理解」榮格提出的概念就費了不少心力。此外，在典型心理系大一的課程中，不少課程都頗為強調心理學的科學性，提醒我們研究、數據、實證證據的重要性。剛經歷了這樣訴諸科學、理性的訓練洗禮，也讓當時的我在學習各種諮商理論時有種矛盾與混亂感。

榮格對於人性的諸多珍貴洞見，對當時的我來說，就只是強記於心、考試寫得出來，卻沒有真正神會的破碎知識。隨後，因為課堂上也開始介紹其他學派的理論，我對榮格的認識，就停留在那時的印象了。

下一次再學習路上巧遇榮格，是在另一個有趣的場合。當時

對「創意」議題深感興趣的我，報名了學校當時開設的「創意學程」。該學程網羅了當時政大不同學院、學系裡，對創造力教育有興趣的老師，共同開設系列課程。還記得，那堂課叫做「基礎創意寫作」，由傳播學院廣告系陳文玲教授開設。

在這課堂裡，老師帶著來自不同領域的學生，從自由書寫開始，慢慢地往我們每個人的內心世界走去。一邊體驗書寫，老師也聊起了意識與無意識。這讓我心理系的大腦開始感到興奮：居然會在不是心理系的地方，再次遇見心理學！

除了書寫，老師也教我們畫曼陀羅（mandala，梵語，意指圓、中心）。在懞懂的狀態下，修課學生都完成了自己人生的第一幅曼陀羅，並在老師的引導之下，我們試著在彼此的曼陀羅中看見自己、看見集體潛意識、看見陰影。

雖然這些體驗已經是十幾年前的往事，但我現在仍記憶猶新。在課堂上，我放下了數據、放下了實證、放下了過往讓我感到安心的「理性腦」，在與其他同學互動的過程中，一起去認識原型、陰影、分裂與整合。在意想不到的緣分之下，這些榮格提出的洞見，讓大學時期的我有機會用另一種取徑，更認識、更靠近自己一點。

這段從「理性」到「感性」，甚至有機會「整合」的學習歷程，現在想想還真是「榮格」，也影響了我後來對於如何「深化諮商理論」的想法。

我的淺見是，要學好諮商理論，僅有知識上的理解是不足的。透過經驗式的體驗，藉由諮商理論的骨架來試著往自己內心走一段路，以自己的經驗來把肉填上骨架，理論將更有機會內化。

除此之外，若有機會去認識提出諮商理論與人性觀點的

「人」：了解他們的人生如何發展、他們曾有過的困頓、他們如何面對這些困頓等，這樣的認識，讓諮商理論除了骨與肉之外，也添上了血——諮商理論才有了生命。

在體驗完曼陀羅之後，我很好奇這項工具是在怎樣的情況下被榮格所使用？看了榮格的生命故事才知道，背景脈絡是在他與佛洛伊德關係決裂、深受幻覺折磨，困在中年危機的時刻，他藉著這種工具來探索與整理自己。

＊　＊　＊

在閱讀《榮格的 30 個夢》一書時，我回憶起這些往事，也一邊補足了自己所知並不完整的榮格生命故事。在作者李孟潮醫師筆下，榮格彷彿走出教科書一般，變得更為真實與完整。本書從少年到老年，呈現出榮格人生的美麗與不美麗。作者以榮格理論「榮格」他的生平，輔以當代個案的實務經驗或社會觀察，讓我們看見榮格洞見的歷久彌新。

如果過去從教科書裡初步認識了榮格，那本書會非常適合作為您往後深入探索榮格之前的銜接。除了榮格的生平、理論的闡述與分析之外，本書更貼心地附上了讓讀者能自行按圖索驥的延伸閱讀。有骨、有肉，到本書補足的血，相信藉由爬梳榮格的人生，能讓我們在後續深入探索他的思想時，更能知其然，也知其所以然。

修通投射，以求心內無戰

李孟潮

> 山下有風，蠱，君子以振民育德。
>
> ──《周易·象傳·蠱卦》

早春三月，收到了本書寫序邀請，此時，歐洲上空，正籠罩在戰神陰影之下。

俄烏戰爭帶來的恐慌、緊張、興奮、疑惑，也深深感染了兩岸人民。

一夜之間，我們兩微一抖 BFT [1] 的朋友們，紛紛由抗擊病毒的傳染病專家變形為國際戰略專家和區域軍事專家。一片喧囂中，我看到了 2019 年 12 月 13 日的卦象，在此書寫作之時占卜而得，主卦是蠱卦，變卦為坤卦。

《焦氏易林》的作者，焦延壽，在一片黑暗中，在西漢的一星燭光下，寫下了此卦判詞，「灟灟騑騑，歲暮編敝。寵名棄捐，君衰在位。」

這十六個字可如此翻譯為白話文，「車隊轟轟隆隆地前行，歲月的黃昏即將來臨，一切都偏執不明，一切都七零八落，曾經擁有

1 　兩微一抖 BFT：指微信、微博、抖音、嗶哩嗶哩（Billibilli），FaceBook、Twitter 這幾個常用社交媒體。

的寵名被放棄，君王已衰頹空在其位！」[2]

蠱壞時代對我們這代人來說並不陌生，我就出生在上一個蠱壞時代（冷戰）後期。

榮格一生，都在蠱壞時代中度過，他關於戰爭有切膚之痛，論述頗多，以至於勒溫（Nicholas Adam Lewin）專門寫了一本書總結榮格戰爭觀，名為《榮格論戰爭、政治和納粹德國：探索原型理論和集體無意識》（*Jung on War, Politics and Nazi Germany: Exploring the Theory of Archetypes and the Collective Unconscious*），簡而言之，榮格認為心內無戰爭，則身外無戰爭，人們之所以有戰爭，是無法整合一系列集體無意識原型的結果。（Lewin, 2009）

海峽兩岸，過去也彼此投射各種集體無意識原型，不出意外的話，未來還會彼此投射下去。在我個人的記憶中，台灣最早是被投射為陰影和魔鬼，它被描述為蔣匪幫巢穴，隨時有可能反攻大陸，與此同時，台灣人民又被投射為棄兒、孤兒，等待我們去解放，去救助。

很快冷戰結束、改革開放，我們開始趴在短波收音機旁邊傾聽鄧麗君、劉文正，青年們喊出了文化解放的口號：「女學鄧麗君，男學劉文正」，他們倆承擔起大陸青年的阿妮瑪和阿尼姆斯投射很多年，儘管報紙上仍然有人批判鄧麗君的歌曲是色情歌曲，有人指責劉文正的衣著服飾是流氓作風。

年少的我情竇還沒有初開，聽不出鄧麗君那氣聲唱法有何色情意味，看不出劉文正那帥氣服飾有何流氓意涵，直到多年後學習了

2　「君衰在位」一句，有些版本寫為「君襄在位」。

佛洛伊德、《性學三論》，才恍然大悟，暗自佩服那些人敏感的泛性論嗅覺。

到了九○年代，台灣文化幾乎成為大陸文化的主流，從羅大佑到南懷瑾，從滷肉飯到誠品書屋，台灣成為了完美自性原型的投射對象，人們都以為台灣女孩最溫柔善良，台灣男孩最儒雅俊逸，台灣人都博古通今、自成一體、自由自在、自得其樂，自性圓滿。

這一類投射雖然誇張，但是有些也有現實基礎，比如大陸第一批心理治療師，就是通過台灣的「蜉蝣論壇」來瞭解歐美心理治療訊息的，迄今為止，台灣的心理治療，也還是有不少方面超過大陸的發展水準。

另外一些就更多是幻想，比如我很長時間都以為台灣是實行美國式民主體制，國民個性自由解放的，後來才知道台灣的軍事集權時期居然比大陸還長，難怪侯德健要跑到大陸，難怪小虎隊那麼整齊劃一的衣服和舞步，更接近日本少年隊那種東亞威權主義，與同時代的街頭頑童（New Kids On the Block）大相逕庭。這幫美國少年，每個人的衣服和舞步都不一樣，隔著五百米都可以認出誰是誰。（許倬雲，2013）

最近幾年，則兩岸網民又再次陷入了陰影的投射性認同，相互指責對方是井底之蛙，儼然不顧青蛙的表皮下可能隱藏著王子那玉樹臨風的靈魂，只等待著公主的深情一吻就可以感應轉化。

榮格當年把陰影投射當作是戰爭的主要原因，當然是對戰爭的理解過於簡單和片面，不過，當人民陷入偏執－分裂心態，產生大量陰影投射，的確是更加容易被煽動起來支持戰爭。這已在之後的戰爭心理學研究中得到驗證。（LeShan, 1992; Mitsherlich &

Mitsherlich, 1977）

心內無戰則身外無戰，心中無爭則身外無可爭，則無偏執－分裂，無陰影投射，這種共時感應的原理說起來不過「天人感應」四個字，但是做起來卻異常困難。榮格自己也跌跌撞撞摸索了一輩子。

本書便是總結了榮格這一輩子的自我療愈經驗，主要是通過榮格從小到大的三十個夢境來考察榮格這一生愛恨情仇，關鍵在於最後一章和附錄，總結了自性化過程的自助工具——通過系列夢記錄表來分析每個人自己的情結發展、原型投射。

這本書當然也幫助了我自己修通了各種投射，其中也包括對「台灣」這個客體的投射，故而也希望它能幫助讀者們修通自己的各種投射，無論是大陸讀者，還是台灣讀者，雖然在這萬物蠱敗萬事蠱壞的時代，時間的箭頭都指向你鎩羽而歸的故鄉，也許你可以做的事情可能只是唏噓感歎，「黃卷清琴總為累，落花流水共添悲。」（李孟潮，2019）

衛禮賢在上一個蠱壞時代，一片喧囂中，在德國斯圖加特（Stuttgart）古堡，一片黑暗中，一星燈光下，看到蠱卦的爻辭，「不事王侯，高尚其事。」，孔子的註解，「『不事王侯』，志可則也。」衛禮賢神光內攝，照亮自己無意識中的情結、自體、客體和原型，他寫下如此領悟，「此爻位於頂部，剛健，它處於三爻卦艮卦（山）的最高點。故而它不為處於九五位的君王服務，而是為自己設定了更高目標。它不只為某一時代工作，而是為整個世界，

為千秋萬世工作。」[3]

　　這首止戰之殤被仇恨擦亮在遠方野蠻，「傾城人哭哀聲震，漫地花飛白雪翩。空有如濤傷心淚，神鷹高逝永不還。」

參考文獻

李孟潮著。（2019）。《濁眼觀影》。北京：臺海出版社。

許倬雲。（2013）。許倬雲說歷史：台灣四百年。杭州：浙江人民出版社。

LeShan. L. (1992). The Psychology of War: Comprehending Its Mystique and Its Madness. Chicago: Nobel Press. 中文版見：〔美〕勞倫斯・萊尚著，林克譯。（2011）。戰爭心理學。北京：中國人民大學出版社。

Lewin, N. W. (2009). Jung on War, Politics and Nazi Germany: Exploring the Theory of Archetypes and the Collective Unconscious. London: Karnac Books Ltd.

Mitsherlich, A. & Mitsherlich, M. (1977). Die Unfähigkeit zu trauern: Grundlagen kellektiven Verhaltens. Berlin: Piper Verlag. 此書中文版見〔德〕亞歷山大・米切利希，瑪格麗特・米切利希著，楊慧，韓魏譯。（2019）。無力悲傷：集體行為的原理。北京：

3　This line is at the top, strong, and at the highest point of the trigram Kên, the mountain. Therefore it does not serve the king in the fifth place but sets its goals higher. It does not work for one era, but for the world and for all time. (Whilhelm & Baynes, 2003, p.481)

世界圖書出版公司。英文版見：Mitsherlich, A. & Mitsherlich, M. (1975). translated by Beverley R. Placzek. The Inablity to Mourn: Principles of Collective Behavior. New York: Grove Press.

Whilhelm, R. & Baynes ,C. (2003). I Ching or book if changes. London: Penguin Books. p.481.

樹無法長高至天堂

除非根深及地獄

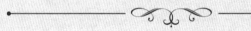

——榮格——

第一章

閱讀榮格的時代意義

為什麼 2020 年的我們，還要閱讀榮格這個人——這個 1875 年出生的人，他的故事，他的思想？

　　1875 年，同治帝去世，光緒帝繼位。試想，如果榮格心理學是一門科學，一門純粹的科學，誰會想到要去閱讀晚清的科學文獻呢？例如科學心理學奠基人馮特（Wilhelm M. Wundt）等人著作，大多無人問津了。

　　但榮格卻不同，他成了屈指可數、死後仍不斷有新作品問世心理治療師。例如 2009 年，他的日記《紅書》問世，引發轟動；2019 年，他又出版兩本新書，一本是心理學史演講稿，另一本是對物理學家包立（Wolfgang E. Pauli）的夢的研討會；2020 年，他的七卷本《黑書》也出版了。據悉，榮格未出版的日記、信件、研討會演講稿還有二十多卷，換句話說，以後十多年，每年這個過世已久的老頭都會有新書出版。

　　人們為何對一個心理治療師懷有如此熱情？我想這種熱情，就在於榮格的心理分析有四大特點。首先，榮格的作品是有趣的，文風多樣，文體多變，主題吸引人。他既研究精神病人，又研究文化宗教，還對輪迴重生、外星人飛碟等議題探祕。他從事非常符合科學心理學的實驗研究、問卷調查，甚至用統計學來研究占星學的夫妻合盤。與此同時，他也創作幾乎是純文學的日記體小說如《紅書》和《榮格自傳》[1]。所以知識份子們總被他吸引，激發出興趣。

　　其次，他的行文內涵相當廣博，引用大量的世界文化遺產，從

1　【編註】指 *Memories, Dreams, Reflections* 一書，繁體中譯本為《榮格自傳：回憶‧夢‧省思》。本書後續各章節，如無特別註明，所提到的榮格自傳即指本書。

西歐的《浮士德》、古希臘神話到中國的《易經》、道教等，包羅萬象。讀者們意外地發現，閱讀榮格還能順便惡補文化史，尤其是亞洲中國人會驚喜發現，曾經差點被視為垃圾扔掉的傳統文化，卻被榮格視為心理學珍寶，高度讚譽，這對於重拾文化自信實在非常給力。

第三，閱讀榮格作品能帶來意義。《沉默的羔羊》男主角安東尼‧霍普金斯（Anthony Hopkins）有次接受採訪時，就說他正在閱讀榮格。他和榮格一樣，常受各種各樣的幻覺干擾，但他不僅沒有患精神分裂症，反而還能夠經由學習榮格學說去瞭解、發現這些幻覺的意義，進而和它們和平共處。後來，他甚至專門設立了一個網站，幫助那些受幻覺困擾的人們，也許他就能幫助到下一個霍普金斯，或者幫助到下一個數學家奈許（John Nash）——電影《美麗境界》的那個主人翁，也是一個長期生活在幻覺中的人。痛苦並不可怕，可怕的白白受苦，苦得毫無意義。榮格學說可以說就是專門為治療現代人的空虛、無意義感而發明的，能填滿冷漠的心靈黑洞。

第四，能幫助我們成長。當一個人透過閱讀榮格，而感受到自己的生活有趣味、有涵養、有意義時，將能夠不斷地感受到自己存在的完整感、獨一無二感，與道合一，獨立而不改，周行而不殆。榮格把這種心態稱為，「自性化」或者「個體化」（individuation）[2]。

2　【編註】王浩威醫師在莫瑞‧史丹（Murray Stein）著之《男人‧英雄‧智者》一書的譯註曾指出，Individuation 這一個字在榮格心理學裡一直都是不容易翻譯的。一方面，就像廣義的心理學一樣，孩童時期如何脫離母親，以及後來如何脫離家庭，一直都是個重要的議題。在心

榮格的學生、秘書，榮格分析師安妮拉・亞菲（Aniela Jaffé）
撰寫過一首小詩，如此描述自性化心態，原文如下：

He looked at his own Soul With a Telescope

What seemed

All irregular, he saw and

Shewed to be beautiful Constellations

And he added to the Consciousness hidden Worlds within worlds

這首詩大體可以翻譯如下：

抬起望遠鏡他望向自己的靈魂

貌似一切混亂無章

他看到的卻是

展示於其眼前的卻是團團美麗的星雲

他為此添加上意識心靈

隱藏於世界內部的世界

　　我們今天的世界也是這樣，看上去一團亂麻，青年人們好像都
有「空心症」，中年人們好像都是「油膩大叔大媽」，老年人則幾

理學裡，包括佛洛伊德的精神分析，一般在英文字的採用則是 individuation 和 individualization
交互使用的。在強調前半生的心理學裡，譬如重要的精神分析師瑪格列特・馬勒（Margaret
Mahler, 1897-1985）所提出來的分離─個體化，英文是 separation–individuation；然而榮格所強
調的不只是前半生，還強調後半生，特別是自性（Self）的追求。因為如此，許多人將這一個
名詞翻譯成自性化，強調的是自性的追求，同時也容易和中國傳統「修身養性」或心性說法
的觀念來對話。翻譯成個體化，失去了榮格對後半生修為追求的強調；翻譯成自性化，又忽
略了榮格心理學對自我和自性的起源和發展所投入的思考和討論。

乎全面變成了「巨嬰」，歸根結底，還是老、中、青三代人在工業化、城市化的進程中，喪失了田園生活的幽靜、休閒和灑脫心態，再也找不到人生的樂趣、品味和意義。

類似的心態，幾乎是所有社會在工業化、城市化進程中必然付出的代價。榮格本人就是面對這種進程的人類之一。他寫過一本書，名為《追尋靈魂的現代人》（*Modern man in search of a soul*），書名很好地總結了他工作的方向，就是為失魂落魄的現代人尋找到心的方向，不要再感嘆「永遠回不去的地方叫做故鄉，永遠到不了的地方叫做遠方」，不要活在這種漂泊感、無根感中。

所以也許正是這個原因，榮格也受到了從十九世紀到現代幾代人的歡迎。在榮格活著的時候，他最著名的病人之一，就是諾貝爾獎獲得者物理學家包立，另外一個諾貝爾文學獎獲得者赫曼‧赫塞（Hermann Hesse）也是榮格學生的病人，同樣深深受到榮格學說的影響。到了 1960 年代，榮格也對歐美的一代尋求靈魂解脫的人們具有深遠影響力。例如披頭四樂隊（Beatles），就曾經把榮格的頭像放到他們專輯封面。再例如在美國影響深遠的藏傳佛教喇嘛艾莉昂（Tsultrim Allione）也是受到榮格的影響，希望通過移植東方佛教文化，來拯救西方人的心靈，她的作品《餵養你的魔鬼》（*Feeding your demons*）整合了東方佛教施捨身體的觀修方法和西方心理學意象技術，幫助了很多人。

時至今日，榮格仍對世人有深刻的影響。

例如 2019 年，受到全世界青少年歡迎的韓國組合防彈少年團，發行了他們熱門專輯《心靈地圖：人格面具》（*Map of soul : persona*），專輯創意就是來自一本榮格心理學的入門著作《榮格

心靈地圖》（*Jung's map of soul*）³，防彈少年團還在自己的網站上向歌迷推薦這本書。2019 年的諾貝爾文學家得主奧爾嘉・朵卡萩（Olga Tokarczuk）曾經是一名心理治療師，她也自稱自己受到了榮格心理學深刻影響。榮格在東亞，尤其是中國，之所以受到大家的熱烈歡迎，很突出的就是他極其內向的性格。與中國人的國民性格有類似之處。

他曾如此說：「命運自有安排──這句話完全符合我的經歷──我一生中全部外在經歷都是偶然發生的，只有內在經驗具有實質性，有著明確的意義。所以，有關外在經歷的記憶都消退了，或許它們壓根兒就不重要，或許它們只有在與我內在發展期間同時出現時才重要。正是基於這個原因，這些外在的經歷，當年好像我是全情投入的，但是末了卻如泥牛入海，了無痕跡。」

榮格在世時，見過很多著名人物，換了外向的人，肯定會大書特書自己如何高朋滿座，但他卻說，「說實話，這樣的會面幾乎不曾帶給我什麼重要體驗，倒像是遠海上兩船相錯時互相揮旗致意一般。」

就連自己的親屬，他也不願過多談及，他曾這樣說過：「至於我的至親摯友，他們對我而言十分重要，仿佛是從久遠的記憶裡走出來到我身邊一樣，我亦無從談起。因為這些親密關係不只涉及我的內心生活，也屬於他們。我不可以猝然把那扇永遠鎖著的門向公眾敞開。」這種內向性格的人，做精神科醫生是比較適合的。在他的工作實踐中，他還發現心靈會自動產生帶有宗教內容的意象，

3　【編註】莫瑞・史坦（Murray Stein）著，中譯本由朱侃如譯，立緒出版。

即「心靈生來就有宗教性」，比如很多人在夢中，都會夢到宗教靈性人物，我就有一個個案，每當心靈遇到危機時，就會在夢中夢到道教的仙人呂洞賓，指導他，點化他，但是他白天是個徹底的無神論者。榮格清楚認識到，個案的宗教靈性態度，在治療過程中發生著關鍵作用。尤其是，他認為不少中產階層的中年危機，就是源自對心靈的宗教性這一基本特徵的忽視。所以榮格的療法，可以簡單地說，是幫助人們創建一個私人專屬的信仰，透過不斷觀察自己的夢境等心靈內容訂製私人的宗教。比如他的個案物理學家包立，就記錄了自己上千個夢境，然後試圖把榮格心理學和物理學統一起來。榮格晚年的時候，把他轉介給自己的學生馮‧法蘭茲（Marie-Louise von Franz）治療，結果包立見了馮‧法蘭茲，不討論自己有什麼心理困擾，都反過來要求治療師和他討論他自己的物理學研究心得，讓治療師頗為頭痛。

因為這樣的臨床經驗，讓榮格從一個科學主義者變成了實用主義者。在榮格生活當年的歐洲，如同今天的我們，一切問題都要用科學去研究與檢視。《榮格全集》有一卷，就是收錄了當年他寫作的各種科研論文，資料統計，聯想實驗等等，看上去和一本生理學期刊上的論文沒有什麼不同。這一卷並沒有被翻譯為中文，大概是因為華人世界喜歡榮格的人，還是文藝青年多一些。

正是因為這些文章，榮格當年成為了主流心理學家和精神病學家，在學術界地位很高，其實他認識佛洛伊德的時候，地位甚至高於他，可說是一流學院的科學青年才俊，遇到了淪落江湖的民間科學家。

但是後來，榮格居然辭去了所有的主流職位，退隱江湖了，成

為了一個私人執業的醫生，他說：「我的一生是一個無意識自我實現的故事。無意識中的一切都尋求著外在的表現，人格也渴望著從無意識狀態中發展起來，並作為一個整體來體驗自身。我無法用科學的語言來追溯我自身的成長過程，因為我無法把自己當做一個科學問題來體驗。」這是因為科學化的心理學，總是要追求一種統一的標準，量化的數值來描述人，就像解剖學掛圖上標準人體，但是實際生活中，我們知道，每一個人的器官都長得跟標準掛圖解剖人不一樣。

但是，不用科學的語言（數學）來描述人類心理，我們應該用什麼工具呢？榮格認為是「神話」。他說，人的心理「……只有透過神話才能表達。神話更加個性化，並在表達人生方面與科學相比更加精確。」榮格是這麼說的，也是這麼做的。他的一生，是自我分析的一生，並經由書寫完成自我分析的過程。他曾在自傳裡這樣寫道：「書寫早期的記憶，於我而言已成了一件每日必做的事情。一日不寫，身體就會感到不適；而只要提起筆，不適感便蕩然無存，頭腦也會異常清晰。」

而他書寫的一本日記，名為《紅書》，裡面就有大量的神話內容，我們可以說，榮格創作了一本現代的神話。這個神話的最後，由一個智慧老人的化身，講出來現代人療癒空虛、巨嬰等等文明病的藥方──那就是有我和無我的辯證統一。

榮格曾經說：「當我們思考文明那無休止的生長與衰敗時，我們無法逃避絕對的無價值感。然後，透過永恆流變的表面，我始終能感覺到有一個東西存在著，而且從未死去。我們看到的是花，它會消失，而根，卻一直在。」在這段話中，我們既感受到了他那

「有我」的存在安定感，也能感受到另一種「無我」的逍遙境界。

　　那麼，榮格是如何將「有我」和「無我」這兩種人生境界整合的？用他自己的話回答，「我生命中唯一值得講一講的事情，就是不朽世界闖入了短暫的世界。」

　　這些無意識的不朽世界，是如何一步步進入榮格這個人短暫的生命中的呢？本書將要沿著榮格的人生歷程以及他的夢境，反思並學習榮格療癒、修復自身創傷的故事。

第二章

童年
孤獨的小石頭

在進行心理諮商和治療時，一開始往往有幾次訪談，以瞭解個案的生命發展歷程，治療師通常會問這個問題：「你最早的記憶是什麼？你現在記得起來的最早的一件事情是什麼？」

　　之所以要問這個問題，是因為最早期的記憶奠定了一個人生活方式的基礎，一個人早期記憶可作為預後判斷的指標，判斷這個人好不好治癒。

　　那麼，生於 1875 年的榮格，最早記憶是什麼呢？

　　他說：「我躺在樹蔭下的一輛童車裡，那是個美好、溫暖的夏日。天空湛藍，金色陽光穿過綠色的樹葉。童車的遮陽罩被打開，我醒在這燦爛美麗的景色中，有一種無以名狀的幸福感。我看著樹葉和花叢中閃爍的陽光，一切都是那麼的神奇美妙、多姿多彩又燦爛。」榮格居然能記起自己在「童車」中的情景，我們可以推測出此人記憶力是非常強的。

　　記憶力強既是好事，也是壞事。如果他記憶中的事情比較正向積極，那就意味著這個人比較好治癒一點，但是如果這個人容易「記壞不記好」，治療起來就相對困難一些。顯然，榮格的記憶是「記好不記壞」，非常幸福的感覺。

　　榮格的最早記憶中沒有人類，這是令人懷疑，甚至是有點不舒服的。如果在臨床上遇到這樣的個案，他的最早記憶雖然非常美好，但是沒有人類客體出現，治療師就要思考一下這是為什麼了。他周圍的人呢？是他記不住了，還是他根本不想記住生命早期遇到的那些人？

　　當然在榮格最後一點早期記憶中，也有關於人的，例如他媽媽帶他去看了哪個地方等等，不過他主要的記憶對象仍然是自然界，

所以後來，每當犯病時，他透過與大自然相處來解決自己的病症。

榮格早年另一個記憶，是有關父愛──「我在哭鬧，發著燒，無法入睡。父親把我抱在懷裡，在房間裡踱來踱去，唱著他學生時代的老歌。」

所以榮格多次對人說：「我總是信任男人，希望得到男人的愛，但是男人們總是讓我失望。我總是不太喜歡女人，不希望跟女人有過多的來往，但是女人們總是用她們的愛和溫暖來包容我。」

榮格3歲時，父母開始鬧離婚。他的媽媽由此開始發病。從那時起，每當人們說到愛，他就會質疑，女人對他來說，在好長時間中都意味著靠不住。而另一方面，父親對他意味著可靠卻無能。

經由一個人早期的記憶，尤其是早期記憶中的父母，我們可以看出他的兩大人際關係──男人與女人──可能是如何的。父親對兒童代表著男人，母親的兒童代表著女人。所以為人父母者，總難免產生莊嚴使命感，因為我們要對兒童展示人類的美好，在兒童眼裡，我們就代表人類世界的一半。

而小榮格的世界中，女人是不可靠的，他和女人形成了不安全型依戀關係。另一半世界，男人，儘管是可靠的，是安全型依戀，卻是無能的，所以也不是榮格的理想客體。

這就奠定了他日後的人格基礎，因此我們看到，在他和佛洛伊德相處的時候，他總能看到佛洛伊德無能、不如他的地方。這也就是為什麼，他時常對人說：「我信任男性朋友，他們卻使我失望；我不信任女人，她們卻沒使我失望。」

榮格母親的人格分裂，給對他造成非常深遠的的影響。關於媽媽，榮格早期的記憶中有著這樣的一組畫面，他說：「她有一頭黑

髮和橄欖色皮膚，與我完全不同，她好像不屬於我們家，而是屬於我，仿佛她以某種方式與一些我不懂的祕密聯繫在一起。這種類型的女性後來構成了我的阿妮瑪。對我來說，她所傳達的那種陌生又始終很熟悉的感覺，成為象徵著女性本質的典型形象。」

關於這段記憶，榮格是有一些混亂的，後來他糾正說是當媽媽離開他後，家裡女僕對他的影響。

榮格的媽媽曾經告訴他，有一次他差點兒從萊茵瀑布橋上掉下去。後來榮格做自我分析時認為，這顯示了他無意識中的自殺衝動。可是這個自殺衝動是和母親一起時出現的。由此我們可以推斷，也許榮格隱約感受到了母親對他的排斥與嫌棄。

父母鬧離婚的孩子，或多或少都會感受到父母對自己的嫌棄。離婚雖然是現代社會正常狀態，但它仍然是標誌著關係的解體與失敗。離婚兒童無可奈何也無可避免地會覺察到，自己是一樁失敗婚姻的產物，自己身上至少有一些特徵，是被父親或母親嫌棄的。

那麼榮格是如何消化母親對自己的嫌棄呢？我們可以透過考察榮格的夢境來探討，因為夢是人類自帶的心理醫生，通過觀察夢境，我們就可以知道我們的心靈正在消化什麼心理食物，治療什麼心理創傷。

這個夢可以被命名為「獨眼肉柱夢」，它是榮格人生的第一個夢，大概是他 3、4 歲的時候做的：

有一個牧師樓孤零零地矗在勞芬城堡附近，教堂司事的院落後面有一大片草場。夢中，我站在這片草地上。突然我發現地面上有一個黑暗的、方形的洞，砌有磚壁。我之前還從未見過這個洞。

我好奇地前進，向下望去，見到通向深處的一條石階，我畏首畏尾地走下去。下面有一扇拱門，隔著一道綠簾。簾子又大又沉，像是針織物或錦緞所製，引起我注意的是，它富麗堂皇。好奇後面大概會藏著什麼，我把簾子推到旁邊，光線朦朧中瞥見大約十米見方的房間。穹頂由石頭砌成，連地面也鋪著地磚。中間一條紅毯從入口鋪到低台。台上放著御座，金碧輝煌，令人稱奇。我不確定，但或許上面有紅色坐墊。椅子盡顯奢華，好似在童話中，不折不扣的王座！上面還有什麼。那是龐然大物，幾乎觸頂。起先，我以為那是高勁的樹幹。它的直徑五、六十釐米，高達四、五米。但是這個東西卻稀奇古怪：它由皮膚和鮮活的肌肉組成，而頂上有一種無臉無髮的圓頭；顱頂站著一隻獨眼，眼睛一動不動地往上看著。雖然無窗無燈，室內亦相對豁亮，但頭上罩著些光暈。那東西不曾動彈，但我感覺，它時刻可能會如蟲子離開其寶座而向我蠕動。我簡直嚇癱了。

在這難挨一刻，我突然好像聽到母親從外面上方喊道：「對，可要看好了。這是食人者！」這更加劇了我的恐懼，我驚汗而醒，嚇得半死。

（夢 1：獨眼肉柱夢）

獨眼肉柱夢 [1]

英文

The vicarage stood quite alone near Laufen castle, and there was a big meadow stretching back from the sextons farm. In the dream I was in this meadow. Suddenly I discovered a dark, rectangular, stone-lined hole in the ground. I had never seen it before. I ran forward curiously and peered down into it. Then I saw a stone stairway leading down. Hesitantly and fearfully, I descended. At the bottom was a doorway with a round arch, closed off by a green curtain. It was a big, heavy curtain of worked stuff like brocade, and it looked very sumptuous. Curious to see what might be hidden behind, I pushed it aside. I saw before me in the dim light a rectangular chamber about thirty feet long. The ceiling was arched and of hewn stone. The floor was laid with flagstones, and in the center a red carpet ran from the entrance to a low platform. On this platform stood a wonderfully rich golden throne. I am not certain, but perhaps a red cushion lay on the seat. It was a magnificent throne, a real king's throne in a fairy tale.

1　【作者註】本書中會引用榮格的三十個夢境，這些夢境都會附上英文和德文對照。這樣做的目的有二，其一，本書將會採用切片法分析夢境，就是把夢境細分為各個片段，然後根據各個片段來開展分析，這樣就要求能夠呈現夢者的原文；其二，中文譯本中，各個譯本文體不一，英文譯本也有一些和德文原本的差異，本書主旨不在於翻譯比較和評判，故列出原文，讓一些比較專業精深的同好自己比較，這部分讀者雖少，但是剝奪他們這種比較文本差異的快樂，卻是殘忍。

Something was standing on it which I thought at first was a tree trunk twelve to fifteen feet high and about one and a half to two feet thick. It was a huge thing, reaching almost to the ceiling. But it was of a curious composition: it was made of skin and naked flesh, and on top there was something like a rounded head with no face and no hair. On the very top of the head was a single eye, gazing motionlessly upward. It was fairly light in the room, although there were no windows and no apparent source of light. Above the head, however, was an aura of brightness. The thing did not move, yet I had the feeling that it might at any moment crawl off the throne like a worm and creep toward me. I was paralyzed with terror.

At that moment I heard from outside and above me my mother's voice. She called out, "Yes, just look at him. That is the man-eater!" That intensified my terror stillmore, and I awoke sweating and scared to death.(p.11)

德文

Das Pfarrhaus steht allein beim Schloß Laufen, und hinter dem Hof des Meßmers liegt eine große Wiese. Im Traum stand ich auf dieser Wiese. Dort entdeckte ich plötzlich ein dunkles, rechteckiges, ausgemauertes Loch in der Erde. Ich hatte es noch nie zuvor gesehen. Neugierig trat ich näher und blickte hinunter. Da sah ich eine Steintreppe, Steintreppe, die in die Tiefe führte. Zögernd und furchtsam stieg ich hinunter. Unten befand sich eine Türe mit Rundbogen, durch einen grünen Vorhang abgeschlossen. Der Vorhang war groß und schwer, wie aus gewirktem Stoff oder aus Brokat, und es fiel mir auf, daß er sehr reich aussah. Neugierig, was sich dahinter wohl verbergen möge, schob ich ihn beiseite und erblickte einen zirka zehn Meter langen rechteckigen Raum in dämmerigem Lichte. Die gewölbte Decke bestand aus Steinen, und auch der Boden war mit Steinfliesen bedeckt. In der Mitte lief ein roter Teppich vom Eingang bis zu einer niedrigen Estrade. Auf dieser stand ein wunderbar reicher goldener Thronsessel. Ich bin nicht sicher, aber vielleicht lag ein rotes Polster darauf. Der Sessel war prachtvoll, wie im Märchen, ein richtiger Königssessel! Darauf stand nun etwas. Es war ein riesiges Gebilde, das fast bis an die Decke reichte. Zuerst meinte ich, es sei ein hoherBaumstamm. Der Durchmesser betrug etwa fünfzig bis sechzig Zentimeter und die Höhe etwa vier bis fünf Meter. Das Gebilde war aber vonmerkwürdiger Beschaffenheit: es bestand aus Haut und lebendigem Fleisch, und obendrauf war eine Art rundkegelförmigen Kopfes ohne Gesicht und ohne Haare; nur ganz oben auf dem Scheitel befand sich ein einziges Auge, das unbewegt nach oben blickte.

Im Raum war es relativ hell, obschon er keine Fenster und kein Licht hatte. Es herrschte aber über dem Kopf eine gewisse Helligkeit.

> Das Ding bewegte sich nicht, jedoch hatte ich das Gefühl, als ob es jeden Augenblick wurmartig von seinem Throne herunter-kommen und auf mich zu kriechen könnte. Vor Angst war ich wie gelähmt. In diesem unerträglichen Augenblick hörte ich plötzlich meiner Mutter Stimme wie von außen und oben, welche rief: «Ja, schau ihn dir nur an. Das ist der Menschenfresser!» Da bekam ich einen Höllenschrecken und erwachte,schwitzend vor Angst. (p.18)

　　當我們拿到一個夢的時候，首先要考察的就是這個夢境發生的時空。夢境的時空代表著它要工作的情結內容。夢境的開頭就對著夢者呈現了一個建築——牧師樓。這是榮格父親工作和生活的地方，也是小榮格的家庭所在。

　　然後夢中出現了勞芬城堡，這是蘇黎世的文化建築，同樣也是古代蘇黎世貴族的家庭居所，直到 1941 年才被蘇黎世市政府購買，然後開放為旅遊景點。城堡就在萊茵瀑布旁邊，也就是榮格母親告訴小榮格他差點掉下去的地方。榮格的母親在這個時候已經開始因精神病發作而住院了，因此榮格有一段時間見不到母親，而父親找了一個褓母和姑姑來照顧榮格，褓母和姑姑也常帶著榮格在瀑布周圍眺望山嶺。榮格的父親是勞芬教區的牧師長，榮格在勞芬的農村學校中長大，成績一直名列前矛，而在勞芬，還曾經有一位美麗的勞珍巴克（Rauschenbach）小姐來看望小榮格，這位小姐以後成了榮格的岳母。所以，勞芬城堡旁邊的牧師樓，可能就代表著榮格要處理的人生主題——這個父親建立之家庭的生機和危機。草

地代表著自然、承載和療癒，但是現在，就在這草地的中央，出現了一個黑洞。而且這個洞最奇特之處在於，它是正方形的，一般的洞都是圓形的。正方形象徵著分裂和分割，而圓形象徵著融合和統一。父母關係的不合，母性的缺席，開啟了小榮格的朝向精神深度層次的療癒之路。

榮格分析師詹姆斯・希爾曼（James Hillman）寫過一本書，名為《夢與幽冥世界》（*The Dream and the Underworld*），其中就提出，夢在地下世界有自己的家，夢反應的本質是地下世界的。[2]

黑洞也象徵著死亡，榮格的父親作為牧師，經常要主持葬禮，所以小榮格從小對死亡並不陌生。下葬棺材的墓穴，就看起來像是正方形黑洞。

黑洞當然也可以象徵著精神疾病的吞噬感，對榮格來說，母親的缺席留下了心靈的黑洞。榮格家似乎與精神疾病特別有緣，他的外祖父、母親幾代人都患有精神疾病，他的父親也稱為了一家精神病院的牧師。精神疾病，可以理解為無意識佔據了人格。

然後我們可以看到，榮格細緻地描述地下世界第一層的各種細節──拱門、綠簾、穹頂、地磚、紅毯、坐墊、王座。這種捕捉聲物形狀、顏色、觸覺、味道等資訊的心理功能，稱為感覺與知覺功能。但這種功能被運用到外在事物，就稱之為外傾感知覺功能，被運用到內心影像和軀體知覺，就被稱之為內傾感知覺。

我們不難看出，榮格天賦異稟，有著令人吃驚的內傾感知覺功能，所以能夠栩栩如生地記錄夢境的細節。一般來說，兒童在發

2　【編著】此書有繁體中文譯本，由心靈工坊出版，王浩威等翻譯。

展的初期，社會比較鼓勵他發展外傾感知覺能力，比如他要握持乳房、奶瓶、用餐具、走路等等，當然他也要感知身體、運動，也需要內傾感知覺功能的發展。榮格內傾感知覺如此發達，有一部分是創傷後過度補償，更多是因為這是他天生的優勢功能，這種通過描述、觀察內心意象、夢境，從而得到痛苦解脫的方法，一直持續到榮格成年。所以，他成年後也經常使用積極想像、夢境工作、繪畫、雕塑、瑜伽運動等各種方式，充分調動內傾和外傾的感知覺功能，以療癒自己。當然，這些細節也有其意義，比如，夢者榮格進入的正方形石洞，裡面有大量的石頭材料。這大概是榮格後來的石頭情結的雛形。石頭象徵著永恆和堅固，石洞也是人類在直立行走後最早的家。夢者小榮格走到石洞底部，看到了十平方米左右的房間，這大約是臥室的象徵，古代大部分臥室都不會超過十平方米，比如故宮的皇帝的臥室，也只是九平方米。據說這是為了「聚氣」，從現代人的角度來看，這大概是因為空調發明前，十平方米以下的臥室比較方便用火爐加熱或用冰塊降溫。榮格家臥室中發生的故事，是父母分居了。

最後，夢者榮格看到了王座和獨眼肉柱。單獨地看獨眼肉柱，它具有陰莖的外觀，會讓很多精神分析師想到，這和佛洛伊德說的陰莖羨慕、閹割焦慮、陽具自戀等現象有關，就是小男孩在 3 歲到 5 歲之時，會因為自己擁有陰莖而感到自豪和愉快。與此同時，他發現女孩和媽媽沒有陰莖，就會好奇為什麼，有時候他懷疑女人們的陰莖藏在肚子裡，有時候他會懷疑女人們的陰莖因為不聽話而被閹割了，如果成年人曾經嚇唬他——「你再不聽話，就把你小雞雞割了！」，就會更加確認他的懷疑，從而他也害怕自己的陰莖被成

年人閹割。有些人也會假設，巨大的陰莖可能象徵著父親的陰莖，因為小孩第一次見到的陰莖，大多數是父親的陰莖，而這時候具有長期記憶的小孩，大多 2 歲到 3 歲，對他們小小的身體而言，成年人的陰莖是碩大無朋的，有人據此認為這是兒童自卑感的來源。這個假設不無道理，因為在做這個夢之前，小榮格正因為不肯睡覺而和父親產生衝突。加上母親和父親此時不和，從而也可以解釋，何以夢中出現了母親聲音，把這個陰莖描述為「吃人者」。這大概是母親在貶低與攻擊父親。

當然從另外一個角度看，我們可以說，母親在這個夢中，成為了一個保護兒童，遠離被傷害、被吞食命運的保護者。這可能是和榮格的白天生活形成一定的互補效應，白天生活中，榮格家庭中，可能父親的父愛更多些，母愛則不是太穩定。

吞噬焦慮，最容易出現於分裂樣人格或內傾直覺功能發達者，此類人往往離群索居，寧願孤獨也不願合群。他們性格內向，直覺發達，不少人聰明絕頂，榮格便是其中一員。

以上分析，都是在分析榮格的個人無意識。一般來說，我們在對一個夢工作的時候，既要瞭解個人無意識，也要瞭解文化無意識、集體無意識的內容。 而榮格本人特別注重夢境的集體無意識功能，認為他是夢到了原始人的生殖器崇拜儀式，不少原始部族，都會雕刻一根這樣的陰莖形狀大柱子，大家對它崇拜、祈福。有些部族把這樣的陰莖柱子稱為「石祖」。甚至他還認為，這個夢中的生殖器似乎就是一個隱祕的不願透露姓名的「神」。

每當有人強調耶穌時，這個夢境就會再現於榮格眼前。榮格隱約感覺，耶穌對他來說，在一定程度上是死神。當然成年後，當榮

格開始研究宗教儀式，才發現他自己的這個夢原來與古代好多類似的儀式相符。

而且在基督教的一個分支，諾斯替教中，基督也的確被稱呼為「吃人者」。這也的確表明，人類的夢境中，的確會出現一些主題，這些主題和文明發展的歷史是有關的。

那麼這些主題又是如何進入小榮格的頭腦呢？成人榮格假設，這是通過一種叫做「原型」的心理基因編碼遺傳下來的，後來榮格分析師們更是假設，這種原型基因，應該就是生物學研究的 DNA 基因編碼。

很少有人能夠把充滿愛心的神及上帝，和吞食者這種意象聯想在一起，但是實際上，我們現代人去採訪食人部落，就會發現食人的行為並不僅僅和恨連結，很多時候和愛也有聯繫，例如有些部落族民為了和親屬融為一體而吃食死去親屬的遺體，有些戰士吞食敵人的屍體，則是因為他尊重敵人的勇氣和威力。吞食小孩這種行為，也見於野豬，如果野豬媽媽聞到小野豬身上有人的氣味，它就會吞食小野豬。這種行為也很難以人類社會的愛和恨來判斷。

食人者帶來的被吞食焦慮、死亡焦慮，看起來不斷縈繞在榮格童年，他記得自己童年會開始迷戀看殺豬、屠宰的各種過程。這是人類除了死亡衝動的一種典型的防禦方式，叫做反恐懼行為，就是自己越怕什麼，就越是去接觸它，透過反覆地接觸，從而恐懼的情緒逐漸平息，在此過程中，智力還可能得到發展。

人類還有一種處理死亡焦慮的方式，就是性慾勃發，就像

那首流行歌曲所言，所謂「死了都要愛」[3]，也像裴多菲（Petőfi Sándor）的詩句所言，「生命誠可貴，愛情價更高」。

男孩，如果他攜帶的基因是異性戀為主的話，他的性慾總是容易指向母親、姨媽、女老師這些性成熟女性。而榮格對早年生活中的成熟女人的記憶是矛盾性的。他曾談起自己姨媽，認為姨媽是有嚴重性壓抑的人。同時，他又談到了對自己母親的性魅力的記憶，他說，「在我早年對母親的記憶裡，她是穿著一條裙子、苗條的年輕女性，而在我其他的記憶中，她卻是又老又胖的。」

從他的這段話中，我們可以看出，榮格母親在中老年後，在兒子眼中完全喪失了女性的性魅力。而榮格本人，一直到中年後期，都有多段情緣，可能也是對抗家族中的性壓抑氛圍。這也大概是他為什麼被佛洛伊德強烈吸引的原因。佛洛伊德在歷史出名，就是因為他曾經提出兒童也有性心理，並提出父母的性活動對兒童心理發展有重大影響。在我們心理治療中，如果一個來訪者生命中有太多的死亡焦慮，有太多死氣沉沉的氛圍，這個來訪者就比較容易出現性慾勃發的行為。比如有個來訪者告訴我，她之所以每天都要做愛，就是因為一旦沒有性愛這件事情，她就覺得自己會被死氣沉沉地生活拖到地獄裡面去。

遊戲，也是兒童乃至成年人調整自己心靈和創傷的重要防禦方式。所以做心理治療的時候，我們也經常會問來訪者，「你有什麼愛好嗎？」沒有愛好的人是很難療癒的，遊戲創造出一個現實與幻想的空間，帶來創造性發展和創傷療癒，遊戲還可建立友情關係，

3　【編註】〈死了都要愛〉，由姚若龍作詞，柳海準作曲，最早由信樂團演唱。

是兒童離開父母，走向公民社會的第一步。

小榮格的遊戲之一玩火，並且在童年的他看來，別人的火是世俗的，只有他的火獨自燃燒，確切無疑地散發出神聖氣息，具有無可置疑的神聖先兆。

這大概也能解釋榮格的獨眼肉柱夢中，為什麼會有紅色？紅色是火焰的顏色，火是生命能量的象徵，它既是性慾的顏色，所以穿著紅火裙子的女人，如吉普賽女郎卡門，讓男人們欲望勃發喪失理性。火也是革命的顏色，燒毀一個舊世界，創造一個新世界。所以六八年[4]的法國學生說，我越是革命越想做愛，越是做愛越想革命。憤怒、快感、摧毀、重生，就在這一片火紅中融合為一體。火，和直立行走一樣，是人類從動物進化到人的重要催化劑。

小榮格對火的癡迷，代表他已經走出死亡母親的陰影，生本能戰勝了死本能。但是代價是他變得自戀，鄙視同伴，他認為只有自己的火焰才是神聖的。這也是被嫌棄小孩的常用心理防禦，如果他完全認同自己是個不被需要的垃圾，值得被人嫌棄，被人厭惡，則生命就毫無意義，所以他必須用誇大自己價值的方式，給自己存在的意義。這種建立在貶低別人基礎上的盲目自信，便是傳說中的自戀。

當然，小榮格是有自戀的資本的。一來他的家境的確比其他農村小孩要好很多，特別是他爺爺老榮格，是整個城鎮裡面知名人物，鄉親們看到他，都是說，「那就是老榮格的孫子」。二來他自己的誕生，讓父母喜出望外，父母結婚 後整整六年，生了三個孩

4　【編註】指 1968 年 5 月，法國年輕人抗議不合時宜的教育和社會體制，占領了巴黎兩間大學校區的社會運動，引爆了癱瘓社會近一個月的「五月風暴」。

子，全部都夭折了，榮格的誕生讓整個家庭歡呼雀躍。三來，榮格自己在農村小學中名列前茅，他爸爸又是教區的負責人，有的類似於中國農村的族長、村長的位置。四來，榮格是個俊秀的小孩。

但是自戀也是有代價的，他會造成人格的分裂，產生異己體驗。也就是弱小、恐懼、自卑、擔心被媽媽嫌棄的小榮格沒有被看見，被抱持、被接納，而是被全能完美的榮格覆蓋了。

所以小榮格是孤獨的。孤獨的小榮格出現了一個行為，就是跑到一塊石頭上，去靜靜地坐著，任由思緒飄揚。每當坐在石頭上時，他總是在想，究竟是我坐在石頭上，還是石頭坐在我下面？這種莊周夢蝶還是蝶夢莊周的哲學反思，居然出現在一個小孩身上，讓人驚歎也讓人憐憫。

從積極的層面來看，這說明小榮格已經體驗到了自我的虛無性，也說明小榮格的思維功能，遠遠超越同齡人；從消極的層面來看，這是受傷小孩的過度補償。

三十多年後，榮格再一次走到童年的斜坡，坐在石頭上時，他已結婚，有孩子，有房子，在這個世界有一席之地，他還有一個充滿想法和計畫的頭腦。

但是他突然再次困惑，又變成那個內心充滿神祕意義火焰的孩子，坐在石頭上，不知道究竟石頭是他，還是他是石頭？

這個問題，在哲學上，叫做心與物的關係。這個問題一直沒有解決。歷史上很長一段時間，大家認為心外無物，心物一體。後來又認為心物兩分，物為心主。近年又開始心物一體論占上風了。而榮格早在他那個時代，就接觸了量子力學，提出過類似的觀點。

為了防禦自我的進一步分裂和孤獨，小榮格使用了另外一種防

禦機制，叫做「儀式化」。他刻了一個小侏儒，發明了一套屬於自己的宗教儀式，有了屬於自己的小祕密。祕密對心理是有正面影響的，是一個人能夠從群體中分化而成為獨立個體的最初步驟。當榮格有了這個小祕密，這個自己發明的小宗教，有了很大的滿足感，他有了屬於自己的心理空間。

本來是在夢中出現的獨眼肉柱和自我的對視，現在變成了榮格和小侏儒的遊戲。本來把人嚇的半死的吃人者和被吃小孩，現在變成了小孩和他的創造物的祕密聯盟。

榮格曾這樣對人說，「我滿足於獲得新的安全感，並滿足於擁有某些別人得不到或不知道的東西。那是不可褻瀆和永不能背叛的祕密，因為我的生命安全依仗於它。為什麼是這樣？我沒問過自己。它就是這樣。」

直到 35 歲時，這些記憶的碎片從榮格的童年迷霧中重新浮現，並且在他的著作《轉化的象徵》（*Symbols of Transformation*）中再次呈現。因為他發現，自己在童年所刻的侏儒和雕像，同樣可以在原始文化中找到類似的形象。

榮格由此有了這樣的信念：古代的心靈組成部分，在沒有任何直接傳承關係的情況下，會進入個人心靈。古代心靈，後來就被稱為集體無意識，通過榮格的人生故事，我們看到，他的理論基礎——集體無意識影響人類，和他的童年經驗有明確的聯繫。

當然，榮格似乎有些過度地強調集體無意識，而或多或少地忽略了家庭，尤其是創傷對人心靈的發展。傳記作家布羅姆（V. Brome）就發現，榮格在 1907 年 10 月 28 日寫給佛洛伊德的信中，坦誠自己對佛洛伊德的崇拜和愛慕中有一些情慾的成分，就是

他曾經被一個他崇拜的男人雞奸過。

這樁事件，讓我們從另一個角度來審視獨眼肉柱夢，這會不會是一個創傷夢境呢？這樁雞奸，會不會來自於他那看起來有精神分裂症的外祖父或其親屬呢？（他外祖父經常看到屋子裡面有鬼，要求榮格的媽媽站在他身後，這樣，這些鬼就不會干擾他寫作了。）或者，這也許不是雞奸，而是一種神祕的性交巫術，就像小說《達文西密碼》描述的那種看起來有些邪門的崇拜儀式？獨眼肉柱夢會不會是對那樁儀式的創傷回憶呢？也許這個事情沒有發生在 4 歲，而是更晚呢？會不會是創傷後記憶發生了錯構呢？是不是那個獨眼肉柱，其實是指向這個雞奸男人的生殖器？榮格是不是通過逃入「集體無意識」這個概念，來防禦創傷回憶呢？或者，這件事情之後，是不是塑造了榮格的性心理發展？正如很多類似的案例，他們其實在創傷後發展成為了同性戀者，一方面，他們深深以自己的同性戀慾望為羞恥，不斷地要壓抑這些慾望，另外一方面，同性戀的慾望和行為又帶來了黑暗生命中少有的快樂和安慰。

筆者查閱了原文，期望得到更多線索，但是文中只有短短的一句。

【英文】

This abominable feeling comes from the fact that as a boy I was the victim of a sexual assault by a man I once worshipped.

【德文】

Dieses abscheuliche Gefühl stammt daher, daß ich als Knabe einem homosexuellen Attentat eines von mir früher verehrten Menschen unterlegen bin.

所以這些問題的答案，埋藏在那個孤獨的小石頭男孩榮格心中，大概永遠得不到回答了，但是，在以後歲月的發展中，他的夢境會告訴我們更多的故事。

延伸閱讀 [5]

　　本書中的有關榮格的夢，全部來自《榮格自傳：回憶・夢・省思》[6]（*Memories, Dreams, Reflections*）。「榮格自傳」有多個翻譯版本，翻譯品質各有千秋。本人推薦使用的版本是朱更生翻譯的《榮格自傳：回憶、夢、思考》，2017 年浙江文藝出版社出版。這個譯本的好處在於：其一，全面，榮格自傳中，無論英文還是德文，都有較多附錄。其二，忠實原文，例如書中曾經提到胡適和榮格對話的時候，胡適對《易經》的可笑和無知。但是有些中文譯本，要麼把這一節刪除，要麼把原文中「胡適」的名字改成了「一個中國人」。其三，朱教授的翻譯文筆優雅飄逸。

　　如果讀者想瞭解榮格的生活，或對榮格的臨床治療理念感興趣。則可以閱讀兩本書。一本書是英國榮格分析師的安・凱斯蒙（Ann Casement）的《榮格：分析心理學巨擘》（*Carl Gustaiv Jung*），廖世德譯。[7] 另一本是法國的榮格分析師魏維安・蒂鮑迪

5　【作者註】本書寫作面對的讀者是普通大眾。故而也並不打算採取學術界常用的參考文獻著錄格式，而是把每個章節中涉及的部分參考文獻以及推薦讀者們擴展閱讀的書籍，在每章最後列出，並做簡要評述。

6　【編註】「榮格自傳：回憶・夢・省思」為 *Memories, Dreams, Reflections* 台灣現行的繁體中文版書名，該版本由劉國彬、楊德友譯，張老師文化出版。

7　【編註】台灣版由生命潛能出版社出版，中國大陸由學林出版社出版。

（Viviane Thibaudier）所著《百分百榮格》（*100% Jung*），翻譯者是南京的精神分析家嚴和來。這兩本書各有特點，前者比較系統全面，理論化，不但涉及了榮格，還有後榮格的學派組織發展，文化視野等等，後者則比較注重直接的臨床體驗和臨床案例。

相信很多讀者對榮格與中國文化的關係感興趣，這方面的不二之選，當然 就是申荷永老師的《榮格與分析心理學》一書，既有榮格的生活事蹟，又有他的思想與中國傳統文化的結合，還有大量的故事和圖片。

文森‧布羅姆（Vincent Brome）的傳記《榮格：人與神話》（*Jung: Man and Myth*）於 1978 年出版，是較為細緻的一本傳記，作者為了核對細節，還專門去找榮格的親朋好友去驗證。例如榮格曾經說，他小時候嫉妒一個男孩，他媽嘴裡別人家的孩子，就去把別人揍了一頓，布羅姆就去找人核實這個細節。但是，也有人不喜歡這本書，因為布羅姆的書分析了不少榮格的創傷，並且診斷了榮格的精神病變。讓有些人認為這不是真正的「傳記」，他們認為真正的傳記應該是記錄歷史人物，這樣心理評點的，應該稱為「心理傳記」。我們某些大學，專門有「心理傳記」這個專業方向的碩士研究生項目。

語系的文楚安教授執筆翻譯，1989 年黃河文藝出版社出版過，1997 年新華出版社再次出版。再版的時候，布羅姆本人居然寫了信給文教授，授權給文教授出版，要求的回報是贈送書籍一本。最早介紹榮格學派的兩個中國人，馮川和文楚安都來自成都，大概是榮格學說和巴蜀文化具有共鳴之處。

第三章

少年

鳳凰男，學渣恐懼與青蔥愛情

在心理治療中，我們會特別看重一個人的青春期是如何發展的。有關這個事情，治療師總是會問來訪者，你在青春期思考過「我是誰？」這個問題嗎？你的人生理想是什麼？什麼是你理想的事業？什麼樣的人是你理想的伴侶？誰是你理想的朋友？

這一個個的理想堆積起來，會讓人生充滿意義。理想穩定的人，就叫做身分認同穩定，或者稱之為角色穩定。反之，就是角色混亂，有身分認同危機，當事人會被被空虛感、無意義感籠罩。

一個身分認同穩定者，即便人生的結局是好多理想失敗了，他仍然可能對生活非常滿意，因為這個過程中，他覺得充滿了意義。

就像有一個故事所說，有一個科學家試圖說服她媽媽，不要繼續相信佛教，不要相信阿彌陀佛存在。媽媽問她：「如果我臨終的時候發現阿彌陀佛並不存在，但是因為我相信祂存在，相信了一輩子，我就做了一輩子好人，也一輩子覺得人生有希望，所以，即便祂不存在，我也沒有多大損失，對嗎？」科學家點頭稱是。媽媽繼續反問：「但是如果我臨終時發現祂存在，那麼我就賺大了，因為我幾十年的修行得到了未來的回報，對嗎？」科學家也點頭。媽媽繼續問：「所以，無論祂存在還是不存在，相信祂存在，對我只有好處沒有壞處，對吧！」所以大媽用菜市場買菜的邏輯說服了科學家和心理學家，穩定的身分認同，對於人生來說，是穩賺不賠的買賣。

榮格的青春期，自己在科學和宗教之間，卻發生了掙扎和衝突。這種衝突和他的自卑感緊密聯繫。

自卑感的來源之一，就是他進入了瑞士大城巴塞爾（Basel）的「重點中學」（其實是當地的預科中學，那時 11 歲就可以上預科

了。）

　　榮格，本來在村裡是人人都認識的村長家兒子，傳說中的高富帥，現在他發現父親只是貧窮的農村牧師。瑞士一直是農業、手工業比較發達的國家，但在那個時候，正是歐洲工業革命城市化進展的過程中，城鄉差別正在發生中。榮格自卑感的另一個來源是來自母親。因為媽媽總會要求他各式各樣規矩，告訴他別忘了代爸爸媽媽向城裡的某某問好，別忘了擦鼻子，別忘了帶手帕了，洗手沒有……。晚年榮格談到這些事時，仍然心有餘悸，「為了自尊和虛榮，我小心翼翼、如履薄冰，盡可能維護完美的形象。」

　　鳳凰男[1]榮格的自卑感第三個來源，想必是和中國人民心連心的——那就是「學渣恐懼」。而且讓榮格變成學渣的學科，就是不少女生們的剋星——數學。少年榮格非常討厭數學，到了無法忍受的程度。據說他的成績是全校墊底的。這種數學恐懼，學渣恐懼，幾乎持續了他的一生。只到晚年，84歲時，他才開始質疑為什麼他當時絕對無法容忍數學，卻毫無疑問地能夠正確計算，他說這在他一生中始終是個謎。

　　我們今天來看，這個謎底在於，榮格的自我功能產生了分裂。人類最主要的自我功能有四個方面——情感、思維、感覺與知覺、直覺。

　　而數學，尤其是中學數學，需要較高的思維功能，如代數中的公式演算、邏輯推理和論證。學到幾何的時候，無論平面幾何還是立體幾何，都要求較高的感覺與知覺功能，要能在腦海裡把一個

1　【編註】出自「山溝裡飛出了金鳳凰」，指出身貧窮鄉村，經努力而到城市就學、工作的男子。當他們選擇城市女子為伴，可能會遇到城鄉價值觀落差的衝突。

圓柱體變成一個圓錐並且反轉過來計算其底面積或者某個夾角的度數等等。小學低年級的數學，加減乘除，也主要是感覺與知覺功能。數學到了較高的階段，還需要較好的直覺功能，比如說有的人直接就看到一個公式的結果，或者看到公式頭腦裡冒出圖畫。大家可能都以為數學不需要情感，但是實際上，不少數學推演的過程，會調動大量的情感，尤其會產生美感。諾貝爾獎物理學家楊振寧，在 2019 年 3 月接受《國家科學評論》（NSR）採訪時，就說，他提出的「楊－米爾斯理論」，最初是來自數學，但是他覺得這個理論還不完美，但是數學過程太美了，他覺得這應該是正確的。1954年，物理學家奧本海默（Julius R. Oppenheimer）請楊振寧在普林斯頓做報告，榮格的病人兼好友，物理學家包立也被邀請在場，因為包立也在做類似的研究，包立問了楊振寧很多問題，讓楊教授吃了不少苦頭，最後包立沒有發表自己的研究，而楊教授躊躇了很久，還是決定發表了。發表的原因不是理性的，而就是直覺──「它真的非常非常漂亮」。[2]

榮格的感覺與知覺功能可以讓他完成一部分數學的內容，在英文版《榮格全集》的第二卷《實驗研究》中，有很多統計學運算，我們看到榮格都可以完成。但是，榮格的思維功能，的確是不穩定的，所以他的著作在邏輯推演上，往往會有一些不夠嚴密、嚴謹之處，這應該是他的劣勢功能。相反相吸，那麼誰具有強大的外傾思維功能，誰就會吸引榮格。譬如佛洛伊德和包立。

他的情感對數學是厭煩和討厭的。這是因為曾受到過某位數學

2　【作者註】見：《楊振寧：科學研究的品味》一文，公眾號：知識份子，或《楊振寧文集》，華東師範大學出版社。

老師的傷害？亦或是數學對他而言象徵著某些事物？比如數學，作為科學的基礎，象徵著對宗教，對他父親職業的攻擊？

除了數學外，還有兩個學習科目讓榮格排斥，就是體育和繪畫。這有些令人意外，體育與繪畫要求的也是感覺與知覺功能，尤其是外傾的感覺與知覺。但是榮格在這方面的發展卻在青春期被抑制了。

一般來說，如果一個青少年的優勢功能被抑制了，治療師就會假設，大概是環境不太期望他這些優勢功能得到發展。抑制少年優勢功能發展最常見的原因如下。

第一，貧窮。窮人家的孩子，需要有比較功利主義的追求，所以他學習目的，主要就是為了升官發財。所以他被賦予學習的意義就是，「努力學習＝上名校熱門專業＝好工作＋好校友＝升官發財」。這樣，孩子要是優勢功能是體育、繪畫、歷史、文學等等就容易受到抑制，因為這些專業往往不能帶來升官發財的結果。

第二，他人阻礙，例如父母不希望子女成為藝術家。

第三，自我抑制。例如孩子擔心自己學習太順利了，順利考上大學了，父母就離婚；又如重男輕女的家庭中，哥哥很喜愛妹妹，擔心自己學習成績太好，會讓妹妹受不了而精神崩潰。

榮格的情況，可能還是自我抑制多一些。少年榮格的自我，仍然存在自卑與自戀的兩極化。一方面，他能體驗到鳳凰男學渣的自卑感；另一方面，他覺得自己又是很重要的，有很高的權威，不可小覷。就像他幼年時覺得自己玩弄的「火」與眾不同一樣。

少年榮格採用了人格分裂的方式來應對學業壓力和自卑感，他會幻想自己是個生活在十八世紀的老人，腳穿扣帶鞋，駕著一輛凹

面後輪的輕便馬車，車廂懸掛在彈簧與皮帶上。有一次，他看到一張圖片上的老斯塔克伯格醫生，十八世紀巴塞爾的一個名醫。他馬上覺得自己就是那個醫生，覺得自己穿過那雙鞋。

這種自我的分裂，和他的儀式化行為——躲在家裡的閣樓刻小人和發明宗教儀式，讓他的性格更加內傾了。他在晚年回憶起自己這段經歷時曾說，自己的整個青春期可說都與這個祕密有關，它導致那段期間的自己承受著無法忍受的孤寂。在那些年中，他最大的成就就是抵制住了對任何人說起這件事的誘惑。

內傾者大多數在青春期都不怎麼快樂。因為青春期要求一個人能夠求學、求愛、求友。要求一個人能夠有較好的外傾思維，外傾情感、外傾感知覺功能。而榮格，因為祕密儀式和自我的分裂，內傾的程度更大。

為什麼一個人到了青春期，社會文化就會要求他性格外傾呢？顯然這和性激素有關，也就是佛洛伊德說的愛本能[3]。愛本能的流動方向就是不斷外投的，具體到青春期，就是指向愛情和性欲。所以青少年的必修課是戀愛。

3　【作者註】愛本能：佛洛伊德在其生涯早期，曾經用性本能來指稱所有生命本能，並且用「力比多」一詞來指稱性本能的計量單位，典型代表是《性學三論》那段時期的作品，這引起了一定社會爭議，也造成佛洛伊德被命名為「泛性論者」，當時中國的心理學家們也因此對佛洛伊德有一定批判，這種批判一直持續到如今的某些心理學教材的編纂中。在佛洛伊德和榮格相遇後，榮格是堅持力比多本身是一種中性的生命能量，它可以體現為性本能，也可以體現為生命本能。這種觀點引發了他和佛洛伊德的重大爭議。榮格在自傳有記錄這段爭議往事。但是之後，佛洛伊德的本能論發生了變化，在其學術生涯的中期，佛洛伊德提出了生本能和死本能並列的雙本能學說，據說死本能這個理論的引入，還和榮格的病人、學生、情人薩賓娜有關。這時候性本能說，已經被「性色彩」不太強烈的生本能替代，可以參考《超越快樂原則》等作品。到了其學術生涯後期，他還是主要強調生本能就是愛本能，以愛神艾洛斯（Eros）的名字來命名這種本能形式，可以參考《精神分析綱要》等著作。

孩子的性啟蒙，開始於孩子們問父母人是從哪裡來的。榮格有一個比他小九歲的妹妹，他很喜歡她，妹妹出生後，小榮格也問過父母這個問題，父母說，你這孩子是由鸛鳥帶來的。

這顯然不是現代科學版本的解釋，而是傳統的歐洲文化版本解釋，這導致榮格產生這樣觀點：這是用來騙我的謊言，我確信這其中有我不知道的事。

然後，他的好奇心就進一步發展，儘管妹妹的出生讓榮格產生了模糊的不信任感，但帶給他的影響卻是積極的。一般我們會預測，家庭手足的出生容易造成孩子之間的競爭和嫉妒，尤其在精神分析領域，每當大家講到手足競爭時，談論到的負性層面的內容太多，正性的層面太少

但是實際上，手足競爭有利於孩子的智力發展，同時還會促進年長手足的好奇心和觀察力的發展。我們透過榮格的經歷已證實這一點。正是因為妹妹的出生，讓榮格的好奇心和觀察力變得更加敏銳，也讓他開始更善於思考。

隨著探索人的來源，孩子遲早會知道人類是因為性交而誕生的。如果父母對這件事情支支吾吾，孩子就可能覺得性交是一種羞恥，而自己是性交的產物，豈不也是一個羞恥的產物。

更糟糕的是，當他到了青春期，性激素每天都在敲打全身上下每一個細胞。他將會如何與性欲——這個帶來羞恥的敵人對抗呢？

榮格採用的方式之一，是性幻想。榮格的初戀對象與他相遇在一次旅行中。當榮格回憶起這段經歷時，眼前浮現的是這樣的畫面：「一個年輕苗條女孩的身影從我左邊出現了。她身穿當地服裝，長得很漂亮，並用藍色眼睛和我打招呼。我們一起走下山谷，

仿佛這是世界上最自然的事似的。她和我年齡相仿，因為我除了表親外不認識任何女孩，所以感到相當尷尬，不知和她說什麼。」

確切地說，榮格的初戀應該只是一次短暫邂逅，不能算是真正意義上的戀愛。這短暫的一瞥，居然令 80 歲的他寫到自傳裡面，這一方面再次證明當年性壓抑的程度。另一方面，也說明了榮格分析學中一個現象，叫做阿妮瑪投射。

阿妮瑪（anima），就是指異性戀男性心中的靈魂伴侶[4]。也就是我們常說的「女神」。少男心中的女神形象，投射到隔壁班的女生，就變成了那刻骨銘心、一生一次的初戀。

但終其一生，榮格對自己愛情的描述實在太少了，但這恰恰是一個人人生中非常重要的一部分。

為何榮格極少談及自己的愛情？這點值得我們考究。這個考究的起點當然還是要回到他生命中第一個女人——母親。榮格如此描述自己青春期的母親：「我的母親非常好，有一種動物似的溫暖情懷。」這是榮格對母親少數的正向體驗。

他也多次描述過自己母親的雙重人格，而他作為母親的兒子，出現人格的分裂的狀況也很自然了。榮格曾談到，母親總是假定他在精神上遠遠超過他的實際年齡，並且用對成年人一樣的方式對他說話。這其實是母親把自己的伴侶、心中的同伴投射到少年榮格身上。母親的這種做法不僅既促成了榮格的早熟，同時還加深榮格的自戀。

榮格的早熟，讓他個性成熟度以及頭腦思考的事情都和同齡人

4　【編註】反之，女性心中的理想男性形像稱為阿尼姆斯（animus）。

格格不入，而他的自戀也讓他很難融入群體，所以榮格成了一個孤獨的少年。他交了一些朋友，但多數是背景簡單而又靦腆的男孩，大多數老師則認為他愚笨並狡猾，無論何時學校裡出現了差錯，他都會是第一個被懷疑的對象。

在這種情況下，他有了最早的所謂「自性化」體驗，他的描述是這樣的：「我覺得那些高山、大河、湖泊、樹木、花朵、動物，是上帝的見證。在他的世界之外，存在著另一個世外桃源，就像一座神廟，任何進入的人都發生了改變。他會瞬間被整個宇宙的美景所俘獲，以至於只剩下驚訝和讚美，將自己遺忘。這裡生活著那『另一個人』，他對上帝的瞭解是作為一個隱身的、個體的，同時又是超個人的祕密。這裡沒有人與上帝分離，就好像人類的心靈同時與上帝一起，對受造物不屑一顧。」

「自性化」，是榮格學派最重要的術語，也是榮格派治療的目標，是指一個人人格充分發展，成為一個完整的人。用中國話說，自性化就是自成一體，自性圓滿、自由自在的意思。自成一體，是說自己有自己的主張，有自己的理想和自己的價值判斷體系，不會輕易就人云亦云，被別人帶著走。自性圓滿，是指一個人有充分的自我接納能力與自我滿足能力，能夠享受孤獨，自得其樂。自由自在，則是這個人能夠追求自由，敢於追求自由，善於追求自由，但當他的自由意志因為各種條件無法充分實現時，仍可以安然自在。

榮格這段少年時期的自性化體驗，一方面讓人感受到天人合一、天人感應的自性圓滿和自由自在之感，但是另外一方面，也讓人不安，因為這種感覺應該是出現在老人和仁波切身上的。我們從最後一句也隱約看出，這個體驗還帶著少年的自戀和分裂，因為成

熟的自性化心態是不會對受造物不屑一顧的。當然了，自性化並不意味分裂的消失，也不意味不再有精神病變的心態，因為自性化既然指向心靈的完整性，那麼，心理疾病也是心靈完整性的另一部分。因此我們面對各種精神疾病的態度，更多是接受，而不是妄想根除它們。

榮格把他人格中分裂的部分，命名為「第一人格」和「第二人格」，他曾經這麼說：「第一人格和第二人格間的作用與反作用，貫穿了我的一生，但和分裂型人格以及精神分裂毫無關係。相反地，每個人的生命中都有這樣的分裂，即第一人格和第二人格。」英國的精神分析師溫尼考特（D. W. Winnicott），用「真自我」和「假自我」來描述這兩個人格成分。

而榮格非常明確地知道，他的第二人格就是他內心的智慧老人，對他有深刻的印象，這個智慧老人，最終取代了兒童的父親，引領著人們的一生。

說到這裡，我們要回過頭，看看榮格的青少年時期對於父親的記憶。榮格從十二歲開始出現昏厥症，看起來像是心理因素導致的昏厥。多次發作後，他聽到了父親對他未來的擔憂，他的病症竟然就好轉了。這一點說明，父親的關心和愛療癒了他生命中母性缺席的危機。

如果說母親影響一個男人的愛情和婚姻的話，父親則顯然容易影響到一個人的事業方向。按照子承父業的傳統，榮格應該成為一個牧師才對。他母親的家族裡有六個牧師，而他父親的家族也有三個牧師——爸爸和兩個叔叔。為什麼他最終沒有成為牧師？

每當榮格跟父親談到宗教時，他的父親總會繞過「三位一

體」[5] 這樣的內容。當榮格向他的父親提出自己內心的困惑時，他的父親一般會承認說，「我不知道三位一體是怎麼回事。」他一方面開始欽佩父親的誠實，另一方面，也讓他體會到一種人性的孤獨。所以他最終決定不再去教堂了，儘管他的內心深處仍然是個基督徒。他曾說過自己不再去參加聖餐儀式，是因為那完全不是宗教，而是上帝的缺位。教堂裡沒有生命，只有死亡。

榮格的父親也告訴他，他可以做任何喜歡的事情，除了做神學家。因為父親自己並不喜歡做神學家，雖然他是神職人員，當然一生卻沒有哪怕一次聖靈降臨的體驗。

同時他的父親是個民主型權威[6]，並不是只要求孩子服從自己，讓榮格自己選擇瑞士版高考志願。榮格當時有點衝突，他一方面喜歡自然科學，主要是喜歡自然科學中的動物學、古生物學、地質學，另一方面也喜歡文科方面的考古學、比較宗教學。

5　【編註】基督宗教的重要神學思想，指聖父、聖子、聖神（聖靈）三個不同位格為同一本體、同一屬性。

6　【作者註】民主型權威：這個詞是指榮格父親的養育風格接近於發展心理學家們所說的所謂權威型（authoritative）風格。發展心理學家們把父母養育風格劃分為四類：分別是權威型（authoritative），專斷型或規訓型（authoritarian or disciplinarian），放縱型或嬌慣型（permissive or indulgent），忽視型或不管不問型（neglectful or uninvolved）。
這四種命名在英文中問題不大，大多數人能區分 authoritative 和 authoritarian 的區別。但是到了中文中，就出了問題，authoritative 被翻譯成了「權威」，而權威型養育，在不少中國人的心中，是一種負性的形象，往往就等於獨裁、專制、體罰兒童，我想這大概和中國文化中從明清以來宣揚權威主義，追求皇權專制有些關係，所以形成了遍佈中國社會無所不在的權力情結。所以此處用「民主型權威」來表達 authoritative 養育風格的內涵，它是指父母在養育兒童的時候，既能和孩子民主協商，又能夠保持父母的威嚴。其實我們看心理學家對這種養育風格的描述，似乎更接近於民主協商，當然家庭內是不能搞民主選舉，誰來做爸爸誰來做媽媽的。一部有趣的三級片《一路向西》中，向我們展示了家庭中進行民主表決的可笑之處，美國的發展心理學家當初選用 authoritative 和 authoritarian 來描述養育風格，大概也沒有想到這兩個詞在苦難深重的中華大地，有如此強烈的政治意涵。

這後來形成了榮格職業生涯發展的一種方向。一方面他沒有選擇神學作為職業，另一方面，他的理論又摻雜強烈神學色彩。這大概是他暗地裡對父親所拋棄事物的認同所致。換句話說，他療癒了父輩的信仰缺失。

父親與父輩權威，這兩個客體關係緊密。一般來說，一個人首先是和父親建立連結，然後是和父親同輩的男性權威建立連結。隨著上學，他的精力就從家庭中的父性權威，轉移到社會中父性權威的身上，也就是兩個老——老師和老闆。

當一個人能夠和父親及父性權威都建立了愛的連結，就能和整個父權社會，父權話語都有較好的聯繫。但是現代人因為面臨父權社會的崩潰，在和父親－父性權威－父權社會建立關係時，難免都會遇到重重障礙，這也是現代人心理障礙的病因之一，在義大利精神分析家路易吉・佐加（Luigi Zoja）的書《父性》（ *The Father: Historical, Psychological, and Cultural Perspectives* ）中，對此有詳細描述。

身為一個父親，榮格的爸爸，雖然有些不足 —— 不夠堅強，也沒有堅定的信仰，但是少年時期的另外一個父性權威——舅舅，為榮格補足了父愛的不足。舅舅小心地想引導榮格成為神學家、牧師，去舅舅家裡時，榮格可以和自己的表兄弟心平氣和地討論教義以及各種神學家的觀點。

舅舅和爸爸共同構成了一種民主型權威的養育環境，這顯然對於榮格日後敢於堅持自己主張，敢於和權威辯論，敢於走上自己的人生之路，有深遠的影響。

榮格在認識佛洛伊德之前，個人形象在精神病學界是很完美

的，堪稱青年才俊、冉冉升起的新星。而後，他就走向了世俗者看起來的「自我毀滅」、「不接地氣」。

首先，他結交了江湖醫生佛洛伊德，讓自己在專業界的名聲受損。然後，他又研究很多在當時被鄙視的內容——煉金術、占星術、宗教修行、飛碟等等，進一步損壞名聲。直到後來，當超心理學以及新時代興起後，人們對榮格的評價才好了一些。一個人有底氣反抗社會主流，這便是自成一體、自由自在。

榮格的底氣，除了來自父愛和父性權威之愛，還有另外一個來源，就是閱讀。通過廣泛閱讀，青少年們結交了更多的歷史上的「父性權威」，從而也不會為一時一世的時代風氣帶歪。這也是為什麼我們推薦青少年多閱讀經歷時間考驗的世界名著的原因。

榮格青少年時期最喜歡讀的一本書就是世界名著《浮士德》，這是榮格媽媽向他推薦的。《浮士德》的故事，討論的是一個中年危機的煉金術士如何透過一系列步驟開展自性化過程，最終達到自性圓滿的境界。榮格看了之後，對書中的魔鬼代言人梅菲斯托（Mephisto）產生了濃厚興趣。梅菲斯托是一個象徵著「陰影」的人物，榮格後來說到人格成長的心靈煉金術，第一個任務就是面對「陰影」，也就是面對我們心中的魔鬼。《浮士德》是貫穿榮格一生的著作，可以被看作是榮格的心理自助書。

榮格哲學思想的建立也是在青春期階段。他在高中階段讀過許多哲學家的書：畢達哥拉斯、赫拉克勒斯、恩培多克勒、柏拉圖等等。對於十九世紀的哲學家黑格爾，他曾表示非常不喜歡。之後，榮格在自己的著作中談到辯證法，儘管他自己具有辯證法的思想，但他就是不喜歡黑格爾。

榮格喜歡古希臘的哲學家，並且非常欣賞叔本華，這也許是因為叔本華是唯意志哲學的創始人，而叔本華又深受《吠陀經》的影響。這就從另外一個角度解釋了，為何榮格的思想在中國頗受歡迎。因為《吠陀經》的思想對佛教有非常大的影響，而佛教對整個中國文化又具有極大影響力。

　　學習與閱讀，幫助榮格解決了青春期身分認同的危機，也就是坐在石頭上的思考「我究竟是誰」。他曾這樣描述當時的感受，「我頓時醒悟，『我是我自己！』好像我穿過一堵霧牆，在霧牆後面，還沒有『我』的存在，但是在穿過牆的一剎那，那個『我自己』出生了。在這之前，我也存在，但是所有事只發生在我身上，現在所有事會發生在『我自己』身上。現在我知道，我是我自己了，我存在了。」

　　這就是典型自我身分認同的穩定感，也是最初期的自成一體，自性圓滿感。

　　閱讀療法幾乎療癒了榮格，所以那個自閉、分裂的小男孩，開始成長為一個自信俊美的少年了。

　　榮格說，自己在 17 歲之後開始克服貧窮鄉下人帶來的自卑感。他發現貧窮不是障礙，並且不是人類受苦的首要原因。富人的孩子並不比衣衫襤褸的窮孩子優越，幸福與否取決於更深刻的原因，而不是口袋裡面錢的多少。

　　什麼才是榮格說的，超越窮富的、決定人們幸福與否的「更深刻的」原因呢？

　　就是自性化，天人感應，自性圓滿，自成一體，自由自在。從而產生長時間的滿足感。幸福＝滿足×時間。

僅僅是家庭父母，外在的學校老師，還不足以提供足夠的自性化整合體驗，人們需要來自內心深處的超越性意象，對於兒童榮格來說，這些超越意象分別是獨眼肉柱夢、神聖之火、永恆的石頭等。

　　到了少年期，這些內在意象又發生了變化，下面這個意象特別重要，這個意象可以被成為「上帝拉屎」意象，它提示著科學與宗教的衝突，在榮格內心達到頂峰，也象徵著他自身靈性的覺醒，他有一天，突然看到「上帝端坐在金色寶座上，在世界之巔，從寶座下面，一堆巨大的糞便墜落在閃閃發光的大教堂新屋頂上，將其砸得粉碎，牆壁也分崩離析。」

　　這個意象標誌著榮格的上帝觀，宗教信仰的重大革命，在這個意象之前，十二歲的榮格就已經做過一個夢，可以命名為「教堂上帝夢」。這個夢是這樣：

　　我在巴塞爾預科學校的一個陰鬱的院子，那是一座美麗的中世紀建築。我從院子裡經過一個大馬車往來的大入口，在我面前是巴塞爾大教堂，陽光明媚地照在最近彩色瓷磚的屋頂上，它重新裝修，給人留下了最深刻的印象。在教堂之上，上帝正坐在他的寶座上。我想：「這一切多麼美麗！這是多麼美妙的世界，多麼完美，多麼完整，多麼和諧。」然後發生了什麼事，如此出乎意料如此破碎，以至於我醒了。

（夢 2：教堂上帝夢）

教堂上帝夢

英文

I am in a rather gloomy courtyard of the Gymnasium at Basel, a beautiful medieval building. From the courtyard I went through the big entrance where the coaches used to come in , and there before me the Cathedral of Basel, the sun shining on the roof of coloured tiles, recently renovated, a most impressive sight. Above the Cathedral God was sitting on His throne. I thought: "How beautiful it all is ! What a wonderful world it is —— how perfect, how complete, how full of harmony." Then something happened, so unexpected and so shattering that I woke up.

此夢出自貝納特（E. A. Bennet）所著《榮格》（*C. G. Jung*）一書。貝納特多次和榮格本人作訪談，因此本書得以在 1961 年出版，出版之時剛好榮格過世了。榮格本人告訴貝納特，這個夢中有典型的「潛抑」（repression），這是一個佛洛伊德發明的術語，他認為這些大多人心理障礙者的核心防禦機制，就是人們無意識地遺忘了某些事件，往往這些事件是此人的道德不能允許的。

榮格顯然是指，「發生了什麼事」這一節，這個什麼事，是 12 歲的榮格不能接受的，當然我們可以推斷，這個什麼事，應該和後來的「上帝拉屎」意象異曲同工，它徹底破壞了上帝是完美的這一理念。

這個夢發生的背景，和獨眼肉柱夢一樣，仍然是榮格熟悉的生活場景，也仍然具有宗教意義。這一次的生活場景，就是榮格的中學，說明它正要處理在中學時期留下的情結。

中世紀建築，表明帶給榮格療癒的是傳統文化，在榮格後來的生命中，他回到了中世紀的煉金術，療癒自己和同時代的其他人。

而夢中的上帝，就是帶來了自性化感受的意象——完整感、完美感、和諧感。我們看到，之前夢中是獨眼肉柱坐在王座上，現在變成了教堂上空的上帝。看起來之前的恐懼感似乎正在療癒。

但是，可惜的是，和獨眼肉柱夢一樣，這個夢還是一個惡夢，什麼事情發生了，少年榮格還是被驚醒了。

直到上帝拉屎意象出現，少年榮格開始面對信仰的動搖，在此之後，他經常思考上帝究竟是一個什麼樣的上帝，並且在這一過程中，他逐漸找到了一種和上帝融為一體的感覺。所以這個意象，可以被稱之為基督教徒所說的上帝的恩典，上帝的恩典之後，一個人會完全獻身於上帝，除了實現上帝的意願之外，一切都是愚蠢和毫無意義的，從體驗到恩典那一刻起，一個人真正的責任開始了。

如果把上帝換一個比較科學的心理學名詞，那就是榮格說的「自性」，或者翻譯成「大我」也可以，所以自性化的過程，就是自我和自性的分分合合的過程。

少年榮格問自己，上帝為什麼要弄髒大教堂？他開始逐漸明白，上帝也會成為可怕的事物。由此他體驗到了一個黑暗和恐怖的祕密，他甚至說這個陰影籠罩了他的整個生命，使他變得鬱鬱寡歡。其實這個祕密，就是上帝也有陰暗邪惡的一面，也會拉屎拉尿。這在今天看起來很簡單。也不是那麼離經叛道。當代也有基督

教傳教士提出類似命題，如肛門是上帝創造的傑作，性愛是神的恩賜。[7]但榮格少年時，誰要膽敢這麼想，就是在挑戰整個社會的主流價值觀。

這樣的自性化體驗過早發生，它的影響有兩方面的：一方面它讓榮格具有了責任感以及道德成熟，與神聯結的人當然不再害怕人間的白眼。另一方面，這也是導致他內在憂鬱的氣質。因為他必須隱藏壓抑真我，這形成了他的陰暗面，他要不斷地整合陰暗面。

除了這個更加具有人性特徵的上帝意象外，榮格的石頭意象，也仍然發揮了穩定心靈的作用。他曾說過，每當想到自己是那塊石頭，衝突便戛然而止。石頭沒有不確定性，不急於傳達，千百年來永恆如此。由此他會想，雖然他僅是一個暫時的存在，但會爆發出所有的情感，如火焰一般在瞬間燃燒，然後消失。他就是自己所有情感的總和，而內在的「他者」卻是永恆的、不朽的石頭。

所以，石頭，也是榮格所說的自性、大我的象徵。無獨有偶，中國小說《三體》[8]裡面，也提到了石頭，未來人類最終發現，原來最能夠長久保存人類文化的東西，居然不是高科技產品，而是就是隨處可見的石頭，歷經千萬年風霜，仍然不改歷史的留言。

可見石頭和人們對恆久性的追求，會自然而然地投射到了石頭上，這大概就是他後來為什麼會對煉金術、哲人石感興趣的原因，乃至到了晚年，他在喪失母親和妻子後，開始在石頭上雕刻下心性

7　【作者註】例如：唐崇榮國際佈道團（STEMI）就有在其影音網站以「為什麼肛門是傑作？」「上帝造人性器有何功用與意涵？」為題製作影片，宣導婚前愛與性的相關觀念。

8　【編註】《三體》是中國大陸作家劉慈欣於《科幻世界》連載的長篇科幻小說，出版後成為最暢銷的科幻小說之一。

的留言，《聖經》上說，愛是恆久忍耐，而人們要用石頭——鑽石，表達自己永恆之愛，大概也是這個原因。

延伸閱讀

少年心性的特徵就是喜歡圖畫，當今時代充分尊重人們的這種少年心性，出版了多本「漫畫榮格」，「畫說榮格之類」的著作，其中海德與麥克堅尼斯（Maggie Hyd & Michael McGuinness）的《榮格：思潮與大師經典漫畫》（*Introducing Jung / Jung for Beginners*）還成為了暢銷書，臺灣有翻譯版。大陸則有日本作者渡邊學編寫的《漫畫榮格》，還有諸如《圖解榮格心學》這樣的書籍，不過主要是介紹榮格的理論，而並非其個人傳記。

漫畫書籍，文字不是主要看點，而是繪畫風格和構圖安排。不過漫畫書籍的其實也有一些「罕見」的內容，比如有同行告訴我，她在一本資料中看到，榮格的妻子允許他能夠有情人，是因為害怕榮格會對女兒亂倫，我當時比較吃驚，因為其他傳記作品中沒有見到這樣的資料，細問之下，才知道她是從一本英文漫畫書中看到的。

還有一本《世界心理學鼻祖：榮格傳記》（*Carl Jung: Wounded Healer of the Soul*），澳洲的克萊爾·鄧恩（Claire Dunne）著，王東東，宋小平翻譯，世界圖書出版公司出版，其中有大量精美配圖，中文版也保留了原版配圖。

如果有人想要既瞭解榮格，又學習英文，那麼楊韶剛老師翻譯的《簡析榮格》外研社雙語對照本，則是一個很好的選擇。楊老師

可以算心理學著作中最專業的翻譯者了。

　　幾乎沒有任何一本書，是專門研究榮格的青春期的，但是加州的分析師費德曼（Brian Feldman）寫過一篇優秀的文章，叫做〈青春期後期的身分認同，性欲和自體〉[9]，文中詳細地較為詳細地介紹了榮格的青春期心理發展和他的臨床工作的關係。作者提出，榮格在青春期後期和父親的關係中，對父親不太認同，有所疏遠，開始認同母親。認同母親的結果之一是榮格開始出現了類似母親的人格分裂，這也有可能引發了榮格的雙性同體的身分認同，尤其表現在日後對佛洛伊德接近於同性戀的情感上。榮格對少女的一見鍾情，是典型的阿妮瑪投射，但對象卻是針對一個偶遇之人，這體現了榮格深深壓抑的性欲。這段經歷影響到榮格的青少年治療理論，他認為青春期男孩必須擺脫對母親的認同，迫切需要男性的指引。今天我們更多是認為，青春期男孩，的確需要與母親意象分化，但是更多是和嬰幼兒時期的母親意象，雙性同體的母親意象分化，從而形成自己穩定的性身分認同。

9　【作者註】Feldman, B. (1996). Identity, sexuality and the self in late adolescence. J. Anal. Psychol., 41(4):491-507

第四章

青年 1
追逐夢想療癒空虛

青年成人期，大約是指一個人從 18 歲到 30 歲的時期，也就是一個人從獨立，到人生基本穩定、建立起自己家庭的時期。這同時也是精神障礙容易發作的時期，我們常會用一個詞來形容這個時期的發展任務，叫做「三求青年」──求愛、求友、求職（求業）。也就是說，在這個時期，一個人的這三方面基本都會確定下來。即：第一，愛人是誰；第二，職業是什麼樣的；第三，朋友圈是什麼樣的。在這個時期的個人分析中，有兩個關鍵點。

　　第一個是大學入學考試。這其中包括了如下一系列問題：怎麼度過的準備考試的時期？考試時有沒有發作考試焦慮？志願是怎麼選填的──是經過深思熟慮後根據自己興趣填報？還是別人說哪個領域比較容易考上就填寫的？是不是基於畢業後求職容易而選填？有沒有受家人意見左右？或因為能讓家人非常有面子而選擇了名校？

　　第二個關鍵點，就是工作。什麼是你的第一份工作？什麼是你的職業？什麼又是你的志業？工作，是指一個人賺錢謀生的手段；職業，是指一個人長期從事的多份工作，但是這些工作都是同一個職業範圍：而志業，是指一個人哪怕沒有錢，也願意傾心投入完成的事。

　　以榮格為例，他的第一份工作，是著名精神病院的住院醫生和主治醫生，第二份工作，是私人開業的精神科醫生，專門做心理治療，同時還有第三份兼職工作，就是大學兼職教師和教授，第四份也是兼職工作，是行業協會的主席。但是這所有工作，都是圍繞著──「心理醫生」這一份職業展開的。心理醫生，同時也是他的志業，他的志業是──探索一個人如何療癒空虛感、分裂感，也就

是探索自性化的機理和方法。榮格在面臨入學考的過程中，記錄下了兩個夢，第一個夢是這樣的：

　　我在一片黑暗的樹林中，樹林沿萊茵河畔展開，我來到一個小山丘上，一個古墓前，開始挖掘。過了一會兒我發現，令我驚訝的是，我挖到了一些史前動物的骨頭。這引起我極大的興趣，此時我知道了，我必須瞭解自然，瞭解我們生存的世界，瞭解我們周圍的事物。

（夢 3：挖掘古墓夢）

挖掘古墓夢

英文

　　In the first dream I was in a dark wood that stretched along the Rhine. I came to a little hill, a burial mound, and began to dig. After a while I turned up, to my astonishment, some bones of prehistoric animals. This interested me enormously, and at that moment I knew: I must get to know nature, the world in which we live, and the things around us.

德文

　　Im ersten Traum ging ich in einen dunkeln Wald, der sich längs des Rheins hinzog. Ich kam an einen kleinen Hügel, einen Grabtumulus, und begann zu graben. Nach einer Weile stieß ich zu meinem Erstaunen auf Knochen von prähistorischen Tieren. Das interessierte mich leidenschaftlich, und in dem Augenblick wußte ich: Ich muß die Natur, die Welt, in der wir leben, und die Dinge, die uns umgeben, kennenlernen.

　　這個夢的背景，不再是榮格熟悉的生活場景，也不是人類創造的教堂、學校等，而變成了萊茵河畔的黑暗森林，它代表著自然的神祕、生命和死亡。然後，這次的夢者榮格，不再是那個恐懼的小孩，而是勇敢地挖墓者。現在流行的盜墓小說，多多少少也有同樣的意味——面對死亡，從死亡的古代文化中找到人生的瑰寶。類似的挖掘、深入主題，在榮格夢中不斷出現，這種欲望投射到現實生活，除了變成創作、欣賞盜墓小說外，還可以變成對考古學的興趣，榮格便是如此，有同樣愛好的還有佛洛伊德，他甚至長期訂閱考古學期刊。

　　精神分析，從某種程度上就是一種心靈考古學。譬如精神分析中的術語本我（id），德文是 Das Es，就是德語中第三人稱代詞，「它」（相當於英文的 it）。

　　個案們告訴佛洛伊德或榮格，那個念頭不是我的，是來自我內心的野獸，來自於我心中的它。現代人不斷地壓抑自己內心的獸性本能，所以獸性就死了。就像榮格夢中挖掘到的古代動物一樣。

　　榮格的高考時期第二個夢，仍然出現在一個樹林裡：

　　我又在一片樹林中，林間溪流縱橫，在一個最幽暗的地方，我

看到一個圓形水塘，被茂密的灌木叢環繞。有一種最為古怪且奇妙的生物，一半浸泡在水中：這是一種圓形的動物，閃耀著眾多顏色的光澤，由無數小細胞組成，或是由觸鬚般的器官組成。那是一個巨型放射目動物，直徑有一米粗。面對這樣一個壯觀的造物安靜地躺在那兒，躺在這隱蔽處所──清澈、幽深的水中，對我來說真是不可名狀的美妙。它喚起了我強烈的求知欲，以至於心砰砰的跳，醒了過來。

（夢4：放射目動物夢）

放射目動物夢

英文

Then came a second dream. Again I was in a wood; it was threaded with watercourses, and in the darkest place I saw a circular pool, surrounded by dense undergrowth. Half immersed in the water lay the strangest and most wonderful creature: a round animal, shimmering in opalescent hues, and consisting of innumerable little cells, or of organs shapedlike tentacles. It was a giant radiolarian, measuring about three feet across. It seemed to me indescribably wonderful that this magnificentcreature should be lying there undisturbed, in the hidden place, in the clear, deep water. It aroused in me an intense desire for knowledge, so that I awoke with a beating heart.

> Dann kam ein zweiter Traum, in welchem ich mich wieder in einem Wald befand. Er war von Wasserläufen durchzogen, und an der dunkelsten Stelle sah ich, umgeben von dichtem Gestrüpp, einen kreisrunden Weiher. Im Wasser lag, halb eingetaucht, das wunderseltsamste Gebilde: ein rundes Tier, in vielen Farben schillernd, das aus vielen kleinen Zellen bestand, oder aus Organen, die wie Tentakel geformt waren. Eine Riesenradiolarie von etwa einem Meter Durchmesser. Daß dieses herrliche Gebilde ungestört an der verborgenen Stelle im klaren, tiefen Wasser lag,erschien mir unbeschreiblich wunderbar. Es erweckte in mir die höchste Wißbegier, so daß ich mit klopfendem Herzen erwachte.

　　一般來說，看到夢中出現圓形時，治療師會推斷是自性原型被啟動了。所謂「自性圓滿」，圓圈，就是用來象徵「圓滿」的。圓圈在宇宙中無所不在，人體細胞是圓的，太陽、地球是圓的，天體運行的軌道也是圓的，所以榮格派學者就提出，自性化過程並非是人類獨有的，動物界、植物界、大氣科學界、宇宙科學界大概都有這樣一個過程。

　　所以在後榮格學派中，尤其是倫敦學派（也被稱為發展學派）會特別強調一個人的自性化過程始於童年。但大部分人還是強調中年後期。也就是說，自性化被明確意識到，並且開始圓滿成熟，始於一個人的中年後期。

這個夢的時空，仍然是樹林，但是已經不是黑暗樹林，黑暗已經縮小，變成了森林中的一小塊，而且在這一小塊地方中，夢者最終也發現了生命，發現了自性的象徵。

我們可以看到，黑暗物質最早是出現在榮格的獨眼肉柱夢（夢1）中，沿著草地上四方形的黑洞，夢者直面了讓他恐懼的獨眼肉柱。

現在，黑暗物質已經由方變圓，這是自性化夢境的典型變化，由分裂的四相性變成圓滿的圓形。

黑暗物質的周圍，也不再是夢 1 的石壁，而變成了樹木、流水、灌木等，這些都是生命力的象徵，它們的出現，象徵著在榮格心中，生命的力量已經取代了死亡的力量。

這個夢最令人注目的，當然就是放射目動物，我們看到，在榮格 12 歲的夢，教堂上帝夢中，王座上的上帝，也曾經誘發少年榮格的完美感和完整感，但是這種感覺很快被打斷了。

但是在這個夢中，完美感、完整感不但沒有被打斷，還相反地持續到了白天的生活。激發了榮格持續終生的、對集體無意識的探索，以及對宇宙和生命的神祕本質的興趣。

放射目動物，或者說，放射蟲，很可能是寒武紀就出現的生物，這裡它象徵著生命的本源和早期，榮格學派有本書，叫做《兩百萬歲的自性》（*The Two Million Old Self*），也就是說，集體無意識中的自性，或者說「大我」，是遠遠超越人類文明的，有可能在兩百萬年前就出現了，甚至有可能在寒武紀之前就形成，乃至有可能地球形成之前宇宙中就存在精神系統的微粒。物理學家包立和榮格就曾經形成假設，微觀粒子可能本身就是精神性和物質性合一的

存在。這種假設在當時有點離經叛道、神神叨叨，現在似乎越來越多的人支持了。

放射蟲的形態和獨眼肉柱非常類似，同樣是圓形、碩大的，但是放射蟲會發射出眾多的光芒，類似粒子突變時的光芒，這種五彩光，經常被人們用來指向超越、統一、和諧。譬如彩虹，被認為是上帝和人建立契約的標誌；在藏傳佛教中，也認為大成就者，最終肉身會變成彩虹；又譬如南非的種族和解，也用彩虹來比喻黑人和白人的二元對立的和解。

這兩個夢讓榮格作出決定，他要學習自然科學，不再焦慮衝突。他的高考志願居然通過內心夢想來決定，這在不少人聽起來實在太瘋狂了。而且別忘了，這時候的榮格也不是大富大貴之家，按照我們現在流行的文化，大概會勸說榮格這樣的人，去考國際名校，應該首先選擇金融等熱門專業。

這種期望，對於外傾的人來說，大約是適用的，外傾者總是根據外在要求來決定自身走向，但對榮格這樣的內傾者來說，卻是一場災難。

榮格運用了內傾直覺功能，經由夢境決策人生。事實上，很多人的人生決策，也是早在他的夢中就有提示或者預言了，只是當事人自己沒有覺察到。榮格之後的生命證明，他選擇的這條道路正確無比。既發揮他的優勢，又療癒了他的空虛感，還帶來了輝煌的成功。

這個經歷也提示我們，一個人若想要深入進行個人分析，記錄自己的夢境是極其重要的，當我們人生中有了選擇困難時，可以通過不斷暸解自己的夢來尋找答案。至於如何進行夢境記錄，在本書

最後一章還會詳細總結。

　　榮格確定了事業方向後，接下來他需要解決的問題就是：生存。榮格必須養活自己，如果沒錢，就沒辦法上大學，也沒希望獲得想要的科學職業訓練。為此他向巴塞爾大學申請了獎學金，居然幸運被批准了。當一切就緒後，榮格又開始不太確定到底學習科學的哪一門了？這一次，榮格駕輕就熟，又做了一個夢，在這個夢中，再次體現了他的分裂以及人生中需要整合的內容。夢是這樣的：

　　在夜裡某個我不知道的地方，我頂著狂風，艱難前行。濃霧籠罩四周。我雙手護著一盞微弱的燈火，火隨時會被吹滅，一切都取決於我能否保持這小小燈火不會熄滅。我突然感覺到有什麼東西正在尾隨我。我回頭望去，看到一個巨大的黑色人影正跟在身後。在此刻我已經意識到，雖然我內心害怕，但是我必須保持這小小燈火，熬過黑夜和風暴，哪怕所有危險。

（夢5：小小意識燈火夢）

小小意識燈火夢

英文

　　About this time I had a dream which both frightened and encouraged me. It wasnight in some unknown place, and I was making slow and painful headway against a mighty wind. Dense fog was flying along everywhere. I had my hands cupped around a tiny light which threatened to go out at any moment. Everything depended on my keeping this little light alive. Suddenly I had the feeling that something was coming up behind me. I looked back, and saw a gigantic black figure following me.I looked back, and saw a gigantic black figure following me. But at the same moment I was conscious, in spite of my terror, that I must keep my little light going through night and wind, regardless of all dangers.

德文

In dieser Zeit hatte ich einen unvergeßlichen Traum, der mich zugleich erschreckte und ermutigte. Es war Nacht an einem unbekannten Orte, und ich kam nur mühsam voran gegen einen mächtigen Sturmwind. Zudem herrschte dichter Nebel. Ich hielt und schützte mit beiden Händen ein kleines Licht, das jeden Augenblick zu erlöschen drohte. Es hing aber alles davon ab, daß ich dieses Lichtlein am Leben erhielt. Plötzlich hatte ich das Gefühl, daß etwas mir nachfolge. Ich schaute zurück und sah eine riesengroße schwarze Gestalt, die hinter mir herkam. Ich war mir aber im selben Moment bewußt - trotz meines Schreckens - daß ich, unbekümmert um alle Gefahren, mein kleines Licht durch Nacht und Sturm hindurch retten mußte.

榮格本人對這個夢的理解是什麼呢？他說：「當我醒來時，立刻意識到那個人影是個布羅肯山幽靈[1]，是我自己在山霧渦流中的影子。通過我帶著的那燈火，它被帶入到存在之中，我也知道，這小小的燈火就是我的意識，是我唯一的光亮。理解力是我擁有的唯一巨大財富。雖然與黑暗的力量相比，它無比渺小和脆弱，但仍舊是一盞光亮──我唯一的光亮。」[2]

　　如果這個領悟是榮格在 18 歲就得出的，那我們可以說，榮格無疑就是個精神分析的天才，他在精神分析還沒有被佛洛伊德發明之前，就可以解讀夢的象徵意義，領悟到夢中的陰影是來自自身的投射。

　　這也是自性化的第一階段的任務，一個人可以在夢中，意識到夢中可怕的黑暗人物，無論是動物、日本軍隊，魔鬼、獨眼肉柱等等，都猶如夢幻泡影，都像德國著名景點布羅肯山的幽靈一樣，遊客們在此山中，不時看到巨大的陰影，他們一開始會驚恐不安，以為遇到了妖魔鬼怪，但仔細觀察，不難發現，這個陰影就是自己的身影，它隨著山霧和陽光，變大變小。

　　佛洛伊德也說過類似的話──意識的力量是微弱的，但卻是永恆的。事實上，這是我們很多人在深入到自己無意識中會體驗到的

1　【編註】布羅肯奇景（Brockengespenst），指觀測者背向太陽產生的陰影，投射在雲層表面成為被放大的巨大影像，看似幽靈。因為經常出現在德國的布羅肯山，因而成為當地傳說而命名。

2　【作者註】本段話的英文摘錄給讀者參考：When I awoke I realized at once that the figure was a "specter of the Brocken," my own shadow on the swirling mists, brought into being by the little light I was carrying. I knew, too, that this little light was my consciousness, the only light I have. My own understanding is the sole treasure I possess, and the greatest. Though infinitely small and fragile in comparison with the powers of darkness, it is still a light, my only light.

感受。尤其是當一個人巨大的陰影出現時，就再明顯不過地感受到自我意識的弱小。

　　榮格說自己的第一個人格是那個持燈的人，第二人格如影子般跟隨著他，任務是保護那盞燈，並且不能回頭去看那永存的生命力，顯然那是被另一種光照耀的禁地，必須要迎著風暴前進。風暴企圖將他推回到無盡的黑暗世界中。在第一人格裡，他必須前進，去學習、賺錢、承擔責任、糾結、混亂、犯錯、服從和挫敗。推動他的風暴是時間，時間不停地流入過去，就像狗一樣追在他的腳後。它發出巨大的吸力，貪婪地吞噬所有的一切，他只能奮力向前逃離它。

　　榮格這種觀點，指出了榮格學派說的，陰影原型的一面——時間的流逝，死亡的來臨。

　　每個人對時間的感受力不一樣，這導致我們內心的客體和各種感受，會不斷投射到世界萬物中，包括時間和空間中。比如，如果覺得自己生活的住所，是個溫馨美麗的地方，我們就會不斷地斷捨離，不斷地整理家，把家中的空間整理得很美。如果我們的住所，我們的家，被投射成一個垃圾桶，一個貪婪成性的巨嬰，就會在它裡面填滿各種垃圾。同樣，如果我們覺得時間是一個包容者，像母親一樣的包容，我們就會珍惜每一時每一刻，最終擁抱死亡。相反，如果我們覺得時間是個無情的吞噬者，就會因為時間流逝而感覺到痛苦，死亡被體驗為拋棄性的母親。

　　人的大部分時間，都是在否認死亡中度過，但是青春期的時候，人們會真實地面對死亡。青少年體型飛速變化、變聲期出現，會感受到自己正在喪失時間，喪失身影，喪失童年。好多青少年會

夢到末日夢，當社會上流傳著「末日預言」時，青少年很容易信以為真。所以榮格小小火光夢中，火光也可能代表著青少年身分認同的脆弱性。在以前的夢中，這種脆弱性都是由夢者——兒童時期的榮格直接承擔的，但是在這個夢中，青年榮格已經是一個保護者了。黑暗之物，也從地上黑暗的方洞，變成了黑暗的森林，現在變成了黑暗的巨人影子。夢者雖然害怕，但是已經充滿了膽量，敢於在黑暗巨人之前保護自己的小小光亮。

榮格這種心態的變化，當然也和父母的變化緊密相關。他的記憶中，父親的憤怒和不滿與日俱增，狀況使他充滿了擔憂，母親則避免做任何可能刺激到父親的事，並拒絕與其爭吵。以前那個對兒子關愛的民主權威消失了。

這是很多父母在子女的成年初期容易出現狀態。尤其是之前寵溺孩子的父母。有人甚至告訴我，「我上大學的那年，我爸就像徹底變了一個人。」這是為什麼呢？

還記得榮格年幼時父母曾經鬧過離婚嗎？還記得榮格說，少年時代，覺得他們家是鄉下人，比較貧窮嗎？筆者推測，榮格家出現的情況，大概是夫妻雙方已經隱形離婚，但是現實的壓力，又讓這對夫妻離不了婚。畢竟離婚是一種能力。要有的第一個能力是有錢。否則，很多夫妻就只有無奈地停留在彼此不相愛的婚姻中，暗中積攢錢財和能力，一般到了家裡所有孩子成年後，如果女方能夠養活自己，或者男方足夠仗義慷慨，雙方就分道揚鑣。這是無道德約束者常見的從隱形離婚到現形離婚路線圖。所以不少孩子接到大學錄取通知書的時候，也是父母拿到離婚證的時刻。

有些夫妻隱而不離的原因，還有道德壓力。比如榮格家，雙方

家庭都是牧師，基督教大多數教派，都是比較堅決反對離婚的。所以榮格的父母應該是走到了一個中年危機的關鍵點——從物質和感情來說，雙方可以離婚了，但從道德和道義來說，雙方一輩子都不能離婚。這個時候就容易出現抑鬱、憤怒、酒精成癮等等。

夫妻離婚會造成孩子創傷，同時，創傷也可以轉化為前行的動力。榮格就是這樣，他在大學期間，非常勤奮地學習，他在大學期間曾經參加學校的俱樂部，並且發表演講，這個演講甚至現在還被收錄到《榮格全集》中，成為了榮格思想的早期文獻。

榮格似乎天生是為精神病學準備的，他展現出對精神病學和醫學的濃厚興趣。這時父親警告他，千萬不要成為物質主義者，而那個時候的精神病學正是物質主義的假設佔據主流，認為精神現象產生於大腦的功能，一堆蛋白質堆積，精神就產生了——靈魂和愛情，都出自腦殼裡面那一大碗腦花。榮格也曾受到這樣的看法所影響，但他後來反對了物質主義的假設，也被視為是落後可笑的。與此同時，他發現父親在悄悄閱讀佛洛伊德的著作，這也決定了榮格往後對佛洛伊德的投射，把佛洛伊德投射為一個師父，一個充滿愛和智慧的父性權威。

1895 年，20 歲的榮格考進大學，但是就在 1896 年，21 歲時，他的父親突然因為癌症去世了。

當重要親屬死亡時，會讓一個人自性化速度加快。一個人面對父母的死亡，最重要的儀式就是「臨終告別」。這往往需要另一位在世的父親或母親，以及整個家族一起陪伴度過。

但遺憾的是，榮格父親臨終最關心的，竟然是榮格是否通過了國家級考試？這讓榮格必須撒謊安慰父親，畢竟這是父親臨終前最

關注的事了。這種告別場景，容易造成孩子以後的學習情結，就是糾結於各種考證，無效地學習。但是幸運的是，榮格似乎並沒有多少學習情結、考證情結。

令人奇怪的是，榮格曾提到自己站在父親床邊，被當時的情景迷住了，因為他之前從沒有見過任何人死去。這是一個值得注意的情況，榮格為什麼從沒見過人死去呢？難道在此之前，他沒和家中死去的老人告別過？還是他們家刻意迴避死亡，老人們死的時候都沒有和子女、孫子孫女好好告別。

在父親彌留之際，榮格母親曾嘆著氣說了一句話，「這一切過去的多麼快啊！」之後不久的一天，母親又說了另一句令榮格崩潰的話，就是「他為你死的很及時！」

這句話給榮格造成了很大衝擊。榮格後來回憶說：「『為你』這個詞給了我很沉重的一擊，我惋惜過去的日子，因為它們不可挽回。」

但同時，他的另一部分覺醒了，榮格曾說過，一個充滿男子漢氣概和自由自在的自己在那時覺醒，他搬進父親的房間，並從此在家中取代了父親的位置。隨後榮格做了一個夢，大致是這樣的：

父親突然站在我面前，說他度假回來了……正要回家。我想他會因為我搬進了他的房間而惱怒。

（夢6：死亡父親回家夢）[3]

3　【作者註】這個夢沒有詳細記錄，只有一句話。

死亡父親回家夢

英文

Suddenly he stood before me and said that he was coming back from his holiday. He ...was now coming home. I thought he would be annoyed with me for having moved into his room.

德文

Plötzlich stand er vor mir und sagte, er käme aus den Ferien. Er... und nun kehre er nach Hause zurück. Ich dachte, er würde mir Vorwürfe machen, weil ich in sein Zimmer gezogen war.

　　類似主題的夢榮格後來又做了一遍。由此我們能看出，榮格那種隱隱約約的伊底帕斯情結。伊底帕斯情結有很多種，正性伊底帕斯、父性伊底帕斯、倒錯性伊底帕斯等等。[4]

　　正性伊底帕斯情結，是指小男孩要和爸爸分享媽媽的愛，甚至想要替代佔據爸爸的位置。與此同時，小男孩又愛著自己的爸爸，不忍心把爸爸閹割，殺死或者掃地出門，從而他希望自己變成爸爸那樣的英雄好漢，娶一個媽媽那樣的賢妻良母。

　　但是榮格沒有多少正性伊底帕斯情結，榮格曾經明確地寫下，他和周邊人談過，自己就是無法想像一個人怎麼會愛上自己媽媽？

4　【作者註】這幾種情結的詳細介紹，見薩夫（David Scharff）所著《性與家庭的客體關係觀點》（李孟潮譯）。

因為在他眼中，他媽媽不是一個可愛的人。這與佛洛伊德截然相反。

榮格大概也無法想像，一個人怎麼會有要取代父親的這種感受。他和父親的關係主旋律是充滿愛意的，哪怕他們曾在青春期爭吵。直到父親死後，他搬進父親房間後，才開始擔心父親的憤怒，才感受到兩人的競爭，才開始感到慚愧。也就是說，正性伊底帕斯情結的內容，在他 21 歲才開始出現。

到了此時，他的生死觀開始進一步發展，他開始第一次思考關於死後生命的問題，並且傾向於認為人死後還是有生命的。既然父親的鬼魂會不斷回來，所以相信鬼魂存在，對他的生命是很有意義的。這類夢提示了榮格，雖然他的外在客體父親死亡了，但由於內心與父親這個客體的關係沒有斷絕，才導致他不斷地夢到自己的父親。

在這一點上，需要我們注意的是，如果一個人特別不願意接受親人死亡的事實，不願意承認親人已死，此時，他會開啟一種防禦機制，告訴他自己，他深愛的那個人正活在另一個地方。這是為什麼很多人相信鬼魂或者輪迴的心理學原因。

也有些人打死他，他也不願意相信鬼魂或者輪迴，哪怕他是個科學家，哪怕我們給他呈現有關輪迴的諸多研究，這又是為什麼呢？我的一位個案提供了答案──「如果人還有來生，如果我死後居然還要見到我的父母，原生家庭，這樣的生命實在太可怕了，顯然等於被判決了無期徒刑，我寧願要死刑，一了百了。」所以，人們的情感，往往會決定他選擇看到什麼樣的事實。醫生天天都接觸死亡，這也促進了榮格的生死觀的形成，他作為醫學生經常要做動

物試驗，做完實驗後，醫學生們經常要殺死各種實驗動物，比如用斷頸法殺死小白鼠，用靜脈注射空氣法讓小兔子安樂死。以前很長一段時間，醫學生們還要殺死猴子或者狗，現代已經不允許拿高等哺乳動物做實驗了。

榮格覺得這種方式不太好，因為自己對動物有很多的憐憫心。他認為這種憐憫並非緣自書本中學習的知識，而是依賴於更深層的原初心靈態度——在無意識中與動物建立了同一性，也就是同體大悲的悲憫心。悲憫心，也是做醫生，尤其是心理醫生的重要心理素質。人類天生有慈悲的種子，但是這種心態要開花發芽，還需要後天灌溉，尤其是父母之慈悲與社會之公義。在這點上，榮格顯然得到了不錯的灌溉。

從情感上模糊的慈悲觀，上升到對人類的尊重，對所有生命的大愛，是一個人的人生觀、人性觀形成的過程，青年期是三觀（世界觀、人生觀、價值觀）建立穩固時期，所以人在青年期應該多看宗教哲學書籍，並確定三觀。所謂「空心症」[5]就是這樣療癒的。往往我們一輩子都喜歡都反覆閱讀的書，就是這個階段打下基礎的。如前一章談到歌德的《浮士德》，就是是榮格青春期的最愛。

而到了青年期，榮格發現了另一個作者，尼采。尤其是尼采的《查拉圖斯特拉如是說》，對他的影響很深刻。他在這本書中發現尼采也有第二人格，這種心心相映、病友相惜的感覺，對榮格很有療癒作用。後來在他功成名就後，還反覆提到尼采。尼采可以說是近代哲學最有名的「空心症」患者，他宣告「上帝已死」，並且

---

5   【編註】「空心症」是近年於網路興起的詞語，指一個人儘管外在條件與生活都不錯甚至很好，仍感受到強烈的孤獨與無意義感，指向一種因價值觀缺陷所導致的心理空虛感。

透過哲學重建自己的人生價值和信仰體系，可以說就是榮格的老大哥病友。當然眾所周知，尼采的自我療癒效果並不太好，但是他透過《查拉圖斯特拉如是說》，的確開創了經由寫作開啟自性化的先河。榮格成名後，花費數年的時間，和一群分析師討論尼采此書，這個研討會的紀錄有數千頁，已經出版，是研究尼采和榮格的重要文獻。

　　在大學期間，榮格開始思考自己是否換到精神病學專業，根據前文，我們不難分析出，選擇精神病學是榮格的不二之選擇。因為他們家數代人都有精神障礙。

　　但是在從事精神醫學之前，榮格曾經有許多猶豫和徘徊，直到後來，當他讀到精神病學著作時，才靈光一現，選擇精神病學作為事業方向。榮格如此感嘆，「我興趣的兩股激流合二為一，並成為一股激流，沖刷出自己的河床，這裡是生物和精神的事實，共同存在的體驗性領域，是我到處尋找又無論在哪裡都找不到的領域，這裡真的有了一塊地方，讓自然和精神的衝突變成了現實。」

　　榮格把他的自性化歷程，也就是把解決、容納和消化衝突的任務，投射到了精神病學上，用整個生命的力量來學習精神病學。這也是他自我療癒、自我超越的歷程。他克服了名利的誘惑，投入相當受人輕視的精神病學領域。沒有人真正理解他，他的朋友對他轉學精神病學都震驚不已，認為他放棄了做內科醫生的機會，去學習精神病學的胡說八道，實在是愚蠢無比。榮格如果當初選擇跟隨主流，去做一個內科醫生的話，我們可以預測他的走向可能是：一是他可能變得一個平庸的內科醫生；二是他可能在中年後從內科轉行轉到精神科；當然也有第三種可能——他因為精神障礙發作，以內

科主任醫師的身分住進本院的精神科病房。

後來，榮格寫作了不少有關育兒的文章，其中對父母和老師的建議就是，要以自由的精神支持孩子們的理想，否則孩子在成年後，仍然可能回到他當年想要從事的理想事業中。

臨床上這種案例比比皆是，譬如一個人迫於社會的期望和賺錢的需要，選擇了大家認為正確的「工作」；又如做大學報考金融系，畢業去考公務員、擠破頭擠進世界五百強等等，但是他的職業卻是不穩定的，每隔一年就跳槽另外一份工作，或者他拼命賺錢，犧牲身體，或者他拖延發展，但是到了中年以後，性格成熟，或者錢賺夠了，就會回到他青年時期的事業理想——做藝術家，做鄉村教師等等。

進入到自己的理想事業，榮格生命本能的小宇宙爆發了。他開始像和尚閉關一樣的瘋狂學習。整整六個月時間中，把自己鎖在了自己任職的精神病院，通讀了五十卷的《精神病學概論》。他的醫學博士論文，就是研究他表妹，一個人格解離病人，同時也是個靈媒。他的論文的標題叫《論所謂神祕現象的心理學和病理學：一個精神病學研究》，他說，「從廣義上來說，我堅持認為精神病學，是患病者的患病心靈與醫者的假定正常心靈之間的對話，是患病者人格與治療師人格之間達成的協定，兩者大致上都是主觀的。」他認為，幻覺和妄想，並非僅僅為特殊的精神病的症狀，而且具有全人類普世的意義。也就是說，幻覺和妄想，可能是我們人類普遍存在的一種心靈狀態。佛洛伊德也有類似的觀點，認為所謂正常人，就是在夢中發作精神病的人，而所謂精神病人，就是睜著眼睛做夢的人。

榮格的 30 個夢：心靈大師的自我療癒

這就是當年精神分析的前衛之處，它消解了現代社會的一種分裂──把精神病人和正常人分割為截然不同的兩類人。

說到「空心病」，這個名詞流行的時候，就有同行開玩笑說，既然有「空心病」，那是不是也有「實心病」？既然有「巨嬰」，還把「巨嬰」界定為可能是一種心理障礙，那麼「成熟」是不是也是一種病？既然有網路遊戲成癮這種病，那麼熱愛學習成癮，是不是也應該被界定為一種病？成年人天天上班，早上九點到晚上九點，一周六天，被稱為 996，這種人是不是也生病了，應該命名為「工作成癮」？我們要不要發明一種疾病名稱，叫做「正常人格障礙」？

榮格把精神病人當作朋友，當作親人，當然奠定了他作為一個關心病人的好醫生的基礎，但也埋伏下了危險──就是他容易被個案情緒傳染，從而心靈受傷。在下一章，我們會詳細列舉榮格的個案們如何影響他。

延伸閱讀

尼采的《查拉斯圖特拉如是說》，對榮格影響深遠，也是他經常引用的著作，榮格的《紅書》，在形式上也很接近尼采此書。

比爾斯克爾（Richard Bilsker）的著作《榮格》（*On Jung*），周豔輝譯，中華書局出版，是一本從哲學的角度來理解榮格思想的著作，其中有一個章節，專門介紹了榮格的《〈查拉斯圖特拉如是說〉研討會》。榮格在此書中發現了第一人格和第二人格的分裂，阿妮瑪和阿尼姆斯、智慧老人等等原型。

第五章

青年 2
受傷的療癒者

榮格混跡於精神病院，和一群默認自己無比正常的精神科醫生和護士工作。不久之後，他發現精神病學家的工作比較無聊。這是因為：其一，就那時的精神病學教學觀點來看，醫生的主要工作僅僅是滿足於診斷、描述症狀、做統計；其二，從當時占上風的所謂臨床觀點來看，醫生並不關心精神病人是否同樣是人，有他們自己的個性，而是用一長串診斷和症狀給病人「貼標籤」，用診斷給他扣帽子，好像病人一被診斷，這個診斷名稱就自然帶來療癒一樣。

但是榮格仍然保持了對病人本人的強烈興趣，他在自傳中記錄下多個病人，本章摘錄如下。

【個案 1】一個誤殺孩子的媽媽

這是一位少婦，她被診斷為精神分裂症。但是，榮格覺得這不是精神分裂症，只是一般的憂鬱症。由於當時的榮格還只是一個實習醫生，所以，他對自己的這一診斷也持懷疑態度。榮格那時候開始做一個心理測驗，叫做聯想測驗，就是讓來訪者根據一堆詞展開聯想，比如「水」讓你想到什麼，「房間」讓你想到什麼等等。電影《危險關係》（*A Dangerous Method*）中就有展現了榮格做此測驗的鏡頭。通過測驗，榮格挖掘出下面這個浪漫曲折的故事。

原來，病人結婚之前，認識了一位男士，那個男的是一個富二代。由於這個富二代的周圍環繞的都是一些漂亮的女孩，這讓病人非常沒有自信，她以為這個富二代不愛她，只好嫁給了別人。

然而，五年之後，她的一個老朋友來訪時告訴她，其實這個富二代一直深愛著她，引發了這個女人開始抑鬱。

過了幾週，她準備給 4 歲的女兒和 2 歲的兒子洗澡。由於他們

生活在農村，受自然條件的限制，飲用水與洗澡水是分開的，洗澡用的水是骯髒且受汙染的。她在給女兒洗澡時，發現女兒在喝洗澡水，若是出於母親的理性，此時應該出手制止的，但她非但沒有制止，甚至還端了一杯髒水給女兒喝。

不久之後，女兒患上傷寒夭折了，這個患者因此憂鬱症大爆發，被送入精神病醫院。榮格藉由這個聯想測驗，發現她其實是一個謀殺犯，還瞭解很多此祕密細節。但是按照當時常規的做法，醫生僅負責給這個病人開各種對付失眠的藥物，並且監視她，防她自殺，除此之外再無他策。

到底該怎麼辦呢？榮格很衝突，他問自己：我應不應該開誠佈公地與她談談呢？我該捅破這個膿瘡嗎？我面對的是前所未有的道德責任衝突，我要回答一個難解的道德問題。

按照流程，榮格要先找上級醫生，找督導師去問該怎麼辦，但是榮格沒有，他很有勇氣，決定冒險告訴病人這個答案。因為在榮格看來，如果他去問那些同事們，他們很可能會警告他說，看在上帝的份上，千萬別說，要不她病情會更加嚴重的。

然而，榮格自己決定，直接把自己的推斷和假設告訴這個患者，結果兩週之後，病人出院了，並且再也沒有復發過。榮格對同事們絕口不提這個案例，擔心他們會議論紛紛，或惹起法律爭端。

他認為這個女人已經夠慘的了，命運已給了她足夠的折磨，她應該回到生活中，用一生去贖罪。

同時，通過對這個案例的診療過程，榮格提出了他對精神類疾病治療的看法，他認為在精神病學中，很多情況下，病人是帶著一個沒有說出的、無人知曉的故事來就診的。在他看來，只有在調查

過其完整個人經歷後，治療才算真正開始。

完整的個人經歷表示什麼呢？表示來訪者要在治療中向我們口述一部他們的自傳，這也是我們的初始訪談要做一到四次的原因所在。

在整個過程中，我們要向來訪者瞭解的資訊包括：你爸媽為什麼結婚？他們為什麼生下你？你母親為你哺乳到幾歲？0~3歲還發生過什麼事？有沒有被遺棄？3~6歲又發生過什麼事？6~12歲，12~18歲，18~22歲，22~30歲，30~40歲這些時間段裡，又分別發生過什麼事？

對有些人來說，當完整的調查個人經歷完成後，尤其是當他把自己的各種創傷故事講完後，他的治療也就結束了。這也是為何忠誠保密原則，是心理醫生倫理第一條的原因。因為在這些形形色色的創傷故事中，很多都是來訪者永遠不願對人道出的祕密。榮格認為那些不為人知的事情，是把病人撞得粉身碎骨的巨石，若能知曉病人的祕密，我們就找到了治療的線索。

祕密必須找到一個價值中立的第三方來談，所謂樹洞效應，這是個案治療的另一倫理原則——價值觀中立的來源。

榮格說過，醫生的任務是探究如何才能找到線索，但只考察有意識的素材是不夠的。有時候可以用聯想、測驗來打開局面。分析夢，或者和病人長期保持頗具人文關懷的交流都可以。

治療的對象永遠是整個人，而絕不僅是症狀，必須深入研究完整人格問題。所以，我們經常會聽到行業前輩強調這樣一句話：我們不要見病不見人，一定要看見整個的人。

怎麼才算見到整個的人？榮格已經明確指出來了，就是願意聆

聽這個人的整個故事，並且是帶著人性、人文的關懷去聆聽他所有的祕密，不要對他進行道德判斷，會面期間只是不斷的問，從小到大地問，和沉默地理解地聆聽，當把故事瞭解完整後，才算上是見到整個的人。

【個案 2】賦予榮格「巫師」稱號的女人

1905 年，榮格擔任了蘇黎世大學精神病學講師，同時擔任門診的主任醫師，他在此職位上僅做了四年，到了 1909 年，隨著榮格私人診所規模的日益擴大，他就辭去了蘇黎世精神病醫院門診主任醫師的工作，但是仍保留了在大學裡擔任兼職教師的職位。

在大學示範教學的時候，榮格遇到一個有趣的案例。他給一位需靠拐杖行走的病人做了催眠，但是病人不願意醒來，最後榮格花了整整十分鐘，才把她從睡夢中喚醒。特別神奇的是，這個病人醒來後，馬上就扔掉了她的兩個拐棍，並且行走自如。後來，這個病人不斷來上他的課，榮格用她做了好幾次催眠示範。

事實上，這是好多醫生講課時最希望碰到的病人。她不斷地來，不斷地配合醫生的治療，還可以用來示範課堂上的奇蹟好轉。

但當時的榮格並沒有為此而興奮，他認為自己其實並沒有催眠成功。他繼續詳細調查個案的歷史，發現這個女病人有一個智障的孩子，並且就住在榮格的醫院，而這個女病人一直期望自己能擁有個很聰明，給自己掙面子的、事業有成的孩子。榮格這才意識到，女病人把自己的這一願望轉移投射到了榮格的身上。

事後，榮格分析稱：「我的心理治療實踐居然始於一位把我當作其精神病兒子替身的母親，這是我第一次真實的治療經歷，不妨

說這是我第一次給病人做的個人分析。我至今仍然清楚記得和這個老太太的談話，她真是個聰明人，還為我認真地對待她，關心她們母子利益的舉動感激不已。」

這件事後，讓榮格意識到催眠術並不是很好的治療方法，很快就棄之不用。他對人解釋說：「因為催眠療法只會像摸黑行路一般，永遠不知道改善或治癒能持續多久，在這種不確定性之中工作，我總覺得良心不安。」

當然，這只是榮格放棄催眠治療的一個方面。另外一個方面，榮格認為自己也不喜歡獨自斷定病人應該怎麼做。他更為關心的是，如何從病人本人那裡獲知他們的天生的傾向，並知道該將他們引向何處，為了達到這個目的，他必須仔細的分析他們的夢和無意識呈現了什麼。

這才是導致榮格最終放棄催眠術的原因，他不喜歡成為治療中的權威者，用決斷的態度告訴來訪者該往哪邊走。換句話說，這是榮格在「吐槽」一些醫生，尤其是認為那些喜歡論斷來訪者的催眠師有權威情結，或者說，這是榮格骨子裡的一種反權威情結的表現。

當然，現代催眠，已經和榮格當年不一樣，已經不是那麼權威主義。當代各種心理治療流派中，大多都有受惠於經典催眠療法的部分。

1904 年到 1905 年間，榮格在自己的門診中進行了心理病理學的實驗研究，主要是心理皮膚電效應和聯想測驗。在這段時間裡，他發表了不少國際期刊的論文。榮格已經開始成為一個事業有成的青年才俊。所以當他去拜訪佛洛伊德的時候，就有點類似北京大學

的心理學系年輕教授，去拜訪朝陽區某胡同中的私人執業心理諮商師。佛洛伊德開心不已。

【個案 3】酗酒的美國男人

1909 年，榮格和佛洛伊德同時獲得美國克拉克大學邀請去講課，同時被授予榮譽法學博士學位。在這段時間裡，榮格又診治了一個美國病人，儘管治療過程頗為波折，但同樣取得了良好的效果。那是一個酒精成癮病人，從榮格給他做的聯想測驗表明，他有強大的戀母情結。他出生於豪門望族，有一位溫柔的妻子，生活無憂無慮，但仍然嗜酒成性。

榮格認為，他酗酒是為了麻痹自己，以便忘掉自己難受的處境。那麼，這個美國病人要忘掉的是什麼呢？原來，他母親擁有一家很大公司，他在媽媽公司裡擔任重要的領導職位，但是想擺脫母親的壓迫和束縛，可惜他鼓不起勇氣辭去這份優越的工作，也只好處處受制於自己的母親。因此，每當他和母親一起工作時，就會借酒消愁。

經過榮格的短暫治療後，這個美國病人戒酒了，但在榮格看來，他並未痊癒。因此提醒這位病人，如果他回到美國，酒癮可能還會復發，然而這個病人不以為然，神采奕奕地回到美國。正如榮格預測的那樣，病人一回到母親身邊，又開始酗酒。

他的母親受不了，特意跑到瑞士和榮格商量用什麼方法治療自己的兒子。她精明強幹，是一位地道的「權力控」，榮格清楚地意識到，兒子是沒有力量對抗如此「虎媽」的。

在這種情況下，為了給病人提供更好的治療，榮格採用了在我

們今天看來仍很具爭議的一個做法。他背著病人，給他開了張醫學證明，說此人因嗜酒成癮已不能勝任工作，建議母親將他解聘。結果母親真的把自己兒子解聘了。當時病人非常憤怒，但是，當他離開母親後，個性得到了良好發展，最終做出了輝煌成就。

　　儘管結局是好的，但榮格後來回憶這段往事時，內心仍滿懷愧疚。他說自己在隨後好幾年時間都對他很內疚，因為自己的所作所為確實不符合醫生應遵守的倫理規範，不過可以確信的是，為了病人的利益，這樣做是必須的。

　　從以上幾個案例不難看出，榮格在職業生涯的早期，就存在著和病人倫理界限模糊以及為了療效而突破倫理界限的狀況。這似乎來自他強烈的好勝心以及追求療癒的迫切欲望，而一個不斷追求效果，追求成功的人，或多或少總是有點自卑情結在後面運作的。因為自卑者相總是需要外在成功來證明自我價值，而且會為了成功不惜付出一切代價。如法國作家司湯達小說《紅與黑》，就是描述了一個自卑的外省文藝青年，為了獲得巴黎上流社會的名聲和認可，如何不斷突破道德倫理界限的故事。

【個案 4】隱藏殺人罪行的女子

　　隨著「酗酒的男人」這個案例在榮格的視線中逐漸淡出，他又接了一個新案例。這位女病人是個殺人犯，也是上層社會人士，還做過醫生。二十年前，她因為想嫁給一個好朋友的丈夫，毒死了自己的好友。

　　然而，當她如願以償地嫁給了這個好友的丈夫後不久，丈夫卻死了。他們的女兒長大後，想方設法要擺脫她，年紀輕輕便結婚搬

到她看不到的地方，和她越來越疏遠。

　　這位女病人是個騎士，很喜歡馬。奇怪的是，馬碰到她時會顯得焦躁不安，甚至她最心愛的那匹馬還把她摔下馬背。後來她又開始喜歡狗，但是她的狗又癱瘓了。她覺得自己因為這些事而精疲力盡，急需懺悔告解，便找到榮格。

　　榮格認為是她毀了自己。犯下殺人罪行的人等於扼殺了自己的靈魂，作為兇手，她已給自己判了刑。如果一個人犯罪後被捕，就是受到了司法處罰，如果這個人偷偷犯罪，即便她自己沒有道德意識，並且一直未被別人發現，她在內心中對自己的懲罰也會不約而至。正如這個病人所表現的一樣，懲罰終究會出現。筆者曾經寫過一個心理犯罪探案故事，名字叫做《抹殺的解析》，其中有些故事，就是運用了這個理論。

　　顯然在榮格看來，這個病人沒有道德意識，因為在她殺人時，沒有太大的道德衝突，但是，她還是陷入一種無法忍受的孤獨中。為了擺脫孤獨，她不得不找人去分享著她的心事，找一個可以不帶任何偏見，能夠接受她告解的人，因為這樣一來，她便再次與人性建立了聯繫。

　　這個人應該是醫生，而非職業的懺悔牧師，因為她對聆聽懺悔的牧師心存懷疑，在她看來那只是一種儀式，牧師不會把事情單純地看成事實，會加以道德判斷。

　　榮格認為，她已經受到了人和動物對她的厭惡，已經受夠了這種無聲判決，不能再接受更多譴責了。臨床診斷的重要性在於給醫生指明方向，但是診斷對病人基本上是毫無幫助的，病人的故事才是關鍵之處。只有故事能夠展現人文背景和世間疾苦，也只有理解

病人的故事，醫生的治療才能起效。

【個案 5】愛上鞋匠的老奶奶

　　那是一個 75 歲高齡的老婦人，四十年間臥床不起，大部分的人都認為她精神衰退。她不會說話，只能吃流質或者半流質食物，她會把食物滴在手指上再吃，喝個牛奶都要兩、三個鐘頭。而且吃東西時，她還有一個特別古怪的動作，就是會有節奏的揮舞手臂。

　　有一天榮格去查房，看到老太太仍然在神祕地比劃著，這個動作立刻引起了他的注意。他想，老婦人這麼做，到底是為什麼呢？在因著好奇心使然，展開了對她個人情況的調查。

　　他發現，這位老婦人曾做過鞋，在四十年前的檔案上有這樣一段紀錄：過去的鞋匠用膝蓋夾住鞋子，在皮革上穿針引線的動作正是這樣的。然而，還沒有等榮格弄明白其中的緣由，這個病人就去世了。在葬禮上，榮格見到了她的兄長，懷著滿腔的疑惑，向他打聽了這個老婦人出現精神問題的原因。這位兄長告訴榮格說，妹妹曾經和一個鞋匠戀愛，但是這個鞋匠不願意娶她，當鞋匠拋棄她後，她便瘋了。看來這個鞋匠式的動作表明，她把情人認同為心上人，而這種認同，至死方休。

　　老婦人的這個案例讓榮格初步意識到了「精神分裂症」的心理起源，也讓我們看到，在不可理喻的瘋狂症狀背後，卻隱藏著一段至死不渝的瘋狂愛情。

【個案 6】瘋狂的女性蘇格拉底

　　這個病人的名字叫芭貝特。芭貝特來自蘇黎世的舊城區，她在

一種卑微的環境下長大成人，姐姐當了妓女，父親則是一個酒鬼，芭貝特在 39 歲時被診斷為「妄想型早發性失智」，類似於我們今天說的妄想型精神分裂症。她總會說自己是蘇格拉底的跟班。

榮格認為她的症狀是有意義的，想表達的內容也許是：「我受到了和蘇格拉底一樣不公正的指控。」

有時候芭貝特又會說自己是個獨一無二的多重工藝品，是玉米麵底座上的葡萄乾糕點，是日爾曼奶油，或是別的什麼……這些在榮格看來，都表明了芭貝特自我評價的膨脹，是對自己自卑感的一種補償。

1908 年，當佛洛伊德到蘇黎世拜訪榮格時，榮格把芭貝特案例告訴了他，當時佛洛伊德感慨地提出了自己的疑問，就是雖然他在這個病人身上的發現很有趣，可是如何忍受與這個奇醜無比的女人日復一日的相處呢？

當時的榮格認為佛洛伊德提了一個莫名其妙的問題，所以對佛洛伊德翻了個白眼，並告訴他，自己從沒這麼想過。因為在某種程度上，自己覺得芭貝特是個令人愉快的老婦人，她有那樣美好的幻想，還會說很有趣的話，無論何時，甚至在精神錯亂時，人性的光輝仍然通過她的胡言亂語顯現出來。

芭貝特及類似的案例讓他相信，那些所謂的精神錯亂、精神病病人，其實沒有人們想像的那麼嚴重。即便是這類病人，他們的內心也存在著一種正常的人格，正站在旁邊冷眼旁觀，有時候這個人格還會做出非常理智的評述和異議。

【個案 7】聖經療法

他又遇到的另外一個精神分裂症病人，經常用上帝的口吻對別人說話。有一次榮格在經過這個病人身邊時聽到了，他憑自己的直覺告訴這個人，必須信賴這個聲音，然後這個「上帝」聲音繼續對他說，「讓榮格醫生測試下你對《聖經》的瞭解程度。」

於是，榮格每次和這個病人做治療，就拿出《聖經》的一個章節和病人閱讀，在下次治療時，會測試他的閱讀進度，一直持續了七年多，並且是每兩週一次。這意味著榮格為這位病人進行了一百七十多次的治療。

其結果如何呢？大概進行到一百五十次左右時，本來充斥到病人整個身體的聲音退到了他身體左側，右側的聲音完全消失了，並且聲音的強度並沒在左側聲音中加強，還跟原來相同。榮格後來回憶說，這名病人至少是半身痊癒了，這是出乎意料的成功，因為他沒有想到閱讀《聖經》能有治療作用。

這讓榮格更加確定，妄想和幻覺是有意義的，精神症狀背後有著病人的人格特質、生活經歷、希望和欲望，精神疾病中並無嶄新或者未知的內容，相反，僅是人類本性的深層而已。

就表面而言，醫生只看到精神病病人的悲慘和毀滅，卻很少看到他們那遠離我們心靈，不為我們所知的另一面生活，比如說下述這個「月球女孩」。

【個案 8】月球女孩

這是一個年僅 18 歲的年輕來訪者。她出生在一個頗有教養的

家庭，15 歲時，她被哥哥誘姦，後又遭到同學猥褻。自 16 歲起，她便躲進了與世隔絕之境。她對別人隱藏自己，直到最後，僅剩的感情聯絡物件是別人家一隻兇惡的看門犬，並且她企圖馴服牠。17 歲時她被家人送進了精神病院，在裡面待了一年半。她有幻聽症狀，還拒絕進食，並完全緘默了。

當榮格遇見她時，她正處於極度緊張的狀態。榮格用幾個星期才慢慢說服她開口說話，她告訴榮格自己克服了重重阻抗，才得以住在月球上。她在那裡見到的都是男人，這些男人馬上帶她去了月球地下的一個住處——他們的小孩和妻子都住在那兒。因為月球的高山上住著一個吸血鬼，專門攻擊婦女和兒童，因此月球居民面臨滅頂之災。這是為什麼占月球人口一半的婦女都只能住在月球地下的原因。她決定要為月球居民做貢獻，她開始籌畫捕殺吸血鬼。

經過周密準備，她專門建造了一座塔，在塔的天台上等候著吸血鬼的到來。等了好多天，她終於看到吸血鬼遠遠地飛來了，它撲動翅膀的樣子頗像一隻巨大的黑鳥。她拿出祭祀用的長匕首，把它藏在長袍下，等待吸血鬼抵達。突然，吸血鬼已經站到她的面前，吸血鬼長著好幾雙翅膀，遮蓋了臉和整個身體。

所以，她除了看到一堆羽毛之外，什麼也看不見。她驚奇不已，完全被好奇心壓服了，很想看看這個吸血鬼究竟長什麼樣子。她慢慢的走過去，手依然按在匕首上。突然吸血鬼所有翅膀張開了，一個天神般美麗的男子出現在她眼前，他用帶鐵鉤的、羽翼化的手臂圈住了她，使她無法使用匕首，而且她被他的容貌迷得神魂顛倒，根本不能攻擊，他把她從天台上舉起來，帶著她飛走了。

榮格並沒想到在這位精神病人心中，隱藏著這麼有趣、浪漫

的故事，他很驚訝。但是，當她對榮格講完自己的故事後，出現了對榮格治療的阻抗。她說榮格阻礙了她重返月球，從此她再離不開地球了。她說這個世界不美好，月球美極了，那裡的生活很好，顯然，她的極度緊張狀態再次復發了。榮格送她去了一所精神病療養院，她病得非常嚴重。

兩個月後，「月球女孩」出院了，榮格又為她做治療。榮格認為，他必須說明女孩認識到生活在地球上是不可避免的事實，以此強化她的自我功能。這個「月球女孩」竭力反抗這個結論，結果她再一次被送回醫院裡。

榮格去病房去看她並對她說：「這一切不會對你有任何好處，你不可能再回月球了！」她終於默認了這一點，隨後很快出院。後來，這個「月球女孩」去醫院做了護士，但卻遇到一個助理醫師，對她動手動腳，她當時便掏出左輪手槍，對他開了一槍，從此以後，她隨身帶著那支左輪手槍。

接著恐怖的事發生了。這個女孩最後一次與榮格會面做治療，在治療結束時，她把那支槍拿了出來說：「榮格醫生，給你這支槍。」榮格吃驚地問她帶著槍幹什麼，她回答說：「如果這次結束治療你讓我失望的話，我就開槍！」

好在榮格是幸運的，治療讓這位「月球女孩」很滿意，隨後她回到了自己的家鄉，並且結婚生子，定居在東部地區，還在二次世界大戰中倖存下來，始終不曾發病。由此，榮格在晚年提到這個案例時表示，他相信精神分裂症是可以透過純心理治療方法治好的。

榮格認為，他之所以能夠治癒這個「月球女孩」，主要得益於她的投射。榮格曾說過，這個女孩的亂倫遭遇，讓她在世俗生活中

倍感羞恥，但是在幻想的世界中，她卻變得十分高尚。在虛幻王國中，傳統上亂倫是皇族、神族才有的特權，正因為她沉溺在虛幻世界中，她變得遺世獨立，不再和所有人有所連接。她跳入了宇宙，進入了外太空，遭遇了長著翅膀的惡魔。在治療期間，她便把惡魔的影像投射到了榮格身上。所以在無意識中，榮格受到了死亡的威脅。而就像任何一個勸說她回歸正常人類生活的人一樣，當她能把自己的故事講給榮格聽時，便在某種意義上背叛了惡魔，從而與凡人建立了某種聯繫。也只有如此，她才得以重歸生活，直至結婚生子。

這個案例對榮格影響很大，從此以後，榮格便開始用另一種眼光看待精神病人所承受的痛苦，也更為深刻地瞭解他們內在豐富多彩的體驗及其重要性。

這個案例給我們治療師一個啟示，就是不要急著把來訪者拉回到現實生活中，否則，很容易會受到死亡威脅。我們一定不要被自己過於求勝的心態征服。當然，治療師倒向另外一面也不行，比如說在這位來訪者的移情中，她可能先將治療師投射為魔鬼。然後又投射成長著天神般美麗面容的帥哥。接著，她會深深地愛上治療師。如果治療師沉溺到這種愛之中，永不結束治療，這也是錯誤的。

榮格認為，對於不同的個案療法不盡相同。所以他常對人說：「如果一位醫生告訴我，他嚴格遵守這樣或那樣的療法，我會質疑他的治療效果。」

這也是我們常講的「對症下藥」，一人一方，是醫學基本原則。但是現在我們不少同行都不是「對症下藥」，而是對人下「我

自己喜歡」的「藥」，也就是不管你是什麼人，我就使用我自己喜歡的療法。這是因為心理治療有醫學模式和超越模式兩種狀態，醫學模式就是對症下藥、治病防病的，而超越模式就是不管什麼人來，都是把她們帶到另外一個層次上。

榮格自己是兩種模式混合的，總體上來說，他是一個實用主義者，曾提示我們：「一個醫生必然熟悉所謂的方法，但他也必須謹防落入特定易行的常規之中。總的來說，我們必須小心提防任何理論假設，它們今天可能是正確的，明天就可能被其他的理論假設所取代。我在進行分析時，根本不使用這些理論假設，我非常注意不要被體系化。在一次分析中，我可能用阿德勒式治療風格，另外一種分析中，我可能採用佛洛伊德式治療風格。」

所以我們可以說，榮格本人既是榮格學派治療師，也是個阿德勒學派治療師，還是佛洛伊德派治療師，在這一點上，他的格局很大。作為現代治療師，我們更應該擁有這樣的格局和認識：我們既是認知療法治療師，也是精神分析治療師，還是人本主義治療師，亦或是其他什麼治療流派的治療師。不管什麼身分，其關鍵在於我們遇到的個案更適合於哪一種。

在治療關係上，榮格總是能夠秉持一種平等的態度。他認為分析是一需要雙方均參與其中的對話。分析師和來訪者面對面坐著，四目相對；醫生固然有話要說，病人一方也一樣有話要說。如果有些來訪者很聰明的話，那麼只用專業知識是不夠的，治療師要有廣博的知識，除了全部的理論架設之外，還要瞭解引起病患的真正原因是什麼，否則就會激起不必要的阻抗。畢竟，重要的是病人有沒有將自己當做獨立的人，而不是某個理論是否得到了證實。

另外，治療師不光要瞭解病人，也應該瞭解自己。一個必要條件就是：對自身進行分析及所謂的訓練性分析。任何完整的分析都需要醫患雙方整個人格的參與。醫生如不投身其中，病人便無法被治癒。當事情處在緊要關頭，醫生是選擇入戲，還是躲在權威偽裝背後，會讓結果迥然不同。醫生必須時刻監視自己和自己回應病人的方式，因為我們不僅是依靠意識來做出回應，我們必須時時自省：我們無意識對當下情景的體驗是什麼。我們也必須觀察我們的夢，密切關注並研究自己，就像我們對待病人一樣仔細。

　　榮格這些觀點表示什麼呢？就是說作為一名醫生，尤其是治療師，除讀書之外，還需要做兩種日常活動：一種日常活動是，必須做正念訓練，這和聆聽、共情這些最基礎的技術一樣，是治療師入門必學的技能，可以讓我們有能力監視自己和有能力回應病人。佛洛伊德、榮格，幾乎所有治療師都意識到這一點的重要，但是他們還沒發現用什麼方法來培養這種能力。今天我們知道是可以通過正念訓練來培養的。

　　另一種日常活動是，治療師要學會不斷地記錄自己的夢，做「夢」的日記。對於我的每一位來訪者，我都會問他：「你有『夢』的日記嗎？。」如果是諮詢師來訪，尤其是當他向我提到：「李老師，我慕名而來，我是一個精神分析的愛好者。」我同樣會問他說：「讓我們默認設置，你既然喜歡精神分析，平常肯定做『夢』的日記，對吧？」

　　在給病人進行診治過程中，榮格認為醫患之間的關係是可以互換的。他說：「我常常問自己，病人究竟給我帶來了怎樣的資訊？病人對我來說又意味著什麼。如果他們對我無關緊要，我便沒有了

切入點。只有當醫生本人也受到影響時，他的治療才會起效。『受傷的醫生才是治癒者』。反之，若醫生抱有一種刀槍不入的人格，他的治療則不會有效果。我認真嚴肅地對待我的病人。也許我會遇到和他們一樣的問題，病人經常恰好是專治醫生傷心事的一劑良藥。」

這是提醒我們治療師，要時刻轉換對來訪者的態度。有些來訪者可能就是專門來治療治療師內心的傷疤的。在榮格看來，醫生也會遇到與病人別無二致的困境。因此，每一個治療師都需要第三者檢查。所以榮格總是建議分析師去找一位神父或者修女進行告解。他說：「婦女擁有扮演這個角色的特殊天賦，往往能夠看到男人無視的那一點。她們知覺敏銳、眼光犀利，能夠看出男人暗地裡的心思。間或還能看出他們的阿妮瑪所施展的詭計。她們能夠看出男人自己忽略的那一面。也正是因此，沒有女人會相信自己的丈夫是個超人。」

【個案 9】完全正常的精神科醫生

一個人得了病，就應當接受分析和治療。但是這一點可能不太適用於精神官能症病人，有一些病人的症狀可能是隱藏的，表面看來他們可能比正常人更加的正常。在榮格治療的生涯中，就遇到了這麼一位。這名完全「正常」的人，是一名醫生。當這位醫生見到榮格時，還帶來了榮格一名老同事的問候，他是榮格這位老同事的助理醫生，並且接手了榮格老同事的診所。

當這名醫生告訴榮格說，自己想成為分析師時，榮格企圖給他做個夢境分析。但這名醫生當即表示，自己不做夢。原本榮格認

為，兩人結束會談後醫生當晚就該有夢，但這個人卻在接下來的兩週全然不記得自己做過的夢。

不過最終，這個人還是做了一個令自己印象極為深刻的夢。在夢中，他經歷了一段很曲折的道路，最後進入了一個房間，看見房間裡有一個兩歲左右的白癡小孩，小孩坐在一個夜壺上面，渾身沾滿了糞便。透過這個夢，榮格馬上意識到這是一位潛在的精神病病人。榮格認為，他刻意標榜著正常，實則體現了一種未能發展，在面對無意識時馬上會一擊即潰的人格，他的正常狀態是一種補償。

為什麼榮格會通過這個夢認定這名醫生是一位潛在的精神病患者呢？這涉及到大自然為什麼要製造出精神分裂症這種東西來，它製造出精神病，對人類的進化、發展有什麼好處呢？

實際上，精神分裂症這種狀態對非常嚴苛的、不正常的環境和重大災難是有好處的。在電影《少年 Pi 的奇幻漂流》，當少年 Pi 在面臨重大人生危機時，出現了各式各樣的幻覺。正是這些幻覺，讓他度過了人生的危機。所以，當一個人過度地適應社會，一旦他所生活的那個社會環境發生了重大改變，這個人很可能會因為無法快速適應，導致自己人格崩潰。

同理，當一個人過度適應環境，也就是他表現地過度正常時，夢中就會出現各種各樣瘋狂的意象。那麼這意味著，這個人需要在自己的生活中或多或少的安排一些讓自己瘋狂的舉動，比如高空彈跳，參加一些以前沒參加過的活動，或者跟自己的好朋友吵個架等等。

換句話說，人生是需要病態和瘋狂的。這是人類的正常需求，如果這種需求被壓抑的太厲害，那就可能發生「正常型人格障礙」

了。這在我們臨床上，也是常常看到的一個現象，特別是那些看似風光的職業經理人，本來一帆風順的，眼看著就要升職，突然崩潰了，就是由於他過度發展自己的適應性引發的。

榮格認為，一名好的分析師最好有醫學背景。儘管對於那些非醫學背景的人能否做分析師這一點，榮格是持肯定、贊同態度的。但是，他認為非醫學背景的人做分析師時，需要在專業醫生的指導下進行，由此避免在遇到潛在精神病人時，出現不必要的偏差。

【個案 10】夢境成真的女孩

這是榮格經手最奇特案例當之一。

一天，榮格夢到一個年輕女子來找他做諮商，這女子不斷地向他介紹病情。於是在夢中，榮格一邊看著這個女子一邊想：我一點都不理解她，也不知道發生什麼情況。突然，他冒出一個想法是，困擾她的是不成熟的戀父情結吧。

第二天，就有一個女性來訪者來見榮格。當他看到這個她時，立馬意識到，她就是昨天夢中的女子。面對這位夢中出現過的病人，榮格毫無頭緒，他主要糾結於，這位出現在他現實生活中的病人，會不會如他夢中判斷的那樣有戀父情結？

在不斷向來訪者詢問病史過程中，他發現來訪者的祖父是猶太教聖徒，而她的父親卻背叛了來訪者的聖徒祖父。當榮格把真相告訴她時，她受到了強烈震撼。

就在當天晚上，榮格又做了個夢。在這個夢中，榮格正在家中進行招待會，這個病人也出現在招待會上。她來到榮格面前說：「你有雨傘嗎？雨下得實在太大了。」榮格真的就找到一把雨傘，

摸索著打開了它，然後準備把傘遞給她。這時候發生什麼事呢？在夢中的榮格居然跪下來，把傘遞給她，仿佛她是天神一樣。

榮格把這個夢告訴了這個病人。這也是榮格非常有特徵的一種治療方法，他會直接把自己做的夢告訴給相關的病人。一般來說，即使我們會對來訪者透露夢中的一些相關細節，也絕不會說到這種程度。但榮格是很開放的，而且就效果而言，卻又是好的。這個病人僅經過兩次治療就療癒了，是超短程的。榮格後來回憶說：「一週之後，她的精神官能症便無影無蹤了。」

對於這個女孩的治療，榮格說出了他的領悟：[1]「這個夢向我展示，她並非是膚淺之人，在其外表之下，站立著一位聖人。但是她內心不具有神話的理念[2]，從而導致她自然本質的精髓特性無從

1　【作者註】此處列出德語、英語對照。因為在中文譯本中，各種英譯本和德譯本都存在差異，除了譯者們的翻譯風格外，英文和德語有差異也是原因之一。
　　【英文】The dream had showed me that she was not just a superficial little girl, but that beneath the surface were the makings of a saint. She had no mythological ideas, and therefore the most essential feature of her nature could find no way to express itself. All her conscious activity was directed toward flirtation,clothes, and sex, because she knew of nothing else. She knew only the intellect and lived a meaningless life. In reality she was a child of God whose destiny was to fulfill His secret will.I had to awaken mythological and religious ideas in her, for she belonged to that class of human beings of whom spiritual activity is demanded. Thus her life took on a meaning, and no trace of the neurosis was left.
　　【德文】Der Traum hatte mir gezeigt, daß sie nicht nur eine oberflächliche Person war, sondern daß dahinter eine Heilige stand. Aber sie hatte keine mythologischen Vorstellungen, und darum fand das Wesentliche in ihr keinen Ausdruck. Alle ihre Intentionen gingen auf Flirt, Kleider und Sexualität, weil sie gar nichts anderes wußte. Sie kannte nur den Intellekt und lebte ein sinnloses Leben. In Wirklichkeit war sie ein Kind Gottes, das Seinen geheimen Willen hätte erfüllen sollen. Ich mußte mythologische und religiöse Vorstellungen in ihr wachrufen, denn sie gehörte zu den Menschen, von denen geistige Betätigung gefordert ist. Dadurch erhielt ihr Leben Sinn, und von Neurose keine Spur mehr!
2　【作者註】理念，德文為 Vorstellungen，有「上演，演出，設想，想法，印象，幻想，想像」等含義，英文譯者翻譯為 ideas，這個詞在中文中有時候被翻譯為「理念」，尤其是指柏拉圖的理念論，從上下文以及榮格的思想來考察，把這個詞理解為柏拉圖哲學的理念是合理

表達，她所有的有意識活動都指向了調情、衣飾和性愛，因為她不知道除此之外，生命還有什麼。她只曉得理性的生活，過著無意義的生活。然而事實上她是上帝的孩子，其天命是要實現上帝的神祕意志。我必須喚醒她心中的神話和宗教理念。因為她屬於少不了靈性活動的那種人。由此，她的生活有了意義，精神官能症也煙消雲散。」

　　所以，當我們遇到那些表演型人格障礙的來訪者，一定要記住榮格的教訓和經驗。事實上，對於很多來訪者來說，他們並不知道自己具有神性，需要藉由治療師的幫助來發現自己身上隱藏的神性。

的，柏拉圖的理念類似於一種先天遺傳、隱藏於人人心中的種子，榮格認為這個個案沒有靈性或神性的種子，故而其原初本性（自性）無法表達，故而要通過治療喚起其靈性的理念或種子。柏拉圖的理念論，對整個西方思想，從康德、佛洛伊德一直到榮格，都有深刻影響。榮格在 85 歲時臨終前一年，在寫給赫布里希（Elisabeth Herbrich）的回信中，討論了哲學問題，已經柏拉圖的理念論。他寫道，「柏拉圖那來自天界的原初構型（heavenly prototypes，作者案：prorotype 在很多學科都被翻譯為「原型」，這裡為了和同樣被翻譯成「原型」的 archetype 區分，翻譯為原初構型）延伸貫穿於宇宙各處，一直到最具體可見的層面。故而我們不必驚訝，人們當然也會在生物領域遭遇這些原初構型，甚至應該說，人們尤其會在生物層面上遭遇構型。在生物層面上，原初構型，也許是比較出人意料的，以「行為模式」等形式展現，這些行為模式是典型的、遺傳性本能，例如遷徙或築巢本能。在這種情況下，柏拉圖式的 '理念' 就不在是理智性的，而是通靈的、本能性模式。這些本能模式也有在人類身上發現。他們能夠說明人類特有的具有人性的行為模型。這些模型當然不會僅僅在無意識驅動的本能活動中表現出來，也會表現為思維和知覺模式，這些思維和知覺模式不知不覺地、無意識地對著人呈現自己，而它們的無數的對應物可以在全球都觀察到。若非如此，人類就根本無法彼此溝通。這些模式是所有種族的人們可以具有內在姻親的前提條件。它們主要在神話主題中表達自身，這些神話主題的存在被得以證實，不僅僅是因為傳統和遷移的傳播這一事實，而更多是因為這些神話主題一次又一次自然而然地在現代個體的無意識產物重新顯現。」此信寫於 1960 年 6 月 30 日，可以參考 C.G.Jung Letters: Volumn 2, 1951-1961, p.559-560。如果想要進一步研究柏拉圖理論對榮格影響的讀者，可以參考 Jane Weldon 2017 年寫作的 *Platonic Jung And The Nature of Self* 一書。

事後，榮格總結說：「在這個案例中，我沒有使用任何方法。而只是去體會內在引導力量的存在。我向她解釋了這一切。方法並不重要，重要的是對上帝的敬畏。」儘管榮格一再否認自己在這一過程中使用了一定的方法，但在整個療癒過程中，我們不難發現榮格所使用的療癒方法，就是喚醒來訪者自我的內在靈性與領導力量。而這個方法被我們稱之為「反移情自我流露」。

　　榮格也經由這個案例談到了自己對於信仰和心理治療的關係，他說：「我的大部分病人不是信徒，而是失去了信仰的人。」這是我們現代治療師面臨的同樣問題，我們在治療過程中遇到的大部分人，不是失去信仰的人，而是沒被培養過信仰的人，或是完全無信仰的人。在這一點上，中國社會的治療師面臨的情況比榮格當年面臨的情況還要糟糕和困難。

　　那麼如何應對這種情況？榮格給了我們提示，就是必須觀察病人的無意識是否能夠自發的產生象徵，用來補償生命中缺乏的靈性或者神性。

　　同時，治療師也要對傳統的宗教信仰，儒釋道等等保持清醒的認識。一方面，我們可以鼓勵來訪者尋求傳統信仰的支撐，但是另一方面，治療師要避免自己變成宗教傳教者，尤其是把過於古老的宗教信仰傳遞給新一世代的人。同時，治療師還應從文化演化的角度看待中國某些傳統文化崩潰的消極意義和積極意義。治療師總是容易看到文化解體的消極意義，例如心理障礙發作、巨嬰和空心病、空虛感等等，但其實，傳統信仰解體是一個社會進入工業化社會的必經之路，它帶來婦女解放、人身自由，讓人類精力更多地投入到社會生產中，這些都是解體帶來的優點。但是天下沒有社會在

邁入現代化歷程中不付出代價的，巨嬰、空心病就是一個文化變革要付出的代價，古今中外皆然。

【個案 11】反覆做同一個夢的神學家

榮格曾遇到一個神學家，他重複做著一個夢：突然，一陣微風掠過水面，上帝要降臨了，天使要降臨了。雖然這個來訪者是位神學家，會時不時地提到聖靈，而此時真正的聖靈降臨，和他面對面時，他卻害怕了。

我們可以看到，這個個案和榮格的父親、舅舅等人都有類似之處。首先，這個人的職業和榮格父親、舅舅一樣，是他們的同行。其二，榮格父親是坦承自己喪失了信仰，而這個個案的情況，就是表面上相信聖靈，但其實是個葉公好龍一樣的愛好者。就像有些佛教徒，天天在念阿彌陀佛，但是卻很怕死。死了不正好可以上西天去見阿彌陀佛嗎？榮格認為，對這個來訪者來說，他應該克服自己的害怕，或去超越自己的恐懼，不過如果這個來訪者不願意走或者不願意承擔這種後果，治療師也從不會揠苗助長。

榮格注意到來訪者在抵抗治療，但是他認為來訪者的抵抗是有意義的。抵抗往往是不可小覷的警示。治療師的方法或許是一劑毒藥，不是人人都能化解得了的；又或許是一次手術，如果操作不當便會危及生命。

因為在榮格看來：每逢觸及內心最深處的體驗，觸碰到人格核心時，很多人都會屈服於恐懼而逃之夭夭。這也就解釋了，為什麼有時候前來接受治療的來訪者本來好好的，治療師剛覺得可以深入治療了，來訪者本人卻要求停止治療，因為繼續治療對他而言，實

在太恐怖了。

從這個案例我們可以看到，至少榮格已經部分修通了父親一輩人的信仰真空，從而能夠面對父親同行的信仰真空。

《易經》裡面有一個卦，叫做蠱卦，其中也是在講如何修通父親、母親它們那一輩人的信仰真空、道德敗壞，這對於每個時代面對重大社會轉型的時候，都有重大意義。尤其是中國人，蠱卦中提到，面對時代文化解體，父輩母輩道德敗壞的時候，一個成熟的人，應該採取的態度就是「振民育德」，也就說，提振後輩的精神，教導他們培育新型的道德系統。

清朝的皇帝康熙就是一個《易經》愛好者，他和榮格一樣，也是面臨父愛和母愛缺席的困境。當然，康熙並沒有面臨嚴重的社會文化解體。雖然傳統中國文化在明朝、清朝已經走下坡路，但是還沒有像歐洲傳統文化那樣，在工業革命時面臨摧枯拉朽一樣的革命。

康熙集合整個領導班子中的精英分子，大家共同撰寫了一本叫做《周易折中》的書，成為了後代易學家必學精典，讀者包括晚清時代的開明知識份子，孔子家的女婿——勞乃宣。勞乃宣在青島，又教出了他一生最得意的一個漢學弟子——德國神學家與漢學家衛禮賢（Richard Wilhelm）。

衛禮賢是榮格的老朋友及中國文化老師，他介紹了《易經》和道教給中年的榮格，讓榮格的自性化歷程順利開展。可以說，青年的榮格，就是已經開始無意識地在做振民育德的事情。但是要得到有意識的整合、修補、更新父權文化的崩潰，那還是多年之後的事情。

【個案 12】搧耳光的公主病患者

　　榮格也報告了母系文化道德敗壞的一個案例。案主是個貴族嬌公主，她從小就養成了動不動就給別人一記耳光的習慣。當她來找榮格時，原也準備給榮格一記耳光，但她的手還沒有完全伸出來，榮格就跳起來。榮格說：「很好，你先打我，女士優先，打完之後我來打你。」榮格的這句話，把這個女人嚇得不行。榮格認為，正是因為這種行動，治療邁向了成功。他分析說：「這個病人需要的是男子氣十足的回應，如果在治療中跟著病人走就大錯特錯了，甚至比無所作為還要糟糕。因為，她的強迫性精神官能症正是自己無法用道德自我約束造成的。所以，她必須受到其他因素的約束，如果沒有外界的約束，強迫症就是她的約束力。」

　　從這個故事，我們也可以看到，那個自卑的鳳凰男，農村少年榮格已經不見了，而是一個正直且和權貴平起平坐的知識份子。

　　這也是心理治療的人際關係基礎，心理治療的人際關係兩大基礎是：平等交換，自由進出。

　　其一，治療師和來訪者，是兩個平等的現代公民，不會因為雙方職位、出身、財產、膚色等等而出現主人－奴僕的關係。

　　其二，治療師提供諮商服務，來訪者通過付費給予報酬，購買治療師的服務。他們的關係是金錢面前人人平等，來訪者可以拒絕付費而離開關係，治療師也是。

　　這種關係中，被療癒的不僅僅是病人，也是治療師本人。但是治療並不總會帶來療癒，就像醫生，治得了病，治不了命一樣。

　　榮格認為在自己的執業生涯中，他的療癒率和大部分人差不

多，三分之一的案例會全部治癒，三分之一會有進步，還有三分之一沒有實質的效果。

在他看來，那些沒有改善和進步的案例是最難評價的，因為好些東西是多年後才能判斷出其影響和效果的。他曾提到，儘管自己主動轉介到別的治療師那裡的情況少之又少，但是即便轉診離開的來訪者中仍有一部分人寫信給他，認為他的診治發生了作用，這也說明判斷治療成功與否為何一直如此之難。

榮格的治療理念，和多年後美國心理治療界做了一大堆研究的結論比較類似，就是認為，為了讓治療發生效果，建立密切合作的醫病關係是最基礎的。說到底，這種關係存在於不斷比較和相互理解之中，也存在於兩種對立的心靈事實進行辯證整合的過程中。倘若為了某些原因，雙方的感想不再相互碰撞，心理治療就很難奏效，病情也很少會有改變。

此外，榮格還談到了另外一點，就是他認為對於治療師來說，能夠體驗「原型」（archetype）是很重要的。

原型，簡單地說，就相當於心靈的 DNA 結構、基因配對。就像我們人體的細胞、疾病、體型等等生理特徵，由 DNA 基因起到決定作用一樣。心靈的各種樣貌，也是由原型決定的。

也就是說，如果治療師對原型只有理智的觀點，而他沒有在夢中或者在坐禪過程接觸過原型體驗，便會傾向於高估或者低估原型的作用。

高估原型作用是什麼呢？譬如說，我們一看到來訪者的自性原型在夢中顯現，就以為來訪者好了，這就是高估原型了。

而低估原型是什麼意思呢？譬如說當一個很嚴重的來訪者來做

治療時，他的沙盤中或者夢中出現了一個曼陀羅，治療師想當然地認為這是他的一個防禦，並且是他理想化的防禦，這便是低估了原型。

所以榮格認為，正是因為高估或者低估了原型，就會出現失控的狀況。失控的第一步就是用理性控制一切，試圖透過理性掌控局面，其實這是為了達到某些隱祕的目的，比如說為了保護醫患雙方與原型的效應乃至與真實體驗隔開一段安全的距離，然後選擇以一種保險的、人造的，缺乏洞見的世界，用所謂的「明確概念」掩蓋了真相，而摒棄了心理真實。體驗由此變得有名無實，單薄趁虛而入，鳩占鵲巢。

也就是說，當我們和來訪者一有體驗時，就把它直接轉化成一個術語，而非待在這種體驗中一段時間，慢慢地品味、咀嚼、沉浸這種體驗。

就像大家品茶，一口茶喝下去，需要讓茶水在口中慢慢地遊蕩，體會這口茶的香氣、水溫、水質等等，乃至要從泡茶者的衣著、茶具，泡茶的姿態等等開始品味這茶，而不是匆忙地一口吞下，然後馬上開始滔滔不絕地說話，這茶是什麼地方的，多少多少錢，某某老闆曾經送過我一車……

當時的榮格看來，知識份子病人是最難治的。他認為知識份子們的城府極深，練就了一種躲躲藏藏的心理狀態。他最討厭的來訪者是病理性撒謊者或者習慣性撒謊者。這顯然說明，榮格的自性化歷程中，還是存在分裂和投射的情況，例如只看到知識份子的共性，而忽略他們每個人的個性，或是過度地嚮往真實，厭惡虛偽和撒謊。但是完整的人生，就是需要接受一般水準的虛偽，正常水準

的撒謊的。

而他比較喜歡的來訪者應該是女性，他曾在自己的自傳中說過這樣一段話：「我的病人大部分是女性，她們往往盡職盡責、通情達理，極其聰慧地投入到治療工作中。從根本上來說，正是因為她們，我才可能在治療方面開拓出種種新途徑。我的一些病人變成了我真心實意的弟子，並將我的思想傳遍世界，我和他們的友誼數十年來從未中斷過。」這是榮格對自己的看法。針對他的這一觀點是有爭議的，主要體現兩方面：一方面，如果一個治療師的病人絕大部分只有一種性別，可能說明治療師有未修通的女性情結。

另一方面，如果治療師看上了一個來訪者，想和他發展成為師徒關係，也就意味著治療關係徹底結束了。很顯然，榮格沒有處理好這個問題，所以他才會說自己的病人變成了真心實意的弟子。

當然，在一些特殊情況下，譬如當我們和來訪者做了一個短程治療後，他轉去找別人做治療，多年後，這個來訪者和我們有了專業合作，這種情況是可以允許的。而此時，這個來訪者可以勉強成為前任治療師的弟子。但是這個前任的治療師，兼「師父」，是不能從自己現在的「弟子」，以前的「病人」身上，獲取大量的金錢利益和名聲利益，更不用說發生性關係的。

而榮格和他的病人們有太多的糾纏。他自己提到，他的病人使他如此貼近人生的現實，他在不知不覺中從他們身上學到重要的東西。遇到形形色色心理狀態的人，這些對他來說有無與倫比的重要性，更甚於與知名人士交匯。可以看出，一方面，榮格心靈的療癒離不開那些默默無聞的病人，從他們身上，他能夠得到一種療癒的力量。另一方面，榮格又很需要把這些默默無聞的病人，尤其是

女性，抬高到一個很高的地位上，例如榮格所做的那個跪下來送傘給女孩的夢。像這種仰視女性的案例，在榮格生命中至少出現過兩次，另外一次是一個叫做「瑜伽女」的案例。這是值得我們注意的，它充分體現出榮格和女性關係的兩大特徵：第一，榮格很需要女性特有的母愛、關愛和包容。也許一個女性滿足不了他內心有關愛的空洞，這或許是他的性格缺陷，更準確的說，應該是他的心理情結；第二，榮格把自己心中女神的意象投射到病人身上。榮格心中可能很需要一個女神的存在，這多多少少可以和他母親的人格分裂聯繫在一起。

延伸閱讀

榮格有很多有趣的案例，其中最著名的就是諾貝爾物理學家包立（或譯：泡利），中文書籍中有兩本是關於包立的[3]，一本是名為《當泡利遇上榮格：心靈、物質和共時性》（*Pauli and Jung: The meeting of Two Great Minds*），由林多夫（David Lindorff）撰寫，他本來是麻省理工學院研究機載雷達的榮譽教授，退休後成為了榮格分析師，專門研究榮格和包立，此書資料豐富，選材合理，是本好書。翻譯徐彬、郭紅梅也很認真，出版商居然還附上了中英文對照的邊碼。

另外一本叫做《煉金術之夢》，是榮格的《心理學與煉金術》

3　【編註】近年還有一本關於榮格與包立的作品問世：《數字與夢：榮格心理學對一個物理學家的夢之分析》（*137: Jung, Pauli, and the Pursuit of a Scientific Obsession*），由倫敦大學物理史學家亞瑟・米勒（Arthur I. Miller）所作，繁體中文譯本由八旗文化出版。

這本書的第二部分，是榮格對包立的五十九個夢和意象的分析。榮格還報告過多個長篇案例。其中有一個位個案命名為「正確先生」，他是一個家二代——家族企業第二代，之所以叫他正確先生，是因為他凡事追求正確在中年的時候遇到了危機，主要是人生意義、性愛家庭方面的，他的案例出版的一本書，叫做《夢的分析》，這個案例是比較成功的，也很好地展現了自性化開展的過程。長春出版社有出版此案例研討會的中文版。我在「惟一心理讀書」這個平台中，也有對此案例的逐章節講解。

第六章

中年 1
殺死師父方能自我超越

榮格曾經在自傳中說，他交往過的名人，對他生命影響不大。但是很快他就自己打臉了，在自傳中用了整整一個章節，來講一個名人——那就是佛洛伊德。

　　為什麼佛洛伊德讓榮格念念不忘呢？

　　我的假設是，佛洛伊德對榮格的意義，不僅僅是一個同行、一個老師，而是類似「師父」和「徒弟」的關係。而師徒關係的原型，又是「智慧老人」和「永恆少年」的原型，是人們度過中年危機，必須被啟動的原型配對。就像我們在武俠小說中，或在電影《功夫熊貓》裡看到的，少年的成熟離不開師父的指引。

　　之前說過，榮格還是少年時，就看到父親讀佛洛伊德著作。而榮格自己在 25 歲時，已經看完了佛洛伊德的《夢的解析》。據說《夢的解析》的第一版只賣了八百本，而這八百個讀者中之一就有榮格。

　　榮格曾這樣描述佛洛伊德，「當時，佛洛伊德在學術界明顯是個不受歡迎的人，科學界的人若和他沾上關係，也是有損名聲的。在學術會議上，人們只是在走廊中討論他，在台上卻閉口不談。」

　　實際上，即使在民國時期，佛洛伊德的思想傳到中國時，同樣也被中國當時的心理學界認為是「江湖派」。美國的學院心理學，一直到今天，還會時不時有些心理學教授批判一下佛洛伊德。

　　所以，佛洛伊德和榮格的父親，有類似之處，他們都是被科學主義知識份子們認為落後、不入流的人士，但是他們也有截然相反之處，榮格的父親顯然被科學主義打倒了，喪失了信仰，而佛洛伊德則把精神分析變成了自己的宗教信仰，以殉教的熱情和果敢來維護自己的理論。

榮格加入佛洛伊德陣營還有一個原因——榮格做的一個科學實驗——聯想測驗。這個測驗相當於現在心理學院經常做的事件相關電位試驗，是學院心理學最經典的試驗。在試驗過程中，榮格發現，所有的結論都在證明佛洛伊德的一個理論：人是有情結的，並且這個情結可以通過聯想測驗進行探測。

　　這讓榮格內心產生了很大的衝突，他曾暗自嘀咕，「我發這篇論文的時候不提佛洛伊德不就行了，畢竟我是在得到實驗結果之後很久才理解了他的著作。」但同時，他心裡還有另一個聲音在說：「你若這麼做了，裝作不認識佛洛伊德，便是學術造假，你不能把學術生涯建立在謊言之上。」經過一番掙扎後，榮格最後決定成為佛洛伊德的追隨者，為他戰鬥，寫了不少為佛洛伊德辯論的論文，彙集而成其全集的第四卷。所以我們看到，榮格找到佛洛伊德的初心，是為了一位被忽視被誤解、被鄙視老師，同時這個老師又是真理的發現者。

　　32歲那年，榮格去了維也納。他第一次見到佛洛伊德，兩個人談了十三個小時。

　　好多人以為榮格和佛洛伊德一開始就親如一家人。實際上榮格很多時候不贊成佛洛伊德的性欲觀、文明觀和宗教觀。榮格認為如果按照佛洛伊德的文明觀來說，文明不過是一場鬧劇，只是受壓抑的性欲的病態成果。這個觀點正是佛洛伊德在《文明及其缺憾》中花了整整一本書來論證的。佛洛伊德認為，由於文明建立在壓抑性欲和壓抑攻擊性的基礎上，人類遲早由於無法壓抑這些性欲和攻擊性而大爆發，必然帶來文明的毀滅，這也是為什麼歷史上歷次文明最終毀滅的原因。

佛洛伊德一生的主流態度就是如此暗黑：「事實便是如此，而這是命運的詛咒，我們無力與之抗衡。雖然他有時候也流露出一點希望——也許精神分析可以改變人性。」

　　對於性欲觀，佛洛伊德是寸步不讓，甚至要求榮格永遠不要拋棄性理論，認為它是最本質的東西，必須成為教條，建立起不可動搖的壁壘。榮格當時對佛洛伊德提出「壁壘」這個詞感到吃驚，他不明白這個壁壘用來抵禦什麼。佛洛伊德給他的回覆是抵禦來自神祕主義的暗流。而我們知道，榮格自己的確對神祕主義非常感興趣——煉金術、飛碟、輪迴、鬼魂等等。換句話說，這是用來抵禦榮格自己的愛好的。

　　榮格認為佛洛伊德已經把性欲變成了他的神祕主義，他的宗教信仰。佛洛伊德本身對宗教是不贊同的，他自己不信教，但是據說他曾經想說服榮格去信教，甚至要他去教堂。而榮格雖然曾在其著作中滿溢對各種宗教讚美之詞，但他本人基本上是不去教堂的。

　　他們之間的友誼持續了六年左右，在佛洛伊德的努力推動下，榮格成了國際精神分析協會（IPA）的第一任主席，但榮格本身不太喜歡這個職位。他說過，被賦予團體領袖的重任真的太過沉重。首先，這種事不符合他的天性，其次，他並不想犧牲自己思想的獨立性，第三，這樣的榮耀會使他偏離真正的目標，他不喜歡這樣，因為他在乎的是探索真理，而不是個人威望。

　　這點和佛洛伊德有很大不同。佛洛伊德在生前不斷想要建立自己的威望。他通過嫡傳門徒，建立各地的精神分析協會和精神分析學院來維護自己名聲。這和榮格不太一樣，但這也是佛洛伊德的精神分析一度可以成為美國主流心理治療方式的原因。

他們兩位，一個外傾，一個比較內傾，性格其實比較互補，合則雙贏，都鬥則兩敗俱傷。

而他們之間爭鬥，大概是起源於 1909 年，榮格和佛洛伊德一起去美國。當時他們是一起坐船去的，歷時七個星期。在這七個星期中，他們這每天聚在一起做精神分析，分析彼此的夢。佛洛伊德也向榮格提到了自己的夢，但是不像榮格那般坦蕩，他不願意提供更為詳盡的材料給榮格，這讓榮格覺得佛洛伊德不敢面對真相。

佛洛伊德向榮格提到的夢是這樣的：「我看到一個穿著奧地利帝國海關官員制服的老人。他從我身邊走過，有點駝背，完全沒有注意到我。他的表情乖僻，心事重重，不勝煩惱。夢中也出現了其他人，其中一人告訴我，這樣的老人並不是真的存在，而是去世多年的一位海關官員的靈魂。他是那種至今仍不能夠真正死去的人。」

榮格分析了佛洛伊德的這個夢，他對佛洛伊德說：「關於海關，我立刻想到了審查機構。對於交界，我一方面想到的是意識和無意識的交界，另外一方面想到您的觀點和我的觀點之間的界限。邊境上十分嚴格的海關檢查，在我看來是對分析的影射。在邊境上我們會開箱檢查有無違禁品。在檢查過程中，無意識的圖謀不軌便被揭發出來了。至於那位年老的海關官員，他顯然沒能從其工作中得到快樂和滿足感，所以他才用一種尖酸刻薄的眼光看待世界。我不可避免地在他身上看到了您的影子。」

榮格接著分析自己：「在佛洛伊德這個夢出現之時，雖然我對他的評價依然很高，但與此同時，我也在批判他。這種矛盾的態度是一種跡象，說明我對當下局勢無知無覺，更不用說做出什麼判斷

了。在佛洛伊德的個性影響下，我已全然拋棄了自己的判斷，並把自己的批判性也束之高閣。這是我與他合作的前提。我不斷地告訴自己，佛洛伊德比你更加博學、更加練達。在目前，你必須乖乖地聽他的話，向他學習。」

同時，這個夢也給榮格了一些提示，他認為一位已經死去的海關稽查員仍在遊蕩的幽靈，難道就是佛洛伊德暗示過的自己抱有針對他的死亡願望嗎？這個夢也可能是對自己意識裡的讚賞和欽佩的一種補償。而夢中的最後一句話似乎在暗示佛洛伊德會名垂後世。

釋夢者採取的解釋，往往也會暴露釋夢者自己的內心願望，比如榮格把夢中的一個陰魂不散，老而不死的海關官員對應到佛洛伊德本人，多多少少暴露了榮格希望佛洛伊德死去的黑暗想法。就像魯迅，在看到父親不斷生病咳嗽的時候，不禁冒出一個念頭，父親與其這麼咳得痛苦，不如死了好。

其實一個人希望別人死去，是很自然的想法，尤其是希望客體關係六老死掉——老爸、老媽、老闆、老師，老公、老小——早死早超生。

為什麼人們會希望自己的重要他人去死呢？最明確的原因，就是別人死了，對自己有利。

希望比自己強大的老師、老爸死掉，這也是很正常的。和佛洛伊德在一起，你就要不斷地告訴自己，佛洛伊德比自己博學、比你自己練達，你要乖乖聽話向他學習。所以孔子說老之戒之在得，老子說功成身退，也是生命智慧的結晶。一個老頭子還和青年人搶名利搶風頭，甚至搶女朋友，這自然是要被青年們背地裡詛咒的。

從另外一個方面來說，根據佛洛伊德的理論，兒子們想要殺死

父親，徒弟們想要殺死師父，這大概是人類社會的根基，所以伊底帕斯情結中最兇殘的一面，被稱為弒父情結。

這個夢也表達了佛洛伊德的「空心」狀態：心事重重，煩惱不安，總是找不到自己靈魂的落腳處，總是處於無根狀態，遊魂野鬼一樣空虛，恐慌，焦慮，饑渴，貪婪。

榮格也向佛洛伊德提到了自己的夢，這個夢稱為「地下室頭骨夢」，夢境如下：

我在一套房子中，我不知道是什麼地方，它有兩層樓。這是「我的房子」。我發現自己在上面一層，內有洛可可風格的漂亮舊傢俱，牆上掛著貴重古畫。我驚異於這會是我家，心想：這還不賴！但想起來還根本不知樓下看上去如何。我拾級而下，到了底樓。那裡的一切古舊得多，我看出，房子的這一部分大約建於十五世紀或十六世紀，陳設為中世紀風格，紅磚墁地，一切都偏暗。我從一個房間走到另一間，心想：現在可得把這房子查個遍！我來到一扇沉重的門邊開門，發現後面有一條石階通向地下室，走下去，置身於有漂亮拱頂的古色古香的房間。檢查四壁，發現尋常的砌牆方石之間有磚層，灰漿中含有碎磚，憑此斷定，牆壁建於羅馬時期。我興趣高漲，也檢查了石板鋪成的地面，在其中一塊裡發現一隻圓環，拉的時候，石板抬起，又出現了台階，狹窄的石級通往深處。我走下去，進入一個低矮的岩洞，積塵滿地，內有骨頭碎皿，像是原始文化的遺跡。我發現了兩具顯然極為古老、半腐的人類顱骨——於是我就醒了。

（夢 7：地下室頭骨夢）

地下室頭骨夢

This was the dream. I was in a house I did not know, which had two stories. It was "my house." I found myself in the upper story, where there was a kind of salon furnished with fine old pieces in rococo style. On the walls hung a number of precious old paintings. I wondered that this should be my house, and thought, "Not bad." But then it occurred to me that I did not know what the lower floor looked like. Descending the stairs, I reached the ground floor. There everything was much older, and I realized that this part of the house must date from about the fifteenth or sixteenth century. The furnishings were medieval; the floors were of red brick. Everywhere it was rather dark. I went from one room to another, dunking, "Now I really must explore the whole house." I came upon a heavy door, and opened it. Beyond it, I discovered a stone stairway that led down into the cellar. Descending again, I found myself in a beautifully vaulted room which looked exceedingly ancient. Examining die walls, I discovered layers of brick among the ordinary stone blocks, and chips of brick in the mortar. As soon as I saw this I knew that the walls dated from Roman times. My interest by now was intense. I looked more closely at the floor. It was of stone slabs, and in one of these I discovered a ring. When I pulled it, the stone slab lifted, and again I

saw a stairway of narrow stone steps leading down into the depths.
These, too, I descended, and entered a low cave cut into the rock.
Thick dust lay on the floor, and in the dust were scattered bones
and broken pottery, like remains of a primitive culture. I discovered
two human skulls, obviously very old and half disintegrated. Then I
awoke.

德文

Dies war der Traum: Ich war in einem mir unbekannten Hause,
das zwei Stockwerke hatte. Es war «mein Haus». Ich befand mich
im oberen Stock. Dort war eine Art Wohnzimmer, in welchem
schöne alte Möbel im Rokokostil standen. An den Wänden hingen
kostbare alte Bilder. Ich wunderte mich, daß dies mein Haus sein
sollte und dachte: nicht übel! Aber da fiel mir ein, daß ich noch gar
nicht wisse, wie es im unteren Stock aussähe. Ich ging die Treppe
hinunter und gelangte in das Erdgeschoß. Dort war alles viel älter,
und ich sah, daß dieser Teil des Hauses etwa aus dem 15. oder aus
dem 16. Jahrhundert stammte. Die Einrichtung war mittelalterlich,
und die Fußböden bestanden aus rotem Backstein. Alles war etwas
dunkel. Ich ging von einem Raum in den anderen und dachte: Jetzt
muß ich das Haus doch ganz explodieren! Ich kam an eine schwere
Tür, die ich öffnete. Dahinter entdeckte ich eine steinerne Treppe, die
in den Keller führte. Ich stieg hinunter und befand mich in einem

schön gewölbten, sehr altertümlichen Raum. Ich untersuchte die Wände und entdeckte, daß sich zwischen den gewöhnlichen Mauersteinen Lagen von Backsteinen befanden; der Mörtel enthielt Backsteinsplitter. Daran erkannte ich, daß die Mauern aus römischer Zeit stammten. Mein Interesse war nun aufs höchste gestiegen. Ich untersuchte auch den Fußboden, der aus Steinplatten bestand. In einer von ihnen entdeckte ich einen Ring. Als ich daran zog, hob sich die Steinplatte, und wiederum fand sich dort eine Treppe. Es waren schmale Steinstufen, die in die Tiefe führten. Ich stieg hinunter und kam in eine niedrige Felshöhle. Dicker Staub lag am Boden, und darinlagen Knochen und zerbrochene Gefäße wie Überreste einer primitiven Kultur. Ich entdeckte zwei offenbar sehr alte und halb zerfallene Menschenschädel. - Dann erwachte ich.

　　榮格認為，他的這個夢代表人類的心靈結構是一層一層的聯繫起來的。佛伊德當然會認為，這兩個死人頭骨，一個代表他自己的死人頭，另一個代表弒父的榮格，可能是殺父之後出於內疚自殺了。而那些一層層的房子，就是人們的偽裝，防禦機制，用來掩蓋弒父的願望。

　　榮格當然不會同意這種暗黑的觀點，在這個夢之後，榮格提出了「夢並非偽裝」這個觀點。他說：「這個關於房子的夢激發了我的求知欲，它重新喚起了我昔日對考古學的興趣。」

　　聯繫之前的夢境，我們不難看出，這個夢和之前的六個夢其中

的兩個都類似之處，第一個是獨眼肉柱夢（夢 1，約 3-4 歲），第二個是挖掘古墓夢（夢 3，約 18-20 歲）。

這三個夢都是夢者的自我沉入到地下，想在在地下找到什麼東西。在夢 1 中，夢者是從草地上一個方形黑洞進入地下的，在夢 3 中，夢者是在一片黑森林中，開始進入地下的。而這一次，已經人到中年的榮格（34 歲），他從自己家、自己的房子，開始進入地下。

陌生的家庭，這表明了榮格正在家庭中尋找什麼東西，但是在熟悉的家庭中是尋找不到的，所以他需要一個陌生的家。

這個家的特徵，和獨眼肉柱夢（夢 1）的山洞，有類似之處，就是富麗堂皇，佈置精美，能夠滿足榮格曾經被抑制的外傾感知覺的需求。

然後我們知道了，榮格的這個陌生的家，是建築於十六世紀的，中世紀，換句話說，榮格正在尋找的是中世紀的精神、中世紀的審美、中世紀的家庭。在他的教堂上帝夢（夢 2），就是發生在中世紀教堂的。

所以我們可以推測，這個夢和夢 1、夢 2、夢 3，其實都是無意識在對同一個主題進行工作——形成於歐洲中世紀的家庭文化崩解了，夫妻恩愛，父子不再能夠子承父業，繼承父親的信仰，孩子們即便生理上成熟了，心靈還是空虛而彷徨失措。

沿著這個代表中世紀的地面樓層，夢者向下探索，他再次遇到了獨眼肉柱夢（夢 1）中的石壁，但是這一次的石壁，不再是原始的石壁了，而是摻雜了人類文化的石壁，也就是古羅馬精神，在夢中的這一層，榮格的外傾感知覺功能超級發達，就像一個考古學

家。

就在這一層的地板中央，有一個圓環，這個圓環至關重要，是通向下一層的關鍵，圓形就是曼陀羅的象徵，自性圓滿的象徵。

然後，在最低層，夢者的自我發現了兩具頭骨。這個夢沿著時間開始回溯，最後榮格面對的是人類的死亡。在獨眼肉柱夢（夢1），死亡來自於肉柱，食人者，在挖掘古墓夢（夢3）中中，死亡的骨頭是動物的。這一次夢者開始直面人類的死亡了。

佛洛伊德敏銳地覺察到，既然你在和我的關係中，出現了這個夢，那這兩個死人應該是父子關係。父子之間是你殺我、我殺你的關係。但是其實這還不算最暗黑的——母子之間也可以出現彼此殺害的關係啊！至於夫妻之間彼此殺害，那更是應該優先考慮的解釋，因為地上的圓環，可能也象徵著結婚戒指，有些翻譯這個夢的中文譯者，就把原文中的「Ring」翻譯成了「戒指」。當時的榮格正處於一個婚姻的進展時期，而此時的榮格，正與自己的病人和學生薩賓娜（Sabina Spielrein）發生戀情，佛洛伊德也捲入了他們的紛爭中。（這段故事會在第八章詳細論述。）

簡而言之，如果從婚姻家庭的角度來看待這個夢，可以對榮格做出如此簡單的解釋——你從小目睹傳統家庭的土崩瓦解，所以在夫妻關係中也面臨種種困難，尤其是你太太出身高貴，和她父親過度親密，婚後又接二連三地生孩子，讓你沒有多少性生活的機會，所以你很憤怒也很憋屈，你覺得這個家庭死氣沉沉，你幻想能夠建立一個中世紀那樣的家庭？

榮格很快向佛洛伊德談了他另一個夢，他夢見了一個至今仍不能真正死去的人。這個夢分為兩個部分。

第一部分：

　　一個夢發生於瑞士與奧地利邊界附近山區，傍晚時分，我看見一個上了歲數的男子身著奧匈帝國官吏制服，他略微弓背走過，對我不理不睬，面有慍色，一副鬱鬱寡歡、惱火的樣子。還有旁人在，有人告知，老翁實際上根本不存在，而是幾年前去世的一名關吏的幽靈，「他是那些不能完全死去的人中的一員。」

第二部分：

　　我身處義大利一座城市，中午十二點與一點之間，烈日炙烤在街巷上。城市建於山丘之上，令人想起巴塞爾的一個地方——科倫貝克。小巷從那裡通向穿城而過的比爾西希河谷，部分是階梯式小巷，一條這樣的台階向下通往光腳會信徒廣場。那是巴塞爾，不過，這也是一座義大利城市，有點像貝加莫。夏日豔陽當頂，萬物充滿強光。許多人迎面而來，我知道，現在打烊了，人們趕回家吃午飯。人流中走著一名身著全副盔甲的騎士，他拾級而上，迎面而來，頭戴露出眼睛的帽形頭盔和鏈環甲冑，外罩一件白色外衣，前胸和後背織著一個紅色大十字架。

　　您可以想像，一座現代城市裡，交通高峰時間，一名十字軍戰士向我走來，給我什麼印象！尤為引人注目的是，許多路人中似乎無人發覺他。無人朝他轉身或者朝他看，我覺得彷彿他對其他人而言完全不可見。我自問該現象會意味著什麼，這時就宛如有人回答（但無人在說話）：「對，這是定時現象，騎士總是在十二點與一

點之間經過此地，而且很久了（我的印象是幾個世紀了），人人都知道。」

（夢 8：官吏幽靈與十字軍幽靈夢）

官吏幽靈與十字軍幽靈夢

英文

While I was working on this book, I had dreams which presaged the forthcoming break with Freud. One of the most significant had its scene in a mountainous region on the Swiss-Austrian border. It was toward evening, and I saw an elderly man in the uniform of an Imperial Austrian customs official. He walked past, somewhat stooped, without paying any attention to me. His expression was peevish, rather melancholic and vexed. There were other persons present, and someone informed me that the old man was not really there, but was the ghost of a customs official who had died years ago. "He is one of those who still couldn't die properly." That was the first part of the dream.

......

I was in an Italian city, and it was around noon, between twelve and one o'clock. A fierce sun was beating down upon the narrow streets. The city was built on hills and reminded me of a particular part of Basel, the Kohlenberg. The little streets which lead down into the valley, the Birsigtal, that runs through the city, are partly flights of steps. In the dream, one such stairway descended to Barfüsserplatz. The city was Basel, and yet it was also an Italian city, something like Bergamo. It was summertime; the blazing sun stood at the zenith, and everything was bathed in an intense light. A crowd came streaming toward me, and I knew that the shops were closing and people were on their way home to dinner. In the midst of this stream of people walked a knight in full armor. He mounted the steps toward me. He wore a helmet of the kind that is called a basinet, with eye slits, and chain armor. Over this was a white tunic into which was woven, front and back, a large red cross.

One can easily imagine how I felt: suddenly to see in a modern city, during the noonday rush hour, a crusader coming toward me. What struck me as particularly odd was that none of the many persons walking about seemed to notice him. No one turned his head or gazed after him. It was as though he were completely invisible to everyone but me. I asked myself what this apparition meant, and then it was as if someone answered me but there was no one there to speak: "Yes, this is a regular apparition. The knight always passes by here between twelve and one o'clock, and has been doing so for a very longtime [for centuries, I gathered] and everyone knows about it."

德文

Während ich daran arbeitete, hatte ich bedeutsame Träume,

welche schon auf den Bruch mit Freud hinwiesen. Einer dereindrucksvollsten spielte in einer bergigen Gegend in der Nähe der schweinzerisch-österreichischen Grenze. Es war gegen Abend, und ich sah einen ältlichen Mann in der Uniform eines k. k. Zollbeamten. Etwas gebückt ging er an mir vorbei, ohne mich zu beachten. Sein Gesichtsausdruck war griesgrämig, etwas melancholisch und verärgert. Es waren noch andere Menschen da, und jemand belehrte mich, der Alte sei gar nicht wirklich, sondern der Geist eines vor Jahren verstorbenen Zollbeamten. «Das ist einer von denen, die nicht sterben konnten», hieß es.Dies ist der erste Teil des Traumes.

....

Ich befand mich in einer italienischen Stadt, und es war um die Mittagsstunde, zwischen zwölf und ein Uhr. Eine heiße Sonne brannte auf die Gassen. Die Stadt war auf Hügel gebaut und erinnerte mich an eine bestimmte Stelle in Basel, den Kohlenberg. Die Gäßchen, die von dort ins Birsigtal, das sich durch die Stadt zieht, hinunterführen, sind zum Teil Treppengäß-chen. Eine solche Treppe ging hinunter zum Barfüßerplatz. Es war Basel, und doch war es eine italienische Stadt, etwa wie Bergamo. Es war Sommer, die strahlende Sonne stand im Zenit, und alles war erfüllt von intensivem Licht. Viele Menschen kamen mir entgegen, und ich wußte, daß jetzt die Läden geschlossen wurden und die Leute zum Mittagessen heimstrebten. Mitten in diesem Menschenstrom ging ein Ritter in voller Rüstung. Er stieg die ^ Treppe hinauf, mir entgegen. Er trug einen Topfhelm mit Augenschlitzen und einen Kettenpanzer. Darüber ein weißes Obergewand, auf dem vorne und auf dem Rücken ein großes rotes Kreuz eingewoben war.

Sie können sich denken, was für einen Eindruck es auf mich machte, als plötzlich in einer modernen Stadt, mittags um die Stoßzeit des Verkehrs, ein Kreuzfahrer auf mich zukam! Vor allem fiel mir auf, daß keiner von den vielen Menschen, die unterwegs waren, ihn wahrzunehmen schien. Niemand kehrte sich nach ihm um oder schaute nach ihm; es kam mir vor, wie wenn er für die anderen vollkommen unsichtbar wäre. Ich fragte mich, was die Erscheinung zu bedeuten habe, und da war es, wie wenn mir jemand antwortete - aber es war niemand da, der es sagte - «Ja, das ist eine regelmäßige Erscheinung. Immer zwischen zwölf und ein Uhr geht der Ritter hier vorbei, und dies seit sehr langer Zeit (ich hatte den Eindruck, seit Jahrhunderten), und jedermann weiß darum.

不難看出，這個夢和佛洛伊德的海關夢彼此呼應、頗多相似。榮格認為聖騎士和海關官員是兩個對比鮮明的人物。海關官員是面目模糊的，是個至今仍不能夠真正死去的人。然而，聖騎士卻生機勃勃，十分真切。儘管在夢的第二部分顯得神聖無比，但兩國交界處的場景卻顯得平淡無奇。後來榮格瞭解到，這個聖騎士來自十二世紀，正是煉金術中尋找聖杯的時期。這個夢預示著榮格未來的走

勢，他必將成為精神分析史上的一個十字軍騎士，和他的國王決裂後，最終找到屬於自己的中心——煉金術。的確，他的命運也是如此發展的。當然，聖騎士和佛洛伊德夢到的海關老頭最大的區別在於，聖騎士是有堅定信仰的。

官吏幽靈和十字軍幽靈夢（夢8）最大的特點在於，這個夢是兩個看起來毫無聯繫的片段構成。這種「多片段夢」的形成，有以下幾種可能性：第一，原來的夢境本來是相連續的，但是其中有些情節，因為通過不了夢者的人格面具、道德和禁忌審查，所以被刪除、剪裁了。第二，夢境原來就是如此，因為無意識自我覺得它們是相聯繫的，或者無意識自我覺得邏輯聯繫不重要。

它們的聯繫其實也還是存在的，例如兩個片段都是在講述幽靈的故事。不少人，包括榮格本人，都把老官員，看作是老而不死的佛洛伊德。這當然也就驗證了佛洛伊德的假設，榮格把佛洛伊德當作伊底帕斯情結中的父親殺死了。從而佛洛伊德變成了抑鬱、焦躁的老官員。

榮格在其自傳中，也承認這種說法合理之處，他認為可能因為自己意識層面過於崇拜佛洛伊德了，所以在無意識的夢中，會對此種理想化進行糾察。不過佛洛伊德畢竟不是一個官員，也不是一個幽靈，所以幽靈應該還代表著榮格死去的父親，榮格可能覺得父親的幽靈是不甘心死亡的，這聯繫著死亡父親回家夢（夢6）。我們可以看到，死亡父親回家來，不是因為他知道自己已經死了，回來看看心愛的兒子和老婆，帶給他們祝福和保佑。榮格可能覺得他不知道自己死了，似乎還要回到自己房間把兒子趕出去，預期他的表情也是憤怒的。

然後，夢8的第二部分，我們可以看到，幽靈發生了轉化，無家可歸、不甘心死去的孤魂野鬼，變成了十字軍騎士，他既是堅定信仰擁有者，又具有了榮格在父親身上沒有找到，而在佛洛伊德身上尋找的品質——堅強、倔強，永不服輸、戰鬥精神。當然，他也是刻板地遵守時間的，總是在午時出現。午時是太陽最強烈的時間，也是陽性能量達到高峰的時間，屬於日神的時刻。正是榮格和整個歐洲失落的精神——日神精神。這種日神精神最早發源於古希臘，這大概是為什麼夢中巴塞爾和義大利城市合二為一的原因。

　　夢的第一部分是夢者被官員忽視，第二部分是十字軍騎士被市民們忽視，這大概也預示了榮格在工業時代必然淪為笑柄、被人忽視的命運——他就像塞萬提斯的世界名著《唐吉坷德》裡面的騎士一樣，似乎恢復傳統文化，恢復騎士的高尚愛情和忠義精神，但當時主旋律是打倒傳統，崇拜新興科學。榮格，很長一段時間都被視為神經兮兮、神神叨叨的糟老頭子。近年來隨著人類進入後工業社會，榮格才重新受到重視了。

　　榮格還從城鄉差別的角度看待他和佛洛伊德的差別。在他看來，佛洛伊德之所以對亂倫與性錯亂特別關注，是因為佛洛伊德是城裡人，而榮格在鄉下長大，亂倫和性錯亂對他來說並不是什麼值得注意的新鮮事，也無需特別說明。

　　在他看來，一個對自然全無所知的人當然會患上心理障礙，因為他們不能適應現實。太過天真，好像無知的小孩子，因而，有必要將生活的實情告訴他們。用今天的話說，就是佛洛伊德太不接地氣了，所以對性這個問題大驚小怪。

　　當榮格發覺佛洛伊德本人也有精神官能症，而且問題非常嚴重

時，他認為，如果連導師都對付不了自己的精神官能症，那麼精神分析的理論與實踐又有什麼意義呢？於是，當佛洛伊德宣佈想讓其理論與方法標準化、教條化時，榮格便決定不再和他合作了。

榮格寫了一本書叫做《轉化的象徵》，在此書快要完稿的時候，他已預見到此次出版，將會造成他與佛洛伊德的友誼終結。

因為當時佛洛伊德認為亂倫是很多精神疾病的病因。而榮格在書中提到，只有在極罕見的案例中，亂倫才是個人精神障礙的表現，而就一般而言，亂倫有著極具宗教性的一面，亂倫的主題在幾乎所有的宇宙起源論和不計其數的神話中扮演著重要角色。他批評佛洛伊德只抓住亂倫字面上的闡釋，未能將亂倫作為一種象徵，去把握它在精神層面的重要性事實。

正如榮格所預料，這本書出版之後，兩人決裂了。不過榮格對於佛洛伊德這樣一位亦師亦友的人物，還是給予了很多正面的評價。譬如他曾說過，佛洛伊德最大的成就當屬他認真地對待精神官能症病人，探究他們獨特的個性心理。他有膽量讓病人自陳事實，沒有偏見，勇氣十足，成功地克服了眾人的成見。他像《舊約》裡的先知，顛覆了虛假的神祇，解開了掩蓋欺騙和偽善的面紗。他毫不動搖，施予我們的文明推動力。

佛洛伊德雖然後來沒有公開表達過對榮格的讚賞，但是如果我們把佛洛伊德和榮格的著作，按照年代順序來閱讀的話，不難發現，兩人其實都在暗中吸收對方的觀點。就像百事可樂和可口可樂，表面上勢不兩立，但是實際上，從口味品類、定價、行銷等等各方面，兩者越來越接近。

和佛洛伊德決裂後，榮格走到了幾乎精神崩潰的邊緣，這次的

精神危機，似乎遠遠超過他童年時期，下一章會詳細論述。

延伸閱讀

　　有關榮格和佛洛伊德的愛恨情仇，可以參考艾倫伯格（Henri Ellenberger）所著《佛洛伊德與榮格：發現無意識之浪漫主義》一書，艾倫伯格此書非常經典，多本榮格傳記在寫作到佛洛伊德和榮格的關係時，都引用此書。[1]

　　羅伯特・賴特（Robert Wright）的博士論文《父親的屋內》（*In My Father's House: C.G Jung's Memories, Dreams, Refelctions-A son in search of father*）是一部非常獨特的作品，從父子關係的角度，考察了榮格自傳中的父親情結和夢境的關係，尤其是以父親情結來理解佛洛伊德和榮格的師徒關係，以及腓利門意象的出現，對這種師徒關係破裂的療愈效果。師徒反目，大多是未解決的父親情結作亂。在文學和現實生活中不斷上演。

1　【編註】本書台灣版本為《發現無意識（Ⅲ）：浪漫主義動力精神醫學：佛洛伊德與容格》，廖定烈、楊鴻毅譯，遠流出版。艾倫伯格曾出版《發現無意識》（*The Discovery of the Unconscious: The History and Evolution of Dynamic Psychiatry*）一書在台灣分冊出版，此書為套書中的第三冊。

第七章

中年 2
從白鴿少女到自成一體

榮格說，與佛洛伊德分道揚鑣之後，感覺自己整個人都浮在空中，找不到根基。我們的個案也經常用「空心」、「無根」等詞語來描述這種精神的崩潰感。

　　為什麼會出現這種情況呢？因為在文化坍塌的時候，藉由依附於權威，是可以暫時彌補自己的空虛和無意義感的。這就像佛教徒，通過上師瑜伽，把上師全能化、理想化，從而可以彌補自己內在的空虛和無意義感。當然，佛教到了一定階段，也會告訴修行人，這個「上師」其實是心中的上師，也就是每個人的佛性。佛洛伊德就相當於榮格的上師仁波切，顯然他和上師鬧翻了，這幾乎抽空了他人格。

　　在事業上，榮格認為，自己的當務之急，是發展一種對待病人的新態度。所以，他決定暫時不把任何理論強加給他們，而是等待並觀察他們自願說些什麼，順其自然，靜待事態的發展。

　　結果，病人開始自發地向榮格報告他們的夢與幻想，而他只需要向病人詢問，「那麼，你能想到什麼有關的事嗎？」或者「你具體指的是什麼？這種想法從哪裡來？而你對此還有什麼想法？」在這一過程中，榮格摒棄了所有的理論觀點，只是協助病人自己去理解夢中意象，而不運用任何的規則和理論。

　　我個人認為，榮格在一生大部分時間裡，對「理論先行」這個觀點都持反對態度，是深惡痛絕至有點過頭了。

　　的確，我們應該反對理論先行，不要讓理論跑到來訪者前面，但過度被動的話，對來訪者也是不利的。有的來訪者，需要有個人在他的前面快走一點，還有的來訪者，要有人能夠和他一起並排向前走，每個人需求不同。同時，治療的不同時期，來訪者也會有不

同需要。一般來說，治療早期，理性功能比較薄弱的人，治療師宜主動一點，提供一點理論支持。理論本身就是一種療癒的催化劑。

榮格這種治療風格的變化，也和他的個案群體發生了改變有關。之前榮格在精神病院工作時，絕大部分個案是非常重的精神病人。當他自己開診所之後，前來就診的基本是比較健康的個案，需要讓來訪者自己引導治療進程。

榮格很快意識到，用平等的態度對待夢，並將之作為分析的基礎，是正確的做法，因為這正是夢的意圖。

佛洛伊德和榮格的決裂時間是在 1912 年年底，37 歲的榮格這一年可謂多災多難，在和佛洛伊德決裂前一年，他和自己曾經的病人、學生、同行薩賓娜·斯皮爾林（Saubina Spielrein）也決裂了。薩賓娜在 1904 年走進榮格的生命，她是俄羅斯人，因為精神病到榮格所在醫院住院。住院期間，榮格成為了她的醫生，後來成了她的老師和情人。榮格鼓勵她學醫成為自己同行，後來她真的做到了，而且這一切佛洛伊德也知道。薩賓娜在 1911 年和榮格也決裂了。而榮格與薩賓娜發生戀情時，傳說他妻子艾瑪很不開心，去醫院告發了他。

在 1912 年耶誕節前後，榮格又做了意義深遠的夢，來代謝生活中巨大壓力：

夢裡，我發現自己身處一座華美的義大利敞廊中。它由廊柱支援、地面鋪著大理石。我正坐在一把文藝復興時期的金色扶手椅上，我的面前是一張美麗無雙的桌子，桌子是由綠色的石頭製成的——好像是翡翠。我坐在那裡向遠方眺望，因為涼欄高駐於塔樓

之上。我的孩子們也圍桌而坐。忽然，一隻白色小鳥落了下來，可能是一隻小海鷗或者鴿子。它優雅地停在桌面上休息，我示意孩子們坐著別動，免得嚇跑這隻美麗的白色小鳥。一眨眼的功夫，這隻鴿子變成了一個小女孩，年紀大約八歲，長著滿頭金髮。它和孩子們一起跑開了，在城堡的廊柱之間嬉戲起來。我陷入沉思之中，琢磨剛才經歷的是什麼事。那個小女孩回來了，用她雙臂溫柔地摟住我的脖子，然後她突然消失了。鴿子再度出現，用人的聲音向我緩緩的說，「只有夜幕剛剛降臨的幾個小時裡，我才能化為人形，因為那個時候雄鴿子正忙著埋葬那十二位死者。」然後它便飛走了，消失無蹤，我便醒了過來。

（夢 9：白鴿女孩夢）

白鴿女孩夢

英文

Then, around Christmas of 1912, 1 had a dream. In the dream I found myself in a magnificent Italian loggia with pillars, a marble floor, and a marble balustrade. I was sitting on a gold Renaissance chair; in front of me was a table of rare beauty. It was made of green stone, like emerald. There I sat, looking out into the distance, for the loggia was set high up on the tower of a castle. My children were sitting at the table too. Suddenly a white bird descended, a small sea gull or a dove. Gracefully, it came to rest on the table, and I signed to the children to be still so that they would not frighten away the pretty white bird. Immediately, the dove was transformed into a little girl, about eight years of age, with golden blond hair. She ran off with the children and played with them among the colonnades of the castle. I remained lost in thought, musing about what I had just experienced. The little girl returned and tenderly placed her arms around my neck. Then she suddenly vanished; the dove was back and spoke slowly in a human voice. "Only in the first hours of the night can I transform myself into a human being, while the male dove is busy with the twelve dead" Then she flew off into the blue air, and I awoke.

德文

1912, um die Weihnachtszeit, hatte ich einen Traum. Ich befand mich auf einer prächtigen italienischen Loggia mit Säulen, Marmorboden und einer Marmorbalustrade. Dort saß ich auf einem goldenen Renaissancestuhl, vor mir ein Tisch von erlesener Schönheit. Er war aus grünem Stein, wie aus Smaragd. Ich saß und schaute ins Weite, denn die Loggia befand sich hoch oben am Turm eines Schlosses. Meine Kinder befanden sich ebenfalls am Tisch. Mit einem Mal senkte sich ein weißer Vogel herab, eine kleine Möve oder eine Taube. Anmutig ließ sie sich auf dem Tisch nieder, und ich machte den Kindern ein Zeichen, sich ruhig zu verhalten, damit sie den schönen weißen Vogel nicht verscheuchten. Alsbald verwandelte sich die Taube in ein kleines, etwa achtjähriges Mädchen mit goldblondem Haar. Es lief mit den Kindern davon, und sie spielten zusammen in den herrlichen Säulengängen des Schlosses. Ich blieb in Gedanken versunken und dachte über das nach, was ich soeben erlebt hatte. Da kam das kleine Mädchen zurück und legte mir zärtlich den Arm um den Hals. Dann war es plötzlich verschwunden, die Taube war wieder da und sprach langsam mit menschlicher Stimme: «Nur in den ersten Stunden der Nacht kann ich mich in einen Menschen verwandeln, während der Tauber mit den zwölf Toten beschäftigt ist.» Damit entflog sie in die blaue Luft, und ich erwachte.

　　榮格自己分析說：「一個雄鴿子和十二個死者有什麼關係呢？由那張綠寶石桌子，我聯想到了《翠玉錄》的故事。我想起了煉金術傳說中偉大的荷米斯的翡翠板。傳說那是荷米斯死後留下的一張石板，上面用希臘文刻著煉金術智慧的基本宗旨。我還聯想到了十二使徒、一年中的十二個月、黃道十二宮等等。但我參不破這個謎題，最後我只好放棄了這種努力。我只能肯定這個夢表現了無意識的一種不尋常的活動。但是我卻找不到一種技術能讓我觸及內心過程的核心，所以我什麼都不能做，只好等待，繼續我的生活，並密切注意著我的幻想。」

　　有一些榮格的傳記研究者認為，這是一個愛情之夢，這隻可愛的白鴿，就是他失去的愛人薩賓娜的代表。後來，他把這種愛情意象投射到 1912 年他認識的一個新病人托尼‧沃爾夫（Toni Wolff）身上，托尼也從病人變學生，學生變成了情人。

這個夢的時空，和官吏幽靈與十字軍幽靈夢（夢8）有類似之處，這一次我們看到，義大利這個地方，已經明確地分離出來，不再像夢8一樣，義大利和瑞士巴塞爾混合在一起。夢境向中年危機的榮格展示，他的自我需要進入義大利所代表的文化氛圍中，才可能得到療癒。

之前夢中反覆出現的石頭，這次發生了巨大的變形。從獨眼肉柱夢（夢1）中地下的石洞，變成了地下室頭骨夢（夢7）中的石壁、石板。這次變成了翡翠石桌。而且這個夢現在是沒有暗色調的，都是比較明快的色調。本來都是封閉的空間，現在也變成比較開放的空間。

文藝復興時期的金色扶手椅，這個意象，現在和獨眼肉柱夢（夢1）中紅色的椅子類似的，椅子上的東西，以前是獨眼肉柱，吃人者，後來變成了拉大便的上帝意象，現在則變成了榮格自己坐上了椅子。

文藝復興這個時間，大概也提示我們義大利對榮格的意義，一方面，義大利當然是象徵歐洲古希臘文明，另外一方面，它也是文藝復興的起源地。文藝複興的主旨之一，就是以人本主義代替基督教的神本主義。可以說，現代化進程和文藝復興息息相關，而且基督教的禁欲主義，據說也是被文藝復興推翻的，這充分體現在薄伽丘的《十日談》這本名著中。

所以我們可以說，榮格的屁股坐在了文藝復興、人本主義的椅子上，但是他的心靈嚮往的可能是代表中世紀、煉金術的綠色石桌。而且石桌旁邊圍繞著孩子們，說明這個夢要工作處理的是家庭關係、親子關係。

圖中的白鴿，大多數心理治療師一眼都能看出這象徵著靈魂。因為它就像靈魂一樣可以降臨人間，可以變成人形。

正如在神學中，靈魂是指介於人間和天堂的一種過渡形態。榮格心理學中，靈魂是指介於自我和自性之間的連接者。

所以，在討論靈魂之前，我們要熟悉一個概念，叫做心理現實，也就是說，一方面現實生活是真實存在的，不以個人的意志為轉移的。譬如一個人看見一個美女從山上走下來，而他周圍的所有人，只要五官功能正常的，都看到了一個美女和一座山峰。另外一方面，認知心理學告訴我們，所有現實情境都會被人類的記憶和情緒加工，所以說一百個觀眾就有一百種看法。比如有的人覺得那個女人是一百分美女，有的人覺得只是六十分；有的人覺得是一座高山，有的人覺得是一個小山丘。我們每個人都活在自己的心理現實中，對夢中白鴿的看法也是如此。

一個人認識到自己活在心理現實、心理世界中，心理治療的前提，這樣，他才能夠做出結論：既然我活在心理現實中，那我就可以通過改變心理現實，來改變心態，改變我內心的世界。

如果一個人認為，沒有心理現實這麼一回事，那麼他必然認為他的痛苦來自於外界，來自於自然和社會，理所當然地，他也不應該做什麼心理治療，而是應該去改變自然，改變社會。

心理現實，這就是靈魂產生的前提，它是亦真亦幻的，猶如《紅樓夢》中的太虛幻境。

靈魂的出現，讓人的內心世界不再僅僅有現實，而是有了天堂——另外一個維度的存在。同樣，白鴿一樣的靈魂，出現在榮格家的桌子上，它給這個家庭帶來了另外一種生命的可能性——也就

是，自由。自性化的三大特徵之一就是自由自在。

對於中國人來說，想要自己的體驗到「靈魂感」，最好看兩部小說：一部是《紅樓夢》，這是將亦真亦幻的情景描寫到淋漓盡致的一部著作，另外一部就是《西遊記》，也是亦真亦幻，歷史和幻想交錯。

榮格在處理夢中動物意象的時候，有個方法，就是直接描述這種動物的生物學特徵。鴿子既然出現在榮格家庭的桌子上，我們當然就要瞭解鴿子這種動物的家庭是什麼樣的？

鴿子是一種單偶制動物，一夫一妻，公鴿和母鴿共同築巢、孵卵和育雛。有些生產能力好的公鴿還具有「逐妻」行為，若母鴿離巢時，它會追逐母鴿歸巢產蛋。母鴿產下蛋後，兩口子輪流孵蛋，幼鴿孵出後，公、母鴿共同分泌鴿乳，哺育幼鴿。鴿子在喪偶後要經過較長時間才能重新配對。成年鴿失去配偶後，在發情季節，因性欲強烈，也可能出現亂交亂配現象。鴿子具有強烈的歸巢性，時刻都想返回自己的「故鄉」，尤其是遇到危險和恐怖時，這種「戀家」欲望更強烈。

這些特徵好像都和榮格自己的心態有呼應之處，他也是戀家的人，不願意離開家庭，婚外情後也不願意離婚。但是另外一方面，公鴿具有的暖男、暖爸特性，是榮格自己身上沒有的。

所以我們看到，白鴿變成了 8 歲小女兒，摟住榮格的脖子，可能喚起他的父愛讓他留在家庭中的意義。

在現實生活中，我們心理治療時所遇到的隱性離婚的案例，大多也有類似的情況——父母維持已經破碎的夫妻關係，只是為了和自己的孩子多待幾年，不忍心孩子們遭受家庭破裂的痛苦。

鴿子變成小女孩後說：「只有夜幕剛剛降臨的幾個小時裡面，我才能夠化為人形，因為那個時候雄鴿子正忙著埋葬那十二位死者。」這句話是什麼意思？在我看來，是說榮格的靈魂要和他的自我結合，就必須具備幾個前提條件：第一，夜幕降臨；第二，他的靈魂和自我的結合實際上並不牢固，只有在幾個小時中，他的靈魂才能夠化為人形和他的自我結合；第三，這時候的雄鴿子有其他的事可以做。

　　雄鴿子埋葬十二個死者，這一句意味深遠，讓榮格一直困惑。大概一種喻示就是，他在哀悼所有人的死亡，所有人都活在時間中，在時間中的人類就是有出生、有死亡的。榮格認為一個意象如果在夢中不斷重複，當下有某種東西死去了，而它又仍然活著，這就是人們對時間的一種知覺。比如說，屍體放進了焚化爐，但隨後卻發現人還活著，這是我們的精神系統正在不斷告訴我們，死而復生，生而復死，生生死死，這就是生命十二個月的迴圈。

　　所以在他之前的官吏幽靈與十字軍幽靈夢（夢8）中出現的幽靈，現在好像都變成了被埋葬的時間。榮格這個時候，在白天要埋葬的時間，當然就是兩段感情——一段是和薩賓娜的戀情，另一段是和佛洛伊德的友情。

　　當然，也有人懷疑，他和佛洛伊德的感情是不是也是愛情？比如他們的通信中，佛洛伊德寫信給榮格說，榮格離開後，他到處看到的人都以為是榮格。有位傳記作者寫到，他們兩位都是精神分析師，他們之間發生了什麼，也許他們自己最知道吧。

　　接下來，榮格又做了一個夢。這個夢可以命名為「死者復活夢」。這個夢具體的時間不太清楚，可能是在夢9之後不久，在自

傳中，它們是前後相續的，這說明，哪怕在現實生活中它們不是相續的，但是在老榮格的記憶河流中，它們就是後浪接前浪的關係。夢境是這樣的：

我在一個地區，它令人想起阿爾勒城附近的阿利斯康墓園，那裡有一條石棺的林蔭大道，石棺可以追溯至墨洛溫王朝[1]時代。夢中，我從城裡來，看見眼前有一條相似的林蔭路，墳墓排成一長行，基座有石板，上面安放著死者，他們躺在那裡，穿著古裝，雙手合攏，如同古老的墓地小教堂中，身披盔甲的騎士，差異只是，我夢中的死者並非以石雕成，而是以奇怪的方式製成木乃伊。我駐足於第一座墳墓前，打量死者，那是十九世紀三〇年代的一個男子，我感興趣地觀察他的服裝，他陡地動彈起來，復活了，分開兩手，我知道，發生此事只因為我在注視他。我不快地繼續前行，來到應是十八世紀的另一死者處。這時故技重演：我端詳他時，他復活了，活動雙手。我就這樣沿著整排墳墓走去，直到大致邁入十二世紀，走到身穿鎖子鎧甲，同樣兩手合攏躺在那裡的一名十字軍戰士處，他像是木雕的，我長久凝視，相信他確實死了，但驀然看見他左手一根手指開始悄然活動。

（夢 10：死者復活夢）

1　【編註】墨洛溫王朝（Mérovingiens）是一個法蘭克人王朝，是中世紀法蘭克王國的第一個王朝，時間約在西元五到八世紀。

死者復活夢

英文

I was in a region like the Alyscamps near Aries. There they have a lane of sarcophagi which go back to Merovingian times. In the dream I was coming from the city, and saw before me a similar lane with a long row of tombs. They were pedestals with stone slabs on which the dead lay. They reminded me of old church burial vaults, where knights in armor lie outstretched. Thus the dead lay in my dream, in their antique clothes, with hands clasped, die difference being that they were not hewn out of stone, but in a curious fashion mummified. I stood still in front of the first grave and looked at the dead man, who was a person of the eighteen-thirties, I looked at his clothes with interest, whereupon he suddenly moved and came to life. He unclasped his hands; but that was only because I was looking at him. I had an extremely unpleasant feeling, but walked on and came to another body. He belonged to the eighteenth century. There exactly the same thing happened: when I looked at him, he came to life and moved his hands. So I went down the whole row, until I came to the twelfth century that is, to a crusader in chain mail who lay there with clasped hands. His figure seemed carved out of wood. For a long time I looked at him and thought he was really dead. But suddenly I saw that a finger of his left hand was beginning to stir gently.

德文

Ich war in einer Gegend, die mich an die Alyscamps bei Aries erinnerte. Dort befindet sich eine Allee von Sarkophagen, die bis auf die Merowingerzeit zurückgehen. Im Traum kam ich von der Stadt her und sah vor mir eine ähnliche Allee mit einer langen Reihe von Gräbern. Es waren Postamente mit Steinplatten, auf denen die Toten aufgebahrt waren. Dort lagen sie in ihren altertümlichen Kleidern und mit gefalteten Händen wie in alten Grabkapellen die Ritter in ihren Rüstungen, nur mit dem Unterschied, daß die Toten in meinem Traum nicht in Stein gehauen, sondern auf eine merkwürdige Weise mumifiziert waren. Vor dem ersten Grab blieb ich stehen und betrachtete den Toten. Es war ein Mann aus den dreißiger Jahren des 19. Jahrhunderts. Interessiert schaute ich mir seine Kleider an. Plötzlich bewegte er sich und wurde lebendig. Er nahm die Hände auseinander, und ich wußte, daß das nur geschah, weil ich ihn anschaute. Mit einem unangenehmen Gefühl ging ich weiter und kam zu einem anderen Toten, der in das 18. Jahrhundert gehörte. Da geschah das gleiche: als ich ihn anschaute, wurde er lebendig und bewegte die Hände. So ging ich die ganze Reihe entlang, bis ich sozusagen in das 12. Jahrhundert kam, zu einem Kreuzfahrer im Kettenpanzer, der ebenfalls mit gefalteten Händen dalag. Seine Gestalt schien wie aus Holz geschnitzt. Lange schaute ich ihn an,

> überzeugt, daß er wirklich tot sei. Aber plötzlich sah ich, daß sich ein
> Finger der linken Hand leise zu regen begann.

　這個夢的一開始，時空再次發生了變化，從上個夢的義大利，變成了法國普羅旺斯附近的阿爾勒小鎮，這個小鎮的阿利斯康，有古羅馬基督教烈士陵園。在但丁的《神曲》中，對阿利斯康進行過美妙的描述，畫家梵谷還專門為此地創作了一幅繪畫（梵古，1888，阿利斯康道路）。所以它代表著純正基督徒的堅定信仰和面對死亡的勇敢，類似於地藏王菩薩我不入地獄誰入地獄的精神。

　這種精神，正是榮格和他的父親在尋找的——擁有堅定的信仰，人的一生就有了意義，這個信仰可以幫助人們克服死亡恐懼，而且，為了實現這個信仰，犧牲生命在所不惜。

　當一個人具有了可以為之獻身的信仰，她就從貪戀生命，恐懼死亡的焦慮中解脫出來，成為了自由自在的人。所以「生命誠可貴，愛情價更高，若為自由故，兩者皆可拋。」

　之前夢中頻繁出現的主題：死亡、石頭、下沉空間、森林。這次變成了石棺林蔭道。而幽靈、死人變成了木乃伊。然後，一個具有意義的事件發生了，木乃伊們開始復活了——而這個讓木乃伊們復活的元素，就是夢者的自我。

　也就是說，在白鴿女孩夢（夢9）中，白鴿女孩是一個轉化元素，她連接起死亡和生命，動物和人類，現在這個功能，由榮格本人來承擔了。

　類似的夢如果出現在臨床上，應該是會讓心理治療師比較開心

的，因為這提示著，即便在無意識領域中，夢者的自我也開始具有療癒功能了。

我們看到，夢中的榮格，正在沿著時間、沿著歷史，復活各個時期的人物，它們分別是十九世紀三〇年代的人，十八世紀的人，和十二世紀的十字軍騎士。簡單地說，他的自我正在復活死去祖先的幽靈。

那麼，在歐洲的十二世紀、十八世紀和十九世紀三〇年代，分別有些什麼東西死去了呢？

這個問題非常難回答，如果這個夢是個中國人比如魯迅做的，我們問他，你夢中十二世紀的南宋時代，十八世紀的清朝乾隆，和十九世紀三〇年代的太平天國年代，對你現在的生活有什麼影響？相信魯迅也是難以一言道盡這數百年滄桑。

當然，總體趨勢我們還是可以看出來的，十二世紀的歐洲正在十字軍東征，是基督教精神盛極而衰的年代。十八世紀則是工業革命萌芽的世紀，基督教和封建王權開始受到震撼，美國建國。十九世紀三〇年代，則是工業革命全面開展，舊有制度和傳統文化遭到摧枯拉朽的打擊的年代。所以，這一系列的死人，大概象徵著傳統價值、傳統男性的死亡，而這是榮格及其父輩眷戀、執守的文化價值觀。就像孔子留戀周朝的制度、周朝的君子和周朝的價值觀一樣。

此時的榮格，家庭和事業亂成一團，本來已經療癒的創傷，再次復發。他診斷自己，正處於精神疾病爆發的前夕。於是他開始自我分析，寫作療癒日記，同時他開始使用遊戲療法，玩小時候玩的遊戲，用積木搭建小房子或城堡。他不斷地撿拾一些東西放到他家

附近，用來搭建他需要的物品。

有一次，他在湖邊撿到了一個紅色的、四釐米左右的四邊形錐形石頭，突然明白這就是祭壇。同時他想起了人生的第一個夢，獨眼肉柱夢。在其後的日子裡，只要天氣允許，他每天午飯後都會繼續進行他的建築遊戲，一直到有病人來訪。

在日常生活中，一個人如果突然開始玩他小時候喜歡的各種遊戲，我們就知道，他開始自發地作心理治療了。這時候我們可以鼓勵他多玩一玩。

雖然遊戲治療可以延緩發病，但是榮格還是遭遇了部分的症狀。榮格開始出現幻覺。1913 年 10 月，他突然感到有一種強烈的，令人無法忍受的幻覺向他撲面而來，他看見一場大洪水淹沒了北海和阿爾卑斯山之間整個北部和低窪地。

然後他的幻覺源源不斷，心情始終高度緊張，常常感到無助和焦慮。他首先嘗試了瑜伽療法，他大概是心理治療歷史上第一個介紹瑜伽給西方人的治療師，也是第一個使用瑜伽進行自我療癒的治療師。

榮格說：「既然我的目的是想要知道我心中的動靜，我要練習瑜伽直到自己足夠平靜，能夠繼續關注無意識的工作為止。一旦我感覺自己平靜了下來，我便會放開對情感的束縛，允許各種意象和內心的聲音重新開始說話。與此相反，印度人練習瑜伽是為了完全消滅大量的心靈內容和意象。」

我想，這是榮格對於印度人練習瑜伽的一個誤解。在佛教中也有這樣的「定學」「修定」，是修習之人為了消滅大量心靈意象才練習的。但修習之人在「修觀」時，並不是為了消滅它們，也不是

為了鼓勵這些內容的出現，而是旨在觀察，所以它們願意出現就出現，願意走開就走開。練習瑜伽只是為了觀察它們是怎麼變化的。

那麼，榮格練習瑜伽的收穫是什麼？他說：「只要我得以把各種情緒變成意象，也就是說，找到了隱藏在情緒之中的意象，我便會心平氣和，再次放下心。我盡可能詳盡地記下幻想，認真分析它們產生時的心靈狀態。」

1913 年 12 月 12 日，基督降臨節那天，榮格決心邁出決定性的一步，決定不再控制幻覺，而是沉入幻覺之中。當時他感受到，腳下的地面仿佛裂開了，他掉進黑暗的深淵，落在黏糊糊的東西上，進入洞穴裡面，看到洞穴的岩石上有一顆紅寶石。他撿起紅寶石之後，看到洞裡是流動的水，有一具屍體隨著水流過來，那是一個金髮年輕人。接著，漂來一隻黑色聖甲蟲。然後是一輪紅通通初升的太陽從水深處冉冉升起。突然，一大堆血噴出來，血水持續噴湧讓他無法忍受。這個幻覺讓榮格非常震撼，他說這是一個英雄和太陽的神話，演出死亡與新生的戲碼，而那隻埃及聖甲蟲則象徵著重生。

六天後，他又做了一個夢，這個夢叫做「殺死西格弗里德夢」。這一年，他 38 歲；這一天，是 1913 年的 12 月 18 日。這個夢境如此下：

我發現自己跟一個皮膚棕褐的陌生少年、一個野人，在人煙稀少的多岩山中。天將破曉，東邊已經天亮，明星行將隱沒。這時，山上響起西格弗里德的號角聲，我知道，我們得幹掉他。我們攜槍在一條狹窄的石徑上伺機伏擊他。忽然，山脊高處，西格弗里德現

身於旭日的第一道光柱中，坐在骸骨製成的車上，順著多石的山坡疾馳而下，他拐過一個角落時，我們朝他射擊，他中彈墜亡。毀滅了如此壯麗之事，我充滿厭惡與悔恨，轉身逃遁，驅動我的是害怕有人可能發現這起謀殺。這時開始暴雨滂沱，我知道，它會滅跡殆盡。我逃脫了遭人發現之虞，生活可以繼續，但留下不堪忍受的負罪感。

（夢 11：殺死西格弗里德夢）

殺死西格弗里德夢

英文

Six days later (December 18, 1913), I had the following dream. I was with anunknown, brown-skinned man, a savage, in a lonely, rocky mountain landscape. It was before dawn; the eastern sky was already bright, and the stars fading. Then I heard Siegfried's horn sounding over the mountains and I knew that we had to kill him. We were armed with rifles and lay in wait for him on a narrow path over the rocks. Then Siegfried appeared high up on the crest of the mountain, in the first ray of the rising sun. On a chariot made of the bones of the dead he drove at furious speed down the precipitous slope. When he turned a corner, we shot at him, and he plunged down, struck dead. Filled with disgust and remorse for having destroyed something so great and beautiful, I turned to flee, impelled by the fear that the murder might be discovered. But a tremendous downfall of rain began, and I knew that it would wipe out all traces of the dead. I had escapedthe danger of discovery; life could go on, but an unbearable feeling of guilt remained.

德文

Sechs Tage später (18. Dezember 1913) hatte ich folgenden Traum: Ich fand mich mit einem unbekannten braunhäutigen Jüngling, einem Wilden, in einem einsamen, felsigen Gebirge. Es war vor Tagesanbruch, der östliche Himmel war schon hell, und die Sterne waren am Erlöschen. Da tönte über die Berge das Hörn Siegfrieds, und ich wußte, daß wir ihn umbringen müßten. Wir waren mit Gewehren bewaffnet und lauerten ihm an einem schmalen Felspfad auf. Plötzlich erschien Siegfried hoch oben auf dem Grat des Berges im ersten Strahl der aufgehenden Sonne. Auf einem Wagen aus Totengebein fuhr er in rasendem Tempo den felsigen Abhang hinunter. Als er um eine Ecke bog, schössen wir auf ihn, und er stürzte, zu Tode getroffen. Voll Ekel und Reue, etwas so Großes und Schönes zerstört zu haben, wandte ich mich zur Flucht, getrieben von Angst, man könnte den Mord entdecken. Da begann ein gewaltiger Regen niederzurauschen, und ich wußte, daß er alle Spuren der Tat verwischen würde. Der Gefahr, entdeckt zu werden, war ich entronnen, das Leben konnte weiter gehen, aber es blieb ein unerträgliches Schuldgefühl.

西格弗里德，也有翻譯為「齊格飛」，他是德國敘事詩《尼貝龍根之歌》中的屠龍英雄，他反覆遠征，在戰鬥中得到財寶和近乎不死之身，獲得王位後被刺殺。榮格認為，西格弗里德代表著德國人的英雄意志，這個夢表明英雄意志不再適合他，所以西格弗里德才會被殺死。同時榮格感到一種憐憫之情，他說：「我暗中把自己認同為西格弗里德，還摻雜著一個人被迫犧牲其理想和意識態度時所感到的那種悲傷。這種認同和我的英雄理想主義必然被拋棄，因為在自我意志之外還有更高的存在，且一個人必須為之折腰。陪著我的那個身材矮小、棕色皮膚的野蠻人參與了殺人，他其實是原始陰影的化身。那場雨表明意識和無意識之間的緊張關係已得到了和解。」

這個夢發生在山嶺中，山嶺，是在挖掘古墓夢（夢3）中出現的場景，山嶺在夢中出現，一般象徵著我們的精神系統要更上一層樓。這次榮格的確更上了一層樓，以前他夢中的死者都來自別人，或者別人是殺人者，這次他終於看到，自己就是一個殺手。

夢中所有的同性別之人，一般都是個人陰影的象徵，這一點對今天的分析師來說，幾乎是常識。但是在榮格那個時代，要能意識到這一點還是不容易的。而天才的榮格，也看出來了那個野蠻人，就是自己分裂的陰影。

當然，也有後人指出，西格弗里德和佛洛伊德的姓，西格蒙德（Sigmund）類似，所以這大概也象徵著佛洛伊德，部分驗證了榮格有弒父（佛洛伊德）願望之說。

傾盆大雨從天而降，是一個淨化的象徵，它正在淨化榮格心中殘留的情結。就是英雄主義——男性自戀情結的一個變種。正因為

有這種英雄情結或者說自戀情結，才迫使他當初找上了佛洛伊德。

但是他們是用槍殺死古典英雄的，聯繫之前死去的十字軍騎士，我們大概可以說，這也象徵著工業革命殺死了傳統的英雄精神、騎士精神。就像在中國，槍支出現後，古典的俠義精神就失落了。

榮格繼續探索他的幻覺。在他的幻覺中，他會經常掉到深淵的底部，或者出現在陰曹地府裡，遇到白鬍子老人和一個年輕美麗的女子，女子告訴他說：「我叫莎樂美！」

莎樂美和以利亞，都是《聖經》中的人物。因此，榮格自己解釋說：「莎樂美是一個阿妮瑪的形象。她的目盲，是因為看不到事物的意義。以利亞是智慧而年老的先知形象，代表了智慧與知識的因素，而莎樂美則代表了人的情欲的因素。」

後來，榮格幻想中的先知形象以利亞又變成了腓利門（Philemon，也有翻譯為「斐樂蒙」）。他是歐洲傳說中一個神仙般的人物。腓利門首先出現在一個夢中：

藍天形同海洋，並非雲層密佈，而是佈滿褐色土塊，看上去土塊碎裂，其間可見湛藍海水，水卻是藍天。陸地從右邊漂來帶翼生靈，那是頭生牛角的老者，帶著一串四把鑰匙，手握一把鑰匙，仿佛正欲開鎖。他有翼，而翅膀如同具有典型色彩的翠鳥之翅。

（夢 12：腓利門鑰匙夢）

腓利門鑰匙夢

英文

There was a blue sky, like the sea, covered not by clouds but by flat brown clods of earth. It looked as if the clods were breaking apart and the blue water of the sea were becoming visible between them. But the water was the blue sky. Suddenly there appeared from the right a winged being sailing across the sky.I saw that it was an old man with the horns of a bull. He held a bunch of four keys, one of which he clutched as 'if he were about to open a lock. He had the wings of the kingfisher with its characteristic colors.

德文

Es war blauer Himmel, aber er schien wie das Meer. Er war bedeckt - nicht von Wolken, ondern von braunen Erdschollen. Es sah aus, als ob die Schollen auseinanderbrächen und das blaue Wasser des Meeres dazwischen sichtbar würde. Das Wasser war aber der blaue Himmel. Plötzlich schwebte von rechts her ein geflügeltes Wesen herbei. Es war ein alter Mann mit Stierhörnern. Er trug einen Bund mit vier Schlüsseln und hielt den einen so, wie wenn er im Begriff stünde, ein Schloß aufzuschließen. Er war geflügelt, und seine Flügel waren wie diejenigen des Eisvogels mit ihren charakteristischen Farben.

這個夢一開始就非常具有超越意味，土地、天空、海水發生了化合，三者合為一體。這和榮格生命中正在經歷的人際關係分裂、內心掙扎，形成了鮮明的對比。就在此時，腓利門登場，他長著牛角，這在西方傳統中，是魔鬼的標誌之一。腓利門手持一串共四把的鑰匙，捏著其中一把，仿佛正要打開一把鎖。這當然會讓人想起智慧之鎖，四把鑰匙則代表了其中的四大元素：地、火、水、風。腓利門也具有風大元素的特徵，穿透一切，聯接起各種元素。

腓利門的翠鳥翅膀，也有很多象徵意義。在古希臘神話中，一位名叫阿耳庫娥涅（Alcyone）的公主，她和另一位叫做克宇克斯（Ceyx）的男子結為夫妻，但是他們夫妻，卻彼此稱呼對方為天神宙斯和天后赫拉，這惹惱了宙斯。在克宇克斯出海的時候用雷劈死了他。夢境之神墨菲斯（Morpheus），以克宇克斯的形象出現在阿耳庫娥涅夢中，告訴她這個悲慘的結局。她痛不欲生，投海自盡。

榮格繪製的腓利門，第一次

然後她變成了翠鳥（還有一說是她丈夫和她一起變成了翠鳥）。所以翠鳥用來象徵著平息神的憤怒——雷電，帶來安靜和平靜，當然也象徵著愛情。

榮格對於翠鳥的這個象徵卻沒有進行象徵意義的解讀，這個夢後不久，他看到了一隻死去的翠鳥，這讓他非常吃驚，因為當地很少能夠見到翠鳥這種生物。進一步地，他更加確認腓利門，就是一個真實存在的、有自己生命的神靈或鬼怪。但是他的身分和當時的環境，又不允許他承認神靈鬼怪的存在，所以他總是用一些含糊的詞語，來描述他的體驗，比如「原型的自主性」。現在我們知道，其實就是他看到一個活生生的腓利門的形象在他眼前，而且這個腓利門還不斷地教導他很多東西，很多思想。譬如說，腓利門對榮格說：「你的各種念頭像森林裡的動物一樣，或像房子裡面的人一樣，或像天空的小鳥一樣。如果你看到房間裡有人，你不會認為這些人是你造就的，也不會認為你對他們負有責任。同時，你不能把我看做是你的幻覺內容，也不能把我看作是你造就出來的東西或者其他幻覺中的東西。」

榮格認為，這是腓利門在教給他有關心靈的客觀性，即心靈的真實性。所以他說：「他顯得很真實，仿佛他是個有生命的人。我與他在花園裡散步，他就像我的所謂的印度古魯（Guru，指上師、道友）。」

前文中曾提到，一個人的夢中或幻覺中出現了聲音，這種聲音，如果是非常智慧的話，大部分會來自於自性原型，現在，榮格的自性原型已經展現為一個具體的人物形狀了。

但是這時候也是危險的，榮格此時可以說已經具有了大部分

的精神分裂症症狀，就差兩條就可以診斷精神分裂症了，一條叫做「知－情－意」不協調，就是知覺、情感、意志三者不協調，各走一邊，另一條就做自知力，就是自己知不知道這些體驗是與眾不同的，知不知道自己快要發病了。

這兩條榮格好像一直都不符合。除了瑜伽療法、遊戲療法外，他最主要的、也是最有效的自我療癒方法，就是寫作療法。不僅僅是寫學術書籍，而是寫日記，寫給他自己看的書。

他首先寫了七大本給自己看的書，圖文並茂，這七本書叫做《黑書》，然後他又從《黑書》中提取材料，寫了一本非常漂亮的書，叫做《紅書》。

榮格生前都只讓他認為學識夠格的人和少數至親好友觀看這兩本書，直到死後多年，《紅書》於 2009 年出版英文版，2016 年有了中文版。《黑書》則是 2020 年夏季才出版。

榮格在寫這些書的時候，就曾自問自己，我到底在幹什麼呢？這時候，有個女人的聲音不斷告訴他說，這是藝術。但榮格卻不斷地去否認：這不是藝術，相反地，他認為這是自然。所以在創作過程中，他就不要求自己的作品有藝術性。他認為，如果自己真的去做個藝術家，他是會受到誘惑的。他說：「阿妮瑪可能會輕易地誘惑我，並使我相信，我是一位不被世人所理解的藝術家，而我那所謂的藝術本性則給了我忽視現實的權利。要是我聽了她的話，她十有八九會在某一天對我說，你以為你在搞真正的藝術嗎？根本不是！如此，這位無意識的代言人，阿妮瑪會迂迴介入，能把一個男人徹底毀滅。」

多次之後，榮格就不那麼需要自己的阿妮瑪了。也就是說，這

個人不再執著於尋找靈魂伴侶，尋找心中的女神。

對待幻覺的態度也發生了改變，以前是恐懼它們，遠離它們，後來是好奇地探索它們，現在變成感恩這些幻覺，他說：「我就像一位病人，在接受一個幽靈和女人的分析！」

的確如此，轉化幻覺，對人生非常有利。比如電影《美麗心靈》中的諾貝爾獎得主納許（John Nash），他就是轉化了幻覺中的各個人物，而使靈魂得到了成長和壯大。

在當今的精神科領域中，我們對於精神分裂症治療，還是允許病人擁有幻覺，理解幻覺，轉化幻覺。幻覺就像病毒，如果分量控制恰當，那這種病毒就被轉化成為疫苗，有利於我們康復。

榮格在探索幻覺時，格外注重在現實世界裡找到一個支撐點。他認為，他的家庭和事業便是他自己的支撐點。在現實世界中擁有一份正常的生活，以此與自己奇異的內心世界抗衡，這對每個精神病人來說都極為重要。

所以有些人認為，榮格在這段時間，雖有短期的自我功能喪失，但由於他具有很強大的自我療癒能力，致使他能夠一次次地沉入到精神病症狀中，又一次次地康復，所以他們認為這不叫精神分裂症，而是「和無意識面質」。

在 1914 年的春夏之交，榮格連續三次做了同樣的夢，顯然是無意識發出的強烈信號，這個夢標定為「冰凍葡萄樹夢」。

不久之後，那是 1914 年春天和初夏，一個夢重複了三次，夏天裡襲來北極寒氣，大地冰封，我看見整個洛林地區及其水道凍結，各地空無一人，百川悉數冰凝，鮮綠植物盡數凍凝僵死，此夢

境 1914 年 4、5 月來臨,最後一次在 6 月……第三個夢裡,又有來自太空的極寒降臨,夢的結局卻意想不到:一棵有葉無果的樹挺立著(我想是自己的生命樹),葉片經霜凍而轉化成了甘美葡萄,充滿了療癒的果汁,我摘下葡萄,送給翹首企盼的一大群人。

(夢 13:冰凍葡萄樹夢)

冰凍葡萄樹夢

英文

　　Soon afterward, in the spring and early summer of 1914, I had a thrice-repeated dream that in the middle of summer an Arctic cold wave descended and froze the land to ice. I saw, for example, the whole of Lorraine and its canals frozen and the entire region totally deserted by human beings. All living green things were killed by frost. This dream came in April and May, and for the last time in June, 1914. ...... In the third dream frightful cold had again descended from out of the cosmos. This dream, however, had an unexpected end. There stood a leaf-bearing tree, but without fruit (my tree of life, I thought), whose leaves had been transformed by the effects of the frost into sweet grapes full of healing juices. I plucked the grapes and gave them to a large, waiting crowd.

德文

　　Bald darauf, es war im Frühling und Frühsommer 1914,

wiederholte sich dreimal ein Traum, daß mitten im Sommer eine arktische Kälte hereinbräche und das Land zu Eis erstarre. So sah ich z. B. die gesamte lothringische Gegend und ihre Kanäle gefroren. Alles Land war menschenleer, und alle Seen und Flüsse waren zu Eis erstarrt. Alles lebendig Grüne war erstarrt. Dieses Traumbild kam im April und Mai und das letzte Mal im Juni 1914······ Im dritten Traum war wieder eine ungeheure Kälte aus dem Weltraum hereingebrochen. Er hatte jedoch ein unvermutetes Ende: da stand ein blättertragender, aber früchteloser Baum (mein Lebensbaum, dachte ich), dessen Blätter sich durch die Einwirkung des Frostes zu süßen Weinbeeren voll heilenden Saftes verwandelt hatten. Ich pflückte die Trauben und schenkte sie einer großen harrenden Menge.

　　榮格本人對這個夢沒有很多解讀，只是隱約提到，此夢大概和之後的一次世界大戰有關。他似乎把這個夢當作了預測夢。但是一般人對預測夢的理解，是直接預告歷史場景，就像電影預告片那樣。類似於這種用象徵方法，和歷史事件對應的，是否能稱之為預測夢，還有待討論。

　　類似這類夢，可以被叫做毀滅夢或者末日夢，是心理治療中常見的主題，意味著一個人的心靈的死亡和重生，這是一個人自性化過程中必經之途。

　　這個夢發生的地點是洛林地區，這是法國的一個地方，但是歷史上也曾經多次被德國佔領，上一次夢到法國，是在死者復活夢

（夢 10）中，他夢到法國的阿利斯康墓，好像更多是和古代的歐洲基督教有關，這也是榮格試圖復活、連結的傳統文化，而洛林，雖然也和基督教有關係，這裡是聖女貞德的故鄉，但是可能更多是和工業革命有關，這個地方是重工業的重鎮。

現在這裡發生了天災，夏天的熱和冬天的冷相遇，最終，寒冷佔據了上風，所有的生命都死亡了。這顯然和一戰不同，一戰主要是人禍，並非天災，也沒有出現連綠色植物都滅絕的慘況。然後，轉化性元素再次出現，夢 9 的轉化性因素是白鴿女孩，死者復活夢（夢 10）中，轉化元素就是榮格本人，但是他本人顯然對自己就是轉化者這一點，是有所疑惑和恐懼的。

但是在這個夢中，榮格顯然是駕輕就熟地成為轉化者了，他自己能夠把冰冷的葉片轉化為甘美的葡萄，然後賜予受苦受難的群眾。在夢境中，他成為了救世主。

葡萄樹也很有意義，在夢 1 中，他曾經以為獨眼肉柱是一個樹樁，然後在挖掘古墓夢（夢 3）、放射目動物夢（夢 4）中，都出現了樹林。樹木，一般都象徵著紮根大地，象徵著長久的生命。現在這轉化進化成了生命之樹，象徵著死亡焦慮的被克服，生命樹連接天和地，轉化生命與死亡，經常也被認為是自性原型的象徵。

就在這個夢出現後不久，一個巧合發生了，幽靈真的出現在他們家，他覺得自己周遭籠罩著一種不祥的氣氛，就像空氣中充滿了鬼魂的實體。他的大女兒看到一個白色的身影穿過了房間，他的二女兒向榮格講，夜裡自己的毯子有兩次無緣無故地被人扯掉了。同一天晚上，他 9 歲的兒子也做了一個滿是焦慮的夢，夢中出現了魔鬼。

一個星期天下午五點鐘左右，也是一個陽光明媚的夏日，榮格家大門的門鈴 發瘋似的響了起來。此時，兩個女傭都在廚房裡，她們從那裡可以看到大門外的空曠廣場，大家立刻起身去看到底是誰在門外，但是連個人影也沒看到。

而榮格正坐在門鈴旁邊，他本人不但聽到了鈴聲，還看到了門鈴在震動。榮格與他的家人們，只好大眼瞪小眼，然後榮格看到，整個房間來了一大群「人」，塞得滿滿的，充滿了鬼魂。榮格問：「看在上帝份上，這到底是怎麼回事？」這些鬼魂齊聲喊道：「我們自耶路撒冷歸來，我們想要的東西在那兒未能如願以償。」[2]

2　【作者註】耶路撒冷是基督教、猶太教、伊斯蘭教的聖城，代表著靈魂的故鄉，靈魂的安居之所，但是鬼魂們去朝聖，卻並沒有得到他們想要的安寧，因此他們轉而回來找榮格。在榮格的《紅書》出版之前，因為人們只能從其自傳《回憶‧夢‧省思》的附錄〈對死者的七次佈道〉或者其他一些人的隻言片語中得到資料，故而不少人以為是榮格本人在對這些鬼魂訓話，只是發表的時候化名為「Basilides in Alexandria」。在《紅書》發表後，我們看到這一段意象，出現在《紅書》的最後一部分《審視》（Scrutinies）中，在這個部分中，我們發現佈道者其實是榮格的意象中的腓利門，一個智慧老人的代表。至於鬼魂們為什麼不得安息，結合《紅書》，就可以非常清晰地看到，整本書從一開始，就是榮格的自我在彷徨、掙扎，陷於傳統文化崩解的痛楚中，經歷了曲折漫長的心靈煉金之旅後，最後在對這些死者的七次佈道中，空虛和分裂得以整合。在這七次佈道中，主要宣講的是一種非二元對立的世界觀。這種哲學觀在東方傳統，譬如禪宗、道家、大圓滿、蘇菲派、印度教密宗等，可以說是常識。但是在榮格生活的時代，這種思想並非廣為人知，哪怕時至今日，人們仍然會基於二元對立觀念而發起外在的戰爭，飽受內心鬥爭之苦。榮格本人，試圖在基督教文化中挖掘和發明出一種不二論的新靈性宗教，在《紅書》中，他和眾多的邪魔外道對話，相互學習，甚至被封為新的救世主，這些意象內容頗有幾分接近於廣西農民洪秀全的幻想，榮格智慧地隱藏了這些驚世駭俗的內容，直到當今時代才公諸於世。耶路撒冷，當然也不應該僅僅看做是一個地理為例，而應該看做它象徵著自性的容器，靈魂的安居之地，所謂心安之處即故鄉，榮格通過繪畫金黃城市曼陀羅來幫助自己的自性化觀想，正在繪畫此曼陀羅過程中，衛禮賢寄給他《黃金之花的祕密》（The Seret of Golden Flower）一書，這本書是《太乙金華宗旨》和《慧命經》，其中描述的道教觀修技術讓榮格覺得相見恨晚，就此停止了《紅書》的寫作，當然之後的歲月中，他還是不斷回到《紅書》進行修訂。1950 年，他發表的文章《論曼陀羅象徵》（Concerning Mandala Symbolism）中，引用了他自己的多張曼陀羅，其中圖 36 就是金黃城市曼

榮格當天晚上提筆寫作，寫下了《向死者的七次佈道》。此書寫完，房間安靜，空氣清爽，鬧鬼事件至此結束。這是 1916 年。榮格事後評論說，正因為一些法則（邏輯自然的法則）有被違反的時候，所以世界才是有趣的，要是世界上沒有了鬼，該是多麼枯燥啊！

　　這些經歷充分證明了，一旦幻覺、症狀的魔鬼被我們降服、轉化，它們就可以變成得力的助手，就像《西遊記》裡面的孫悟空、豬八戒，本來是妖魔鬼怪，但是只要我們看到他們的本質是未來的佛，是曾經的天神，降服他們，轉化他們，教導他們，和他們共同成長，我們就可以像唐僧一樣，從一個婆婆媽媽的凡夫俗子，成為佛陀一樣充滿慈悲和智慧的人。

　　時間走到了 1917 到 1918 年間，榮格 42 到 43 歲的時候，他入伍參軍，在瑞士的戰俘營擔任指揮官，他創作了很多圖畫，慢慢地寫作他的療癒日記——《黑書》，自 1921 年開始，榮格逐漸走出來了困擾自己的幻象，然後他又花了大約九年的時間把《黑書》改寫成了《紅書》。

　　似乎我們可以在這裡，進入到榮格的老年時期，但是，眾所周知，中年危機不僅僅是內心的危機，也不僅僅是職業的危機，它同時也是家庭的危機，很多人在中年危機時期，都會要面臨離婚、婚

陀羅，在對此圖的評述中，他把自己的曼陀羅，和《聖經》中耶路撒冷，北京的紫禁城、印度教的梵天須彌山以及道教「黃庭」相提並論，「類似的圖畫對基督教象征來說也並非一無所知，《啟示錄》中的天堂之城耶路撒冷廣為人知。」（見英文版《榮格全集》第 9 卷《原型和集體無意識》〔The Archetypes and the Collective Unconscious〕，第一部分，691 段），由此可見，榮格文中的耶路撒冷，是指《聖經·啟示錄》中描述的自性圓滿的天堂，並非大多數戰火紛飛的中東腹地。

外戀等各種事件，在眾多榮格的傳記中，對此都避而不談，諱莫如深。中國文化，本來也有「為尊者隱」、「弟子不敢聞師之過」、「家醜不可外揚」的傳統，從而不少人對榮格的家庭醜事也採取不想碰、不願碰、不敢碰的政策。如果心理治療是一椿純粹的科學，那當然也可以採取這種態度，科學家和他老婆、情人的風流韻事，大概和他提出廣義相對論沒有太多關係。但是榮格的分析心理學本身就是幫助人類面對黑暗隱私的，榮格身為一個丈夫、一個情人、一個父親如何面對中年危機，當然也是我們必須要瞭解的。在下一章，我們會詳細描述這些事件。

延伸閱讀

本書中多次提到了《紅書》，可見此書對於無論是對於瞭解榮格思想，還是對於瞭解榮格自我療癒都深具重要性。《紅書》的編輯者索努‧山達薩尼（Sonu Shamdasani）曾經不斷地告訴榮格分析師們：「我們還不瞭解榮格」，另不少榮格分析師不以為然，認為榮格的英文版文集已經出版二十卷了，其他研討會、書信等文獻也在不斷出版中，即便其療癒日記沒有出版，應該也不太緊要。

結果此書出版後，人們發現，「不太緊要」變成了十分驚豔，至關重要。沒有了這本書的榮格，就相當於沒有了《查拉斯圖特拉如是說》的尼采。透過此書，我們才瞭解到，榮格為什麼說原型有自己的生命，為什麼如此注重意象、共時性現象等。

詳細介紹這本書的各種意象及其意義，需要寫作另外一本書來導讀，超出了本書的篇幅。好在此書已經有多個中文譯本，其中

翻譯最全面、編輯最精美的，當數華章心理出版、周黨偉翻譯的版本，這個版本的編排甚至比英文原版還要合理，英文版把榮格原著出版了大開本影印版，把德文翻譯成英文的文本出版了小開本閱讀版。而中文版則把圖文合二為一。譯者周黨偉本人，就是《紅書》編者山達薩尼的博士研究生，翻譯此書嘔心瀝血。[3]

《紅書》的出版，也讓人們開始懷疑，各種各樣的榮格傳記，尤其是學術傳記，這些傳記中都很少提到《紅書》對榮格的思想影響，一個例外是保羅·比舍普（Paul Bishop）2012 年的《分析心理學創始人：卡爾·榮格傳》，本書作者是現代語言系教授，論述榮格思想的過程中，特別注重榮格思想的文學特性，可以說是還原了榮格理論的本來面目。

3　《紅書》的繁體中文版──《紅書：讀者版》（*The Red Book : A Reader's Edition*），由魯宓、劉宏信翻譯，心靈工坊出版。

第八章

中年 3
性、愛、婚姻的整合與重生

據說，榮格曾對人說，他不太喜歡他的自傳《夢・回憶・省思》。究其根源，是因為這本自傳是他自己口述，徒弟們整理而出，其實並不完整，從而沒有體現他自己的理想——自性化的第一個步驟——面對陰影，呈現完整的人。

這本自傳中最明顯的破綻，就是對榮格的性、愛、婚姻，幾乎是一筆略過。榮格曾經與多位學生、病人發展出情侶關係，和情人托尼・沃爾夫（Tonni Wolff）的關係甚至持續了終身。更加奇葩的是，他和托尼不是偷偷摸摸地地下情，其夫人艾瑪・榮格（Emma Jung）也允許了這段關係的存在，相當於一夫多妻。

在托尼・沃爾夫之前，還有一個個案、學生加同事，叫做薩賓娜，也和榮格發展了愛情關係。

那麼，這是否表示榮格對妻子艾瑪榮格不是真愛呢？倒也不是。榮格二十出頭時見到了年方十四的少女艾瑪（有些傳記作者說那時她年方二八），對艾瑪一見鍾情，當即求婚，但遭到拒絕。

艾瑪 1882 年出生，比榮格小 7 歲。從小被訓練成賢妻良母，大家閨秀，她照顧眼瞎的父親多年。他們家是萬國錶（IWC）這個品牌的擁有者，據說是瑞士首富或者二富，所有瑞士人都知道這富家美女艾瑪。鳳凰男榮格能在萬眾矚目下敢於求婚，跨越階層，冒著被拒風險，多少也證明了愛情可以克服自卑，賦予勇氣，艾瑪對青年醫生榮格，想必也是早就暗許芳心，所以第二次求婚後就答應了。

1903 年 2 月 14 日情人節，28 歲的榮格和艾瑪結婚。這段婚姻持續了整整 52 個年頭，直到 1955 年艾瑪往生。

有些傳記研究者吃驚地發現，榮格很可能在結婚的時候還是處

男，或者至少性經驗不夠豐富。雖然榮格在大學時期已經是比較外向熱情了，積極參與社團活動，也和朋友們飲酒做樂，但是對於和女性發生親密的肉體接觸，可能還是心存芥蒂的，可能還沒有完全從母愛缺失的創傷中走出來。有關性愛和貞操問題，即便在心理治療界，也存在兩派觀點交戰。一派認為：處男處女結婚不是天經地義嗎？要是我不是處女了，被人嫌棄怎麼辦？那麼一個人究竟應該做愛幾次才結婚，請給我一個標準？另外一派人覺得：這些大叔大媽，怎麼提出這麼奇怪的問題？處男處女有什麼重要？做愛做多少次難道還有社會統一標準不成，愛做多少做多少吧！我們這個飛速發展社會，在性愛婚姻觀上是豐富多樣的。總體而言，有些人的性愛婚姻觀，比較嚴謹專一，不鼓勵自由性愛後再進入婚姻。有些人的性愛婚姻觀，又是比較開放、自由的，認為應該年輕時候就應該風流夠，浪蕩夠，風流浪蕩完了，就可以安定下來進入婚姻了。

榮格婚前接受的婚姻觀念是保守的基督教婚戀觀，婚後可以受到了當時自由思想的影響。他還在精神病院做實習醫的時候，就成了三個孩子的父親，後來又生了兩個。這對他來說，應該造成了較大的性欲的壓力。他在和佛洛伊德的通信中也透露過這一點。

就在這段時間，他出現了第一段婚外戀，對象是美麗的女病人薩賓娜。薩賓娜和他的戀情持續了七年，從 1904 年到 1911 年，榮格在這段戀情中年齡段是 29 歲到 36 歲，正是事業發展的上升期，薩賓娜本來是從俄國來到蘇黎世的留學生，在求學期間精神疾病發作，病好後成為了榮格的得力助手，榮格也幫助她成為了優秀的精神分析師，她也成為了佛洛伊德的病人和同事，還是著名發展心理學家皮亞傑（Jean Piaget）的分析師。對她的傳記研究近年來不斷

湧現，人們發現她是一位被忽略的原創精神分析師，佛洛伊德的有些理論如死本能、女性受虐性格等都受到了她的啟發。

薩賓娜和榮格、佛洛伊德的故事廣為流傳，有多本傳記研究，還拍成了多部電影，其中最有名一部是 2011 年的《危險療程》（*A Dangerous Method*），由大衛・柯能堡（David Cronenberg）導演，綺拉・奈特莉（Keira Knightley）、麥可・法斯賓德（Michael Fassbender）、維果・莫天森（Viggo Mortensen）主演。

這是一部優秀的影片，既展現了榮格、佛洛伊德、薩賓娜本人的內心糾纏，也展現了那個時代的風貌，眾多細節都頗為符合歷史。

榮格和薩賓娜一開始是醫師、病人的關係，又發展成了師生關係，一直到最後變成了情侶關系。我本人寫過一篇文章，把這種情況稱為「色情性老師移情」三部曲──醫病變師生，師生變情侶。古往今來的師生戀可能有不少變成愛情傳奇的，但是心理治療界的這種色情性老師移情大多不歡而散。

榮格和薩賓娜也不例外，據說薩賓娜還跟別人說過，當時是榮格強姦了他。心理治療師們往往容易站到同行的立場上，覺得這可能是個案妄想發作。但其實法律界是站在病人一邊的。一般來說，心理醫生和個案發生性關係，如果沒有充足證據證明個案當時意識清醒，自知力完整，都會傾向於判決心理醫生犯了強姦罪或者誘姦罪。

如果說，和薩賓娜的戀情是年輕的榮格一時意亂情迷的話，和另一個人，托尼・沃爾夫的關係，就不能用衝動解釋。托尼也經歷了三部曲，病人－學生－情人。

婚外戀有多種類型，有一過型婚外戀，如嫖娼、約炮、一夜情等等；有純粹的性伴侶型婚外戀，如包養情婦等；有柏拉圖式無肉欲婚外戀；還有轉移財富型婚外戀，比如有些富商、貪官利用情婦轉移財富。榮格這種婚外戀類型叫做投入型婚外戀，也就是雙方投入戀情，期望結為夫妻關係，榮格就曾經說過，托尼是他的第二妻子。

　　托尼可以定期進入榮格家，和榮格太太艾瑪一起協助榮格的事業發展。榮格晚年，建立了自己的塔樓，長年隱居塔樓中，托尼也經常去塔樓陪伴他。

　　有人幻想這就是傳說中的齊人之福，一夫多妻還其樂融融，其實只要看看古書，也就知道一夫多妻的生活有多麼痛苦和麻煩。榮格的朋友和學生邁爾（C. A. Meier）給艾瑪和托尼都做過分析，他認為這兩個女性都很痛苦。特別是艾瑪，她曾經三次提出離婚，依瑞士當時的法律，女方結婚的時候婚前財產也歸男方，所以艾瑪提出離婚，是下了決心、動了真格的。

　　還有人幻想，這是榮格不愛老婆了，這大概也不符合事實，每次艾瑪一提離婚，他就失魂落魄，出現各種疾病。一直到晚年，榮格都對妻子戀戀不捨，妻子死後也念念不忘。到了榮格晚年，在男女關係上他可能也止步了，雖然他身邊還是充滿了世界各國的瘋狂愛慕他的女人。

　　最典型的就是他和學生馮・法蘭茲（Marie-Louise von Franz）的關係，馮・法蘭茲是他學說的忠實繼承者，也是他的學術寫作中得力幫手。他們保持了單純的師生友誼。

　　當然，也有人懷疑，榮格終其一生也沒有擺脫對女性的依賴，

比如他似乎過度依賴照顧他的女性管家露絲·貝利（Ruth Bailey）了，此人是他在非洲旅行時結識的一個貴族女孩，在他晚年成了身邊的照顧者。

我個人覺得，類似榮格這樣的婚外戀行為的心理動機，大概有以下幾個方面：其一，童年的母愛缺席。所以造成他特別渴望女性的愛，但是對於女性之愛又覺得不安全、不穩定，在和艾瑪的婚姻中，因為是鳳凰男配上了貴族女，這種不安全依戀感被啟動了。

其二，少年時期的自卑感，也在婚姻中被啟動。榮格是個鳳凰男，吃飯的時候聲音很大，而艾瑪是貴族女，他們生活細節有衝突。不少人回憶發現，艾瑪會在賓客面前嘲笑榮格，而不是像其他人一樣崇拜、敬畏他。而鄙視，被有婚姻教皇之稱的約翰·戈特曼（John Gottman）稱為愛情殺手第一名。男人渴望被崇拜，女性渴望被陪伴。男人不被崇拜相反被嘲笑，就是被點了死穴。

其三，過大的名聲帶來的壓力。榮格在青年時期過早成名，造成崇拜者蜂擁而至。大多數都是女性，大部分都瘋狂地愛上了榮格，乃至當地人發明了「榮格小姐」一詞，來稱呼這些湧入到蘇黎世的崇拜者。這也造成了艾瑪·榮格的痛苦，她感受到自己生活都被這些崇拜者圍繞，找不到自己的位置和人生的價值所在。她畢竟只是一個二十多歲的大家閨秀，自然也不明白如何處理這樣的婚姻危機。而在這種壓力之外，榮格似乎也過於追求事業上成功和名聲，他的兩段婚外戀都是師生戀，這兩個女人都幫助他發展了事業。甚至連艾瑪都成了他的同事，寫作了兩本有關榮格心理學的書。

其四，青年成人轉折期的壓力。主要是指一對夫妻，在生育

孩子後，他們的愛情周期就發生了徹底轉折，從浪漫之愛發展到了養育之愛。以前是二人世界，但是現在兩個人要把很大的精力都投注給孩子，養育孩子成了家庭中心。養育之愛，首先要求足夠的資金，這對榮格家當然不成問題。其次，要求夫妻倆都能哀悼二人世界的喪失和落幕，這對榮格來說，應該說是有很大挑戰的。正如大衛·薩夫（David Scharff）在《性與家庭的客體關係觀點》一書中所言，浪漫合一的關係，其發展心理學的起源，是母嬰心身相伴關係，那麼母愛缺失的榮格，自然是會很容易貪婪執著於心身相伴關係，很難把這段關係讓位給自己的孩子們。而且，榮格不是僅僅要讓位一次而已，而是家裡接連生了五個孩子。從 1903 年結婚到 1914 年最後一個孩子，可以想像，這幾年的時間他們夫妻的私密空間受到了多麼大的挑戰。托尼就是在 1914 年，最後一個孩子出生那年開始和榮格發展關係的，據說這段關係中是托尼主動的，但榮格應該也深愛著她。

其五，財富的雙刃劍。榮格這樣的夫妻模式，讓處於中產階層的我們憤慨不已，覺得這樣的婚姻豈不是便宜了這個渣男，為什麼不離婚呢？其實，離婚的第一個前提是：有錢，但是又不能太有錢。窮人很難離婚，因為誰離了誰生活都會變得很困難。富人也難離婚，因為一離婚，分割財產是極其複雜困難的，而且有些企業家、上市公司，離婚的消息會引發股市波動，離婚搞不好會鬧出人命。所以他們會採取半開放婚姻，就是心照不宣，各自外面有人，但是都不戳破，經常還要在朋友、股東面前表演一下恩愛。艾瑪婚姻的維持，財產當然也是一個不能不考慮的因素，雖然從艾瑪敢於提出離婚來看，應該不是主要因素。

其六，單偶制、多偶制婚姻觀的衝突。眾所周知，歐洲的主流宗教基督教，是強烈支持一夫一妻單偶制婚姻，強烈反對離婚、出軌等行為，而艾瑪的家庭就是虔誠的教徒。榮格雖然出身於基督教世家，但是他那時候已經對教堂不太信任，雖然他們按照基督教儀式舉辦了婚儀，但是婚後榮格很少去教堂。一個虔誠的基督教徒，如果她的老公出外遇了，她會怎麼辦呢？她首先會祈禱上帝，懇請上帝賜予她勇氣和智慧，幫助她度過人生的黑暗。她還有祈禱上帝，讓祂保佑出軌的丈夫，期望丈夫迷途知返，甚至還會為「第三者」們祈禱，祈禱這些迷途的羔羊，能夠接受到上帝之愛，心靈能夠得到安息，不要再做上帝不贊成的事情。

與此同時，如果不是天天被丈夫暴打，威脅生命，很少會有基督教徒會主動離婚，教會也不支持這一點。因為在基督教的教義中，單偶制婚姻是上帝賜予的，上帝賜福的，它具有至高無上的神聖意義。愛是一切的答案，愛是所有問題的解決方法。我們猜測艾瑪多多少少也是在實踐這種基督大愛之道的，所以榮格在晚年和她比較恩愛，而和托尼有所疏遠。在榮格的書信和訪談中，他也承認自己是基督徒。

另外，當時歐洲的主流文化，類似中國新文化運動時期和文化大革命時期，對於傳統文化採取比較激進的、徹底推翻的態度。其中也包括質疑單偶制婚姻，被認為那是基督教的餘孽，是不符合科學的——他們指的是達爾文的生物進化論。不少歐洲人這麼想——既然上帝不存在，人類是從動物進化而來的，那麼上帝製造出單偶制，自然就是騙人的謊言，而很多動物是多偶制的，所以多偶制、群婚制，這才是人類本來應該有的樣子。再說，除了歐洲，其他文

明都有多偶制，比如偉大的中國——當時的大清帝國的確也是多偶制婚姻，而且被看作是世界強國。直到中華民國建立後才推行單偶制婚姻。

在電影《危險療程》中有個片段，就是精神病人同時也是精神分析師的葛羅斯（Otto Gross）在勸說榮格，路邊的野花應該採的還是要採。這個片段雖然是虛構的。但是它確實反應當年知識份子圈的整體氛圍，精神分析圈中，佛洛伊德的多個學生和朋友，都和榮格一樣，實踐了公開或者半公開的多偶制生活。

佛洛伊德自己，也很有可能和他的小姨子存在婚外戀行為。所以，榮格的婚外戀行為，也得到了同行和朋友的支持。就像今天的中國商人圈，婚外戀行為、包養行為被朋友們支持一樣。

榮格當然算不上一個好丈夫，那麼他是一個好爸爸嗎？《榮格全集》有整整一卷，是關於兒童發展和心理教育的。裡面的大多數陳述，都接近於「愛與自由——讓生命如花開放」這樣的感人理念。然而榮格並不是一個好爸爸，甚至有人懷疑他是否認真地做過爸爸。這種奇觀，在教育史上也不罕見，例如法國的盧梭，宣揚的教育理念被載入史冊，但是他卻沒有心情養育自己的孩子。

曾經有人問榮格，他為什麼不喜歡孩子，榮格回答說，因為孩子們不懂象徵的語言，在一邊的艾瑪插話說，你對任何不懂象徵的人都不喜歡。瑞士分析師羅賓森（Christa Robinson），研究《易經》，長期支持中國榮格分析師的發展，她的父親是榮格的私人醫生，因此她童年和父親經常去榮格家，也覺得榮格不喜歡孩子，每次都是榮格和父親討論各種深奧哲學問題，而她和榮格的兒子、女兒們一起玩。榮格也會和孩子們玩一會兒遊戲，但是他爭強好勝，

不肯輸給自己的孩子們。梅爾滕斯（Susan Mehrtens）寫了一本榮格傳記，名為《榮格這個人：檢視其生活》（*Jung The Man: His Life Examined*），書中第五章，專門描述榮格作為丈夫和父親的樣子。讀者們看完這一章，大概要大罵榮格渣男五百遍，大罵榮格家喪偶式育兒五千遍。這本書也是少數在《紅書》之後出版的榮格傳記（2012 年），歷史資料比較豐富，雖然作者有些情緒化，但也是非常嚴謹的，很多內容都有註明出處。

我們與其批評榮格不是我們認為的好老公、好爸爸，不如反思什麼樣的人不喜歡做好爸爸呢？——青少年。青少年們有一段時期會比較討厭帶自己的弟弟妹妹。因為他們已經有能力自娛自樂，但是還沒有能力和耐心來和幼稚的、不懂象徵語言的弟弟妹妹談話。榮格大概很長時間，是被永恆少年這個原型佔據心靈的。

當然在他晚年，這種不喜歡孩子的情況有所緩解。榮格晚年接受英國電視台 BBC 的採訪，製作了一個節目，叫做《榮格面對面》（*Face to face with Jung*）。節目開頭主持人就問榮格，孩子們是不是怕你？而榮格表達了他對孩子們的歡迎。有一次榮格還主動和艾瑪說，你可以邀請幾個男孩來我們家玩，艾瑪說，女孩可以嗎？榮格笑了說，當然可以。後來艾瑪就邀請了馮·法蘭茲來自己家。

但是榮格的夫妻關係、男女關係、親子關係的情況，的確還有很多不明之處。畢竟他的日記和書信沒有完全公開。

中國人大多數對榮格的婚外戀感覺非常崩潰，我覺得這些現象非常有趣，每次有國外的分析師來，就問他們，你們覺得榮格的生活中汙點是什麼？究竟是和納粹合作，還是婚外戀？

歐美和日本的榮格分析師比較注重還是和納粹合作，覺得婚外戀並不是非常嚴重的。事實上，榮格所謂的和納粹合作，也就只是兩件事情：其一，他擔任的一個名為「國際醫學心理學協會」的主席，這個協會總部在德國，納粹上台前就成立，納粹上台後榮格沒有立即辭職。後來他辭職了，在他的文章中絕大多數地方是強烈譴責納粹的。其二，在納粹上台前他的一篇文章中，曾經提到過日爾曼民族有什麼民族特點，猶太人有什麼民族特點等等，其中有幾句話有貶低猶太人的嫌疑。其實這一類種族歧視的言論，網路上鋪天蓋地，尤其是針對日本人和黑人。我個人認為，中國人對榮格私生活道德的關注和憤慨，大約有以下原因：其一，我們的道德評價系統中。公眾道德和私人道德，往往是交叉的。就比如古代，一個人可以因為他是個孝子，就被皇帝升官。孝順是私人道德，而人們假設，一個孝順的孩子，自然就具備政府公務員的道德素質。到了現代仍然如此，明星、官員經常會因為婚外戀曝光，就會被開除、貶低或咒罵。我們假設一個人私生活花心，可能會影響他的演藝或服務人民的操守，也就是職業道德和私人道德是重疊的，這大概是中國家國一體的社會結構造就的觀念。

　　其二，心理諮商師或治療師會被大多數人當作是人生導師。而大多數都希望自己的導師，尤其是人生導師具有高尚的品德，是一個君子，一個穩重的中年人，愛老婆，愛孩子，工作努力，也操持家務。

　　那麼，中國人何以要找個民國年間的瑞士精神科醫師，來寄託自己對父親、對師父的各種道德嚮往呢？

　　榮格對中國人象徵著理想的父親——君子。這是因為君子這

種父親意象，在中國是缺失了好幾代的。早在《紅樓夢》、《金瓶梅》就描述過這種父權文化的危機，性愛婚姻的混亂，在那一代的中年人身上就已經非常明顯。

中年人承上啟下，既要修通、改革自己的父輩遺留下來的家庭文化，又要建立傳承自己這一代人的家庭文化，傳遞給下一代。就中國當代的愛情婚姻來說，基本上每個人成家後，都要不斷探索和建立屬於自己家庭的三觀——性愛婚姻觀，金錢價值觀、時空生死觀。[1]

在遇到類似榮格這樣的，性愛婚姻觀有衝突的個案，我們一般會使用五條路技術幫助他，也就是說如下比喻：婚姻就像一部車，奔馳在五條路上，不斷更換車道。這五條路是：A. 性愛合一，百年好合，B. 良性離婚，C. 按兵不動，等待時機，D. 婚外戀，E. 其他（包括 E1 獨身主義，E2 同性戀、E3 惡性離婚……）。在一條路上遇到了困難，就容易切換到其他道路，然後回到原來的路上。譬如榮格的婚姻這部車，一開始是走在道路 A 上，然後換到了道路 D，然後又換到道路 C 很多年，最後回到了道路 A。有可能還在道路 B 和道路 E 上開車了三十分鐘。

對於心理治療師來說，我們道德中立，並不會提倡來訪者必須走上道路 A 百年好合，方解我心頭之恨。我們會問來訪者，開車最危險的事情是什麼？——是閉著眼睛車，開車不看路，這樣婚姻家庭遲早要變成車禍現場。

然後我們幫助來訪者睜開眼睛，幫助他看到自己這一週的行

1　【作者註】生命與死亡，這兩個觀念的建立，是在於時間和空間這兩種知覺的形成。可參考《大腦是台時光機》，迪恩‧博南諾（Dean Buonomano）著。

為，如果正開在道路 B 上，在這條路上會遇到什麼困難，會遇到什麼妖魔鬼怪。譬如道路 A 百年好合，遇到的妖魔鬼怪就是憋屈感，無能感，尤其是心理程度較高的人，他就會發現自己必須不斷地付出。道路 B 的妖魔是不安全感和茫然感；道路 C 的妖魔是停滯感，絕望感，道路 D 的妖魔是不安全感，內疚感，羞恥感；道路 E 也是不安全感、絕望感。

當我們治療師幫助中年來訪者——中國版的榮格時，睜開眼睛後，還要然後幫助他發展應對生命景況的能力。就像唐僧師徒，不要妄想哪條路上不會有妖魔，而是要告訴自己，所有的妖魔鬼怪，都是可以降服、轉化的，他們一旦被降服，就露出原形——原來他們都是佛祖菩薩派來的臥底，派來幫助我們的。就像悟空、八戒，一旦被轉化，就變成精兵強將。

那麼，榮格，這個曾經的壞老公、壞爸爸，又是如何降伏他中年時期的妖魔鬼怪，最終在晚年走上了人生的豐盛和圓滿的呢？這就是本書其餘章節討論的話題。

延伸閱讀

榮格戀愛婚姻關係，有多本傳記研究，可以說，他的風流故事，是精神病學歷史和心理學歷史上，被研究最多的材料。碎嘴八卦，如果只是停留在朋友間波風捉影，道人是非，那當然是小人行為，如果能夠昇華轉換，變成心理傳記研究的動力，則可以古鑒今。有關榮格與薩賓娜的故事，有多本研究，最著名的當然是約翰·克爾（John Kerr）的《危險療程》〈*A most dangerous method: the story of Jung, Freud and Sabina Spielrein*〉，這本書既有大陸版也有港台版。另外有兩本書是專門研究艾瑪‧榮格的，一本是《迷宮》（*Labrinths: Emma Jung, Her marriage to Carl, and early years of Psychoanalysis*），另外一本書名為《愛與犧牲》（*Love and sacrifice: the life of Emma Jung*）。也有專門研究托尼‧沃爾夫的幾本書。如果對於不願意花太多時間去研究細節的人來說，梅姬‧安東尼（Maggy Anthony）的《莎樂美的擁抱》（*Salome's Embrace*）是個很好的選擇，簡要介紹了榮格與其生命中多位女性的關係，也包括了他的母親和同事們。

第九章

老年 1
母親之死與家庭重建

1920 年，榮格 45 歲，對當代不少人來說這正當壯年。但是對榮格來說，卻意味他將要步入老年，迎接智慧老人原型的洗禮。這一年發生了三件事情，其一是他開始學習和使用《易經》，其二是他去北非旅遊期間，做了一個重要的夢，其三是他開始籌畫建構塔樓。

　　榮格開始學習《易經》的時候非常認真，他用一把蘆葦代替坐墊，常在一棵百歲梨樹下，一坐數小時，身旁攤著《易經》來練習卜筮。但是他之前使用的《易經》版本，翻譯者都不是深得《易經》精髓，直到榮格遇到漢學家衛禮賢（Richard Wilhelm）。衛禮賢以牧師傳教的身分，從德國來到中國，但是他根本沒有傳福音，反而是把中國文化傳回了歐洲。他翻譯的《易經》之所以受到高度讚揚，是因為他得到了真傳，教授他《易經》的人，就是孔子家的女婿，清朝的國師勞乃宣。

　　榮格熱情地練習《周易》，拜倒在中國文化腳下，把《周易》推薦給了眾多榮格分析師，衛禮賢德語版本的《周易》，就是榮格分析師凱利·貝恩斯（Cary Baynes）翻譯成英文的，這個英文版本的《易經》成為了世界名著，也幾乎成為了榮格分析師們居家旅行必備之寶典。

　　衛禮賢的師父勞乃宣是曾經是北京大學的校長，所以當榮格遇到另外一位北大校長胡適的時候，可能就默默以為胡適也精通《易經》，可是交流之下讓他大失所望。胡適首先貶低《易經》，然後又說自己曾經找人用《易經》算命，算命的結果又是準確的。胡適的支支吾吾、前後不一，可能也讓榮格擺脫了對中國人的理想化。胡適寫了《中國哲學史》，但是一個不懂《易經》的人，怎麼能夠

說自己瞭解中國哲學呢？

衛禮賢的出現，填補了佛洛伊德離去後留下的空洞──亦師亦友的夥伴。佛洛伊德和衛禮賢截然相反：佛洛伊德偏執地熱愛科學，把科學當作宗教；衛禮賢則偏執地熱愛中國傳統文化，將之視為自己的宗教。

榮格在和衛禮賢相處時，已經是接近老年。在衛禮賢生命後期，西方思想正要在他身上復甦。榮格曾對衛禮賢說，你正要背叛自己的使命，你本來的使命是將東方思想引到西方來。衛禮賢說，我認為你說得對，這兒有某種東西正將我淹沒。可是我又能做些什麼呢？不久之後，他死了。

在衛禮賢臨死前數週，榮格出現了視覺意象，看到一個身穿深藍長袍的中國人，對著他深鞠一躬。榮格認為，這實際上表示，在衛禮賢心中也有一種深層的內在衝突。這是一種生活在別處而不能紮根本土的衝突，當時普遍存在，今天的中國亦然──我的理想在外國，我的身體卻在中國，所以我們總要去外國尋找靈魂。

《易經》是榮格身體的一次東方漫遊，與此同時，榮格的身體去了人類文明起源地──非洲，這一年是去北非。

在榮格看來，北非人具有這樣一些特點：他們以情感來生活，受到觸動便感動，從而讓自己過於沉浸在情緒之中。他們的意識既照顧和負責著空間定向，傳遞著來自外界的印象，同時也被內在的衝動和情感所擾動。這些意識並不會帶來深思，自我幾乎沒有自主權。從榮格人格類型來說，我們可以說，榮格在北非人身上，看到的是外傾情感這種性格特質。這和榮格本人的性格特徵是有些對立互補的。榮格在青年期，大學期間，曾經有過一段時間的外傾情感

爆發，尤其是在和男性的關係中，但是我們知道他從青年期到中年後期，都很難把持男女關係中的外傾情感的力度。

在北非期間，榮格做了一個夢，這個夢是這樣的：

我夢見身處一個阿拉伯城市，如多數阿拉伯城市中一樣，此處也有一座堡壘，這是一個要塞。該城位於遼闊平原上，一道城牆繞城而砌。城市四四方方，有四座城門。

堡壘位於市中心（在那些地區，情況卻並非如此），一條寬闊的壕溝環繞四周。我立於一座木橋前，它跨越水面，通往一座馬蹄形的深色城門，城門大開。我渴望也從內部看看城堡，於是縱步上橋。大約走到橋中央時，城門中迎面走來一名風度翩翩，幾乎具有王者氣度的、白色斗篷加身的阿拉伯人。我知道，他是駐守這裡的王子。跟我對面而立時，他發動攻擊，想把我打倒在地。我們纏鬥在一起，搏鬥時撞上了欄杆；欄杆塌陷下去，我倆落入壕溝，他試圖把我的頭按入水裡淹死我。我想，不行，這太過分了，就把他的腦袋按到水下。雖然我讚賞他，但不想坐以待斃，就這麼做了，不是想殺死他，而只是讓他失去意識、無力戰鬥。

然後場景變化了，他跟我身處城堡中央一間巨大的拱頂八角形屋中，室內一片潔白，陳設簡單，令人印象深刻。明晃晃的大理石牆邊放著幾張矮沙發，我前面的地上有一本打開的書，乳白的羊皮紙上書寫著極其漂亮的黑字，並非阿拉伯文，看上去更像是西突厥書稿中的維吾爾文，我因摩尼教的吐魯番殘卷而有所瞭解。雖然不知內容，卻仍感覺是自己寫的「我的書」。我剛才還與之扭打的年輕王侯坐在我右側的地上。我說，因為我得勝，他就得閱讀此書，

但他拒不接受。我攬住他的肩膀，可謂用父親般的寬容與耐心強迫他讀書，我知道務必如此，最終，他妥協了。

（夢 14：訓伏阿拉伯王子夢）

訓伏阿拉伯王子夢

英文

I dreamt that I was in an Arab city, and as in most such cities there was a citadel, a casbah. The city was situated in a broad plain, and had a wall all around it. The shape of the wall was square, and there were four gates.

The casbah in the interior of the city was surrounded by a wide moat (which is not the way it really is in Arab countries). I stood before a wooden bridge leading over the water to a dark, horseshoe-shaped portal, which was open. Eager to see the citadel from the inside also, I stepped out on the bridge. When I was about halfway across it, a handsome, dark Arab of aristocratic, almost royal bearing came toward me from the gate. I knew that this youth in the white burnoose was the resident prince of the citadel. When he came up to me, he attacked me and tried to knock me down. We wrestled. In the struggle we crashed against the railing; it gave way and both of us fell into the moat, where he tried to push my head under water to drown me. No, I thought, this is going too far. And in my turn I pushed his head under water. I did so although I felt great admiration for him;

but I did not want to let myself be killed. I had no intention of killing him; I wanted only to make him unconscious and incapable of fighting.

Then the scene of the dream changed, and he was with me in a large vaulted octagonal room in the center of the citadel. The room was all white, very plain and beautiful. Along the light-colored marble walls stood low divans, and before me on the floor lay an open book with black letters written in magnificent calligraphy on milky-white parchment. It was not Arabic script; rather, it looked to me like the Uigurian script of West Turkestan, which was familiar to me from the Manichaean fragments from Turfan. I did not know the contents, but nevertheless I had the feeling that this was 「my book,」 that I had written it. The young prince with whom I had just been wrestling sat to the right of me on the floor. I explained to him that now that I had overcome him he must read the book. But he resisted. I placed my arm around his shoulders and forced him, with a sort of paternal kindness and patience, to read the book. I knew that this was absolutely essential, and at last he yielded.

德文

Ich träumte, ich sei in einer arabischen Stadt, und wie in den meisten arabischen Städten befand sich auch hier eine Zitadelle, die Kasba. Die Stadt lag in einer weit Ebene, und eine Mauer zog sich um sie herum. Ihr Grundriß war viereckig, und es gab vier Tore.

Die Kasba im Inneren der Stadt war - was in jenen Gegenden jedoch nicht der Fall ist - umgeben von einem breiten Wassergraben. Ich stand vor einer Holzbrücke, die übers Wasser zu einem der hufeisenförmigen dunkeln Tore führte. Es stand offen. Begierig, die Zitadelle auch von innen zu sehen, beschritt ich die Brücke. Als ich mich etwa in der Mitte befand, kam mir aus dem Tor ein schöner dunkler Araber von eleganter, fast königlicher Gestalt entgegen, ein Jüngling in weißem Burnus. Ich wußte, daß er der dort residierende Fürst war. Wie er mir gegenüber stand, griff er mich an und wollte mich zu Boden schlagen. Wir kämpften und rangen miteinander. Im Kampf prallten wir gegen das Geländer; es gab nach und wir fielen beide in den Graben, wo er versuchte, meinen Kopf unters Wasser zu drücken, um mich zu ertränken. Nein, dachte ich, das geht zu weit - und drückte nun meinerseits seinen Kopf unters Wasser. Ich tat das, obwohl ich eine große Bewunderung für ihn empfand, aber ich wollte mich nicht umbringen lassen. Ich wollte ihn nicht töten, sondern bloß bewußtlos und kampfunfähig machen.

Dann wechselte die Szene des Traumes, und er befand sich mit. mir in einem großen achteckigen und gewölbten Raum in der Mitte der Zitadelle. Der Raum war ganz weiß, sehr einfach und sehr eindrucksvoll. Den Wänden aus hellem Marmor entlang standen niedere Sofas, und vor mir am Boden lag ein geöffnetes Buch mit schwarzen Lettern, die außerordentlich schön auf milchweißes Pergament geschrieben waren. Es war keine arabische Schrift, sondern sah eher aus wie uigurische, west-turkestanische Schrift, die mir aus den manichäischen Turfanfragmenten bekannt war. Ich kannte zwar den Inhalt nicht, hatte aber dennoch das Gefühl, es sei «mein Buch», das ich geschrieben hatte. Der junge Fürst, mit dem ich eben noch gerungen hatte, saß rechts von mir auf dem Boden. Ich erklärte ihm, er müsse nun, da ich ihn überwunden hätte, das Buch lesen. Aber dagegen sträubte er sich. Ich legte meinen Arm um seine Schulter und zwang ihn sozusagen mit väterlicher Güte und Geduld, das Buch zu lesen. Ich wußte, daß das unbedingt sein mußte, und schließlich gab er nach.

　　這個夢境最大的特徵就是發生的是背景、時空不斷變化，一開始的時空是一個城市的遠景，夢者遠遠地看到了城市，然後是夢者要進入城市的時候，和阿拉伯王子發生了打鬥，最後，是進入了城市的內部，潔白八角屋中，逼迫王子讀書。

　　夢境場景發生變化，也標誌著它工作的內容發生了變化，榮格這個夢中，顯然這是標誌著榮格的自我，開始逐漸深入阿拉伯城堡所象徵的內容。從夢境之後的內容我們知道，這個要塞城市，就是榮格的自我曾經居住的地方，也是他未來要教授徒弟的地方。所以我們可以反推，這座阿拉伯要塞城市象徵著榮格想要建立的一個異域氛圍的家庭。而 45 歲的榮格遊歷北非時，就是他開始醞釀、規

劃塔樓的時期。他最初規劃的塔樓風格，是濃濃的中非地帶的原始草屋，然後覺得太原始了，才不斷加固。特別在塔樓中，也有類似於這個北非夢中的堡壘結構。

堡壘和要塞，都是防禦敵人入侵的結構，那麼，榮格在自己家、還要防禦什麼人入侵呢？一方面的確在外在的人際關係中，他正在防禦女性和孩子們打擾他，一方面他的內心，也正在防禦外傾情感這種人格特質。孔夫子說，唯女子與小人難養也，遠之則怨，近之則不遜。有現代人說，其中的小人，是指小孩子。這麼說的人，大概和榮格一樣，是受不了女性和小孩天生發達的外傾情感特性，他們總是要求靠近、貼近、溫暖和親密。這讓內心小孩尚且缺乏母愛的榮格有點難以應對。

這個阿拉伯城市具有四個城門，大概是象徵著要整合四大功能——思維、情感、知覺、直覺，當然它也對應著獨眼肉柱夢（夢1）中的四方形黑洞。

我們知道，北非的熱情性格啟動了榮格整合外傾情感的需求。所以榮格自己在解釋這個夢的時候，大概是體驗到了這種整合的完整感，自成一體感，所以他說，這個阿拉伯的王子作為城堡居民，是自性的化身，或更確切地說，是自性的信使或密使。因為他居住的城堡是一個完美的曼陀羅，一個有方形牆和四個門的城堡。他還提出，王子想殺死他的企圖是雅各與天使搏鬥主題的再現。用《聖經》的話說，他比較像是上帝的天使和信使。上帝想要殺死人類，因為祂不認識他們。榮格說，「我沒有讓步，反抗了他。在夢的第二部分，我成了城堡的主人，他坐在我的腳邊，被迫嘗試著理解我的思想，或者更確切地說，學著懂得人類。」

但是這樣的夢也許可以從另外一個角度來理解，一般來說，夢中和夢者同性別的陌生人，往往都有可能代表夢者的陰影，夢者不能接受的東西。所以阿拉伯王子，可能代表榮格在職業上的受傷，他曾經是精神分析王子，但是最後離開了精神分析。這名王子也有可能代表榮格對阿拉伯男性的一夫多妻制度的嚮往，他當時正處於實質上一夫多妻狀態下，但是這種狀態是沒有社會制度的保證和讚許的，還有可能代表榮格的同性戀創傷和同性戀欲望的啟動，因為從他的自傳中講述這段經歷的這一章的文字來看，榮格對於非洲女性的肉體和北非男性的同性行為都有所掛念。

榮格自己也意識到了阿拉伯人那黝黑的膚色，表明這個王子是個陰影，但是他從社會心理的角度來看待這個陰影，認為這是歐洲白人的陰影。以理性主義為主流思想的歐洲人，發現很多人性部分都很陌生。全然不知自己的理性是以犧牲生命活力為代價的，人格中原始的部分，被或多或少貶抑了。

當然，阿拉伯王子的出現，也可表徵父子關係，榮格對父親是典型的農業社會的父子之愛——深愛有餘，反抗不足。他和父親長期睡在一起，替代了母親的位置，一直在試圖治療父輩的痛苦——信仰缺失留下的空洞。

夢中，榮格自我最終和王子達成了一種父子關係——「我攬住他的肩膀，可謂用父親般寬容與耐心強迫他讀書，我知道務必如此，最終，他妥協了。」

這在煉金術中，對應的是「智慧老人」和「永恆少年」的整合。父子關係、師徒關係，就是智慧老人－永恆少年這個配對在世俗生活中的投射。

智慧老人這個原型，一般都在中年後期出現，而自我認同了智慧老人，乃至化身為智慧老人，對大多數人來說，要到生命晚年才可能出現。早熟的榮格，則在 45 歲就出現了，這也意味著，榮格的心性，在這個時候已經具有一個老年人的特點。

回頭過去看整個夢境，我們有必要瞭解，「智者－少年」的整合是如何出現的？可以看到，它分為兩個階段：其一，體力征服；其二，智慧征服。

這和男孩成長的過程是對應的，首先，男孩在體力上不如父親，從而產生對父親的崇拜、恐懼和敬愛。然後，隨著年齡增加，他在智力上、智慧上，被父輩師長而征服，從而認同父輩的旗幟。開展自性化之旅，從一個武力的英雄變成一個靈性的英雄。

榮格也對他的夢做出了文化無意識的解釋：首先，他認為自己的歐洲意識（心靈）有著被無意識心靈出乎意料的猛烈攻擊所淹沒的危險。這是他之前絲毫沒有注意到的。其次，他不由自主地有一種作為歐洲人的優越感。作為一個歐洲人，榮格對這些與自己有著如此不同構成的人種，用一種特定的視角把自己與他們劃清了界限。但他心中存在的無意識力量，卻讓榮格自己措手不及，而在夢中的蓄意謀殺，正是呈現了這一衝突。

這似乎是在討論殖民主義和種族主義對人的影響。迄今為止，這種影響仍然存在，中國人作為被殖民者，被種族歧視者，其實也往往受到這種心理的影響，比如有不少心理諮商師，學習西方心理諮商的各種流派，就是帶著一種阿拉伯王子對待榮格的態度在學習的，表面上恭順服從，實際上正在給自己學習的各種流派背後捅一刀。最常見的捅刀方法，當然是自己貶低，因為某種流派是白人發

明的，就認為它必定不適用於黃種人。這實際上是對白人流派進行了種族歧視。更隱蔽的捅刀方法是香蕉戰略，就是巴不得自己都變成一個曼哈頓的白人中產分析師，以紅衛兵崇拜毛澤東的方式，來崇拜白人老師，結果是引發大眾的反感。

永恆少年和智慧老人的轉化，需要一種催化劑，在夢中，我們看到這種催化劑就是東方文化，用維吾爾文寫在羊皮卷上的書。而且是夢中「智者榮格」自己寫的。顯然，它對應著榮格自己在現實生活正在不斷書寫的煉金著作——《紅書》。

1920 年發生的第三件大事，就是塔樓的建造。塔樓被稱為「立體的紅書」，它也是榮格的自性化過程中的重大事件，1920年榮格就開始在考慮、設計塔樓。兩年後買下了地，又過了一年，塔樓的雛形構成了。

他為什麼需要建一個塔樓呢？榮格在自傳裡明確說，這明確和母親 1923 年那一年的死亡有關。換句話說，這是死亡之塔，哀悼之樓，48 歲的榮格，將要面臨父母雙亡的處境，父母雙亡，意味著一個人徹底長大，沒有父母可以依賴，也沒有父母可以照顧，一個人不可避免地要把目光和重點放到自己的核心家庭中。

而榮格此時，卻準備建設一個家外之家——塔樓。讓我們看看他的內心發生了什麼。一開始，他想要建立的，是一個非洲的茅舍，他說，這個茅舍象徵著整體性理念，闔家一體的理念，連各種小貓小狗、小豬小羊也都是。夜晚來臨的時候，全家人圍爐而坐，人們之間具有原始樸實的感情。

不難看出，榮格大叔重建的家庭非常傳統，是一個其樂融融的田園小家。歸隱田園，也是不少中國人的理想和夢想，說到底，大

多人是農民的後代，有強烈田園情懷，鄉土情懷，和瑞士農村鳳凰男榮格遙相感應、心手相連。

許多人是家庭主義者，哪怕年輕時候浪蕩不羈如同榮格，老了之後，也還是要回歸家庭，重建家庭。對家庭主義者來說，家庭就是人生最高意義，最神聖的存在。春節聯歡晚會，濃濃的家庭團圓氛圍，就是家庭主義的宗教慶典。

在自傳中，榮格如此自我分析，「它應傳遞安全感，不僅在軀體意義上，而且在心理意義上。」[1] 榮格渴求一種從身體到心靈的安全感，從外在建築到內心世界的安全感。

人，處於危險之中，才需要安全感，充滿安全感的人，卻喜歡冒險。榮格明確地把安全感、母親和塔樓做連結，他說，「對我而言，與塔樓相連的安寧感與更新感從一開始就十分強烈，塔樓意味著母親的處所。」[2]

也就是說，他體會到了自己內心和家庭某個角落，存在著躁動感和死亡感，他希望母親的原型力量能夠給他一些加持，原型母親，也就是偉大母親原型，帶來安寧感和更新感。

人們在進入老年之時，都會渴望安寧感和重生感、更新感，目睹父母的衰老，見證父母的死亡，可以讓中年人放下對安寧、重生、更新的執著。隨著父親、母親入土為安，中年人真正地成為一家之主，他們瞭解，安寧地擁抱死亡，不能寄託在父母身上了，相

1　【作者註】此處提供原文（英語版中，此句居然遺漏了）：S ie sollte das Gefühl des Geborgenseins vermitteln - nicht nur im physischen, sondern auch im psychischen Sinne.

2　【作者註】此處提供原文：Das Gefühl der Ruhe und Erneuerung, das sich mir mit dem Turm verband, war von Anfang an sehr stark. Er bedeutete für mich so etwas wie eine mütterliche Stätte.

反地，自己正在被兒女們寄託為一個擁抱死亡的智慧老人。

在此階段，我們治療師都會鼓勵來訪者和父母對話，尤其是和父母們討論衰老、討論死亡、回顧過去、擁抱未來。

治療師也會用一個技術，叫做「想像臨終告別」，問來訪者，你將會如何和你爸爸、你媽媽最後告別，讓他們想想臨終的場面，臨終的最後一句話，和爸爸、媽媽說什麼。

向死而生，提前進入到死亡中，來訪者可以更清楚地知道後半生應該如何度過。未知如何去死，焉知為何而生？

母性缺席的孩子們，大多會在母親死亡前後，重新體驗到巨大的空心感和失落感。這樣的孩子，心中暗暗懷著的幻想是：自己難說會在母親和女人身上，重新找到嬰幼兒時期缺失的母愛，也就是客體關係七件事——抱、親、摸、看、說、逗、玩。母親無條件地提供這七種體驗，讓嬰幼兒對人類，尤其對女性，形成安全依戀。

如果有重大缺失，就形成一種空洞感，有些人這種空洞感過度強烈，她甚至會形容這是一種「黑洞體驗」。她最容易在伴侶關係中，尋求這種黑洞的填充感和填滿感。

榮格心中的這個黑洞，曾經被妻子、情人、崇拜者、學生、同事填滿了一部分，但是母親的死亡，再次撕開了這個黑洞。

榮格後來不斷地修補、構建塔樓，可以說是他總是有一種不完整的感覺。1927 年，52 歲時，他修改擴建了一下塔樓；1931 年，56 歲時，他又修改擴建了。一個內心具有完整感的人，當然是不假外求，隨遇而安。榮格大叔或者老伯，發生了把自性原型，反覆投射到塔樓的歷程，與此同時，他內心的自性塔樓也在建立中——《紅書》。1930 年，55 歲時，《紅書》完工，可以看作是他的自

我和自性構成了穩定連結。

但是自性化歷程，可以說時不時是讓自我失望的。重建家庭的願望失敗了——榮格一家人沒有圍爐夜話，沒有其樂融融，妻兒們沒有圍繞在他們這位偉大父親，偉大靈性英雄身邊。

相反，塔樓變成了榮格自己的閉關房。「躲進小樓，管他冬夏與春秋。」塔樓裡面沒有自來水，也沒有通電，不少建造的工作，是榮格自己和工人們一起完成的。塔樓建成之後，榮格也不允許別人去塔樓看完他，大多數時間都是榮格自己一人在其中居住。

托尼‧沃爾夫偶爾會去看他，和他聊聊，但是托尼自己也受不了塔樓裡面無水無電、閉關山洞一樣的設置。

我們可以把榮格建構塔樓的行為，看成是他自己發明的塔樓療法。心理治療中有藝術治療這一門類，所有藝術手段——文學、音樂、舞蹈、戲劇（影視）、繪畫、雕塑、建築都發明出了相應的藝術治療門類。就建築來說，因為成本過高，當然很難變成治療手段。但是當代有不少電子遊戲，就具有建築的特性，比如當個創世神（Minecraft），玩家們在其中建構各種各樣的房間、城堡、城市，曾經有自閉症父母用此遊戲和孩子交流，後來出現了多項此遊戲促進兒童心智發展的研究。

塔樓是榮格從意識層面對母親死亡的反應，那麼無意識層面的反應是什麼呢？是他記錄下的三個夢境，第一個夢，「死去父親婚姻諮商夢」：

喪母前幾個月，1922 年 9 月，我的一個夢就預兆了母親的死亡，這個夢涉及我父親，令人印象深刻。自從他去世，也就是

1896 年起，我再也沒有夢見他。現在，他重現夢中，仿佛遠行歸來。看上去返老還童，脫除了他的父權權威主義的外表。我隨他走進我的圖書室，對獲知他境況如何狂喜不已，尤其盼望向他介紹妻子和子女，展示房子，講述其間我所做一切和成就，也想談談最近出版的心理類型之書，但隨即看出，這不合時宜。因為我父親看起來心事重重，看來想向我要什麼，我明顯感覺到了，因此克制自己，沒有說我自己關注的事情。這時他說，因為我是心理學家，他想向我諮詢，而且事關婚姻心理。我準備就婚姻的複雜性做一個長篇演講，這時就醒來。

（夢 15：死去父親婚姻諮商夢）

死去父親婚姻諮商夢

英文

Several months before my mother's death, in September 1922, I had a dream which presaged it. It concerned my father, and made a deep impression upon me. I had not dreamed of my father since his death in 1896. Now he once more appeared in a dream, as if he had returned from a distant journey. He looked rejuvenated, and had shed his appearance of paternal authoritarianism. I went into my library with him, and was greatly pleased at the prospect of finding out what he had been up to. I was also looking forward with particular joy to introducing my wife and children to him, to showing him my house, and to telling him all that had happened to me and what I had become in the meanwhile. I wanted also to tell him about my book on psychological types, which had recently been published. But I quickly saw that all this would be inopportune, for my father looked preoccupied. Apparently he wanted something from me. I felt that plainly, and so I refrained from talking about my own concerns.He then said to me that since I was after all a psychologist, he would like to consult me about marital psychology. I made ready to give him a lengthy lecture on the complexities of marriage, but at this point I awoke.

德文

Bereits ein paar Monate vor dem Tode meiner Mutter, im September 1922, hatte ich einen Traum, der auf ihn hinwies. Er handelte von meinem Vater und beeindruckte mich sehr. Seit seinem Tode, also seit 1896, hatte ich nie mehr von ihm geträumt. Nun erschien er wieder in einem Traum, wie wenn er von einer weiten Reise zurückgekehrt wäre. Er sah verjüngt aus und nicht väterlich autoritär. Ich ging mit ihm in meine Bibliothek und freute mich riesig, zu erfahren, wie es ihm ergangen sei. Ganz besonders freute ich mich darauf, ihm meine Frau und meine Kinder vorzustellen, ihm mein Haus zu zeigen und zu erzählen, was ich inzwischen alles getan hätte und geworden sei. Ich wollte ihm auch von dem Typenbuch erichten, das jüngst herausgekommen war. Aber ich sah sogleich, daß alles das nicht möglich war, denn mein Vater schien präokkupiert. Anscheinend wollte er etwas von mir. Das fühlte ich deutlich und stellte mich darum selber zurück. Da sagte er mir, er möchte mich, da ich ja Psychologe sei, gern konsultieren und zwar über Ehepsychologie. Ich machte mich bereit, ihm einen längeren Exkurs über die Komplikationen der Ehe zu geben, und daran in ich erwacht.

　　這個夢的主題，看起來非常明確──榮格心中的父親對婚姻不滿，需要兒子的心理治療。

　　這不就是榮格一生的悲歡離合的主基調嗎？想來本書大多數讀者都可以看出來。

　　但是 1922 年前的榮格，卻覺得這個夢不太可以理解。直到第二年母親去世後，他醒悟過來，說這個夢預示著她母親即將死亡了。他大概認為，母親死後，要和陰間的父親團聚，而父親哪怕死了這麼多年，也為夫妻關係糾結。

　　這種解釋，的確也是民間常見的釋夢方法之一。也就是，如果一個人夢到了死亡的親戚回來，往往代表著此人自己要死，或者家裡其他人要死。

　　這種死亡觀，是典型的家族主義死亡觀，其內涵有兩點：第一，死亡就意味著「回家」，家裡死去的祖先在「陰間」或者某個地方，永恆地等待新的死者到來；第二，死去的祖先，他們自動地具有了一些神、鬼的特異功能，他們會非常眷戀世俗的子孫，定期回來查看他們是否幸福安康，有時候也會懲罰不孝子孫，或者附體

到家裡某人身上；第三，子孫們在死亡後，往往也沒有選擇的自由，可以不要去講祖輩。

在《紅樓夢》中，就描述了這種死亡觀，比如賈寶玉的祖輩會拜託神仙們保佑自己兒孫。不過這也不是中國人獨有，迪士尼的電影《可可夜總會》，講述了墨西哥亡靈節和家族愛恨糾纏，在全球熱賣，尤其是中國。家族主義的死亡觀，在眾多國家、眾多民族都存在。

它和非家族主義的死亡觀形成鮮明對比，譬如佛教和基督教的死亡觀。這也表明，在死亡觀上，榮格並沒有接受基督教的主流死亡觀——人死之後就長埋於地下，等待末日到來，上帝復活大家，接受審判。榮格在自傳中，也從夫妻關係的角度來理解這個夢，他說，我父母的婚姻並非幸福，而是齟齬叢生，比拼耐心，二人皆犯許多夫婦難免的錯誤。父親在夢中向心理學家詢問婚姻難題，因為對他而言，是該重拾問題之時了。顯然，在時間無盡的狀態下，他並未增長見識，因此，不得不求教於生者。

在這樣的理解之後，榮格說了一句——隨著日漸年長，對於父親，我越來越有一種深深的同情。這也是一個人進入中年後期，或者進入到老年期的標誌，也就是對於傷害自己的父母，產生原諒、悲憫乃至感恩的態度。一般來說，被傷害的孩子們，是不太可能在中年期之前感恩父母的，他們的心態轉變，往往經歷六個情緒階段：1. 憤怒而哭泣，2. 哭泣後哀悼，3. 哀悼後重生，4. 重生後原諒，5. 原諒而悲憫，6. 悲憫後感恩。

也就是首先可以充分表達對父母的失望和憤怒，憤怒情緒宣洩過程中，人往往開始痛哭流涕，哭泣之後，此人就可以哀悼人生

的不圓滿，父母的不完美，接受自己就是攤上了這麼一個父親或者母親，然後他或她就有一種重獲新生的感覺，真正地成為一個成年人，能夠原諒人生所有的錯。這時候他們能夠真正地接受父母，包容父母，不再以青少年的心態埋怨父母，能夠反過來悲憫父母，同情他們的脆弱、愚昧、無能，有些人在悲憫父母後，甚至會回想起父母養育自己的溫暖和艱辛，從而再次出現對父母的感恩心態。這種感恩心態往往在一個人少年階段出現，在青少年時期、青年成人期逐漸減弱，到了中年後期或者老年期，再次回收。

榮格的夢境也具有這種感恩情緒六步驟變化的痕跡。榮格首先發現，他已經整整遺忘了父親二十六年，1896 年那年，21 歲的榮格面對了父親之死，他做了一個短夢——死亡父親回家夢（夢6），夢中死去的父親回到了家庭，年輕的大學生榮格擔心自己佔據了父親房間，而受到責罵。

二十六年後，47 歲的榮格，再次遇到了父親，父親死而不亡，如同榮格夢中多次出現的遊魂——騎士、老人等等，他再次造訪榮格，顯然是有備而來，而且他直奔圖書室，這個地方正是榮格父親和兒子情感連結的地方。榮格多次描述過，他幼年時期如何在父親的圖書室裡面徜徉，尋找各種知識，填充自己頭腦和心靈。

有句話叫做，父親決定家庭的高度，母親決定家庭的溫度，就反映了父親在不少人心目中，都是能夠指引兒女人生方向與價值取向的。

夢中的榮格預期的父親，其實是一個情感性的父親，一個期望看到兒孫滿堂，其樂融融的父親，一個家族主義的父親，就像《紅樓夢》中賈寶玉的先祖，所以他自豪而愉快地介紹自己的家庭，還

有自己的事業成就。榮格對父親的期望和很多人的一樣——如果父親不是一個理想主義的英雄，那麼，至少我們期望他是關愛家庭的老爸爸。最糟糕的父親，當然是既沒有理想，也不關愛家庭，反而還不斷地要利用子女，獲得各種利益。

榮格的父親，在夢中呈現出了其糟糕的一面，他不是一個慈父，不但沒有給子孫們關愛和祝福，反而還需要兒子來說明自己，解決自己婚姻中的苦惱。當然這比起要錢、要人又要命的吸血鬼父母好多了，而且父親的心理需求——尋找夫妻治療，看起來得到了兒子的認同和回應。

榮格和佛洛伊德，都關注家庭對人的影響，而且榮格是極少數在一百年前，就寫作論述夫妻相處之道的心理醫生。正如他在夢中準備對父親侃侃而談夫妻相處的心理學之道一樣。

聯繫之前的訓伏阿拉伯王子夢（夢14），我們可以看到，在夢14和夢15中，榮格都已經變成了一個智者。夢14中他能夠教化、訓伏青年，傳授他學習之道；而夢15中，他已經能夠教化自己的父親，一位中老年人，傳授他夫妻煉金術。

那麼，在母親臨終之時，榮格是否能夠教化、訓伏自己的母親呢？讓我們來看看他記錄下的兩個夢。

第一個夢是母親死前做的「魔王狼狗夢」：

喪母之前另一次經歷引人深思。她過世時，我在提契諾州，對靈耗震驚不已，因為死神突如其來。她死前一夜，我做了駭人的夢。我置身於一片茂密、陰森的樹林中。其間怪石嶙峋，古樹參天，一派神異洪荒景象。我突然聽到一聲尖屬的嗥嘯，它響徹寰

宇。嚇得人雙膝發軟。這時灌木叢中劈啪作響，一條碩大的狼狗張著令人生畏的血盆大口躥出，見它這副模樣，我手腳冰涼，牠從我身旁掠過，我知道，現在荒野獵人命令它帶走一個人的靈魂。我聳懼而醒，次日早晨，得到家母的凶信。

（夢 16：魔王狼狗夢）

魔王狼狗夢

英文

Equally important to me were the dream-experiences I had before my mother's death. News of her death came to me while I was staying in the Tessin. I was deeply shaken, for it had come with unexpected suddenness. The night before her death I had a frightening dream. I was in a dense, gloomy forest; fantastic, gigantic boulders lay about among huge jungle-like trees. It was a heroic, primeval landscape. Suddenly I heard a piercing whistle that seemed to resound through the whole universe. My knees shook. Then there were crashings in the underbrush, and a gigantic wolfhound with a fearful, gaping maw burst forth. At the sight of it, the blood froze in my veins. It tore past me, and I suddenly knew: the Wild Huntsman had commanded it to carry away a human soul. I awoke in deadly terror, and the next morning I received the news of my mother's passing.

Ein anderes Erlebnis, das mir zu denken gab, hatte ich vor dem Tode meiner Mutter. Als sie starb, befand ich mich im Tessin. Ich war erschüttert über die Nachricht, denn ihr Tod war unerwartet plötzlich gekommen. In der acht vor ihrem Tode hatte ich einen erschreckenden Traum: Ich befand mich in einem dichten, finsteren Wald; phantastische, riesige Felsblöcke lagen zwischen gewaltigen, urwaldartigen Bäumen. Es war eine heroische, urweltliche Landschaft. Mit einem Male hörte ich ein gellendes Pfeifen, das durch das Universum zu hallen schien. Die Knie wurden mir weich vor Schrecken. Da krachte es im Gebüsch, und ein riesiger Wolfshund mit einem furchtbaren Rachen brach heraus. Vor seinem Anblick gerann mir das Blut in den Adern. Er schoß an mir vorbei, und ich wußte: jetzt hat der Wilde Jäger ihm befohlen, einen Menschen zu apportieren. Mit Todesschrecken erwachte ich, und am folgenden Morgen erhielt ich die Nachricht vom Tode meiner Mutter.

這個夢發生的時空，再次出現了森林，在挖掘古墓夢（夢3），放射目動物夢（夢4），死者復活夢（夢10），森林也從幽暗的森林，變成幽靜的森林，然後變成了佈滿石頭棺材的林蔭道。這一次的森林，顯然接近夢3的森林，恐怖而陰森。然後強烈的恐懼情緒出現了，隨著一聲尖銳的、響徹宇宙的呼嘯，這顯然對應著獨眼肉柱夢（夢1）中的母親的聲音，那個母親聲音告訴夢者，獨

眼肉柱就是食人者，然後夢者小榮格恐懼萬分。

這次的中老年榮格也退行到了小榮格的水準上，再次萬分恐懼中驚醒。這次他也遇到了一個類似食人者的怪物，不過這個怪物稱之為食魂者、食鬼者比較合適，他也就是歐洲傳說中的荒野獵人[3]他顯然是個雄性的攻擊者，代表著陽性能量的攻擊性，顯然此時的榮格，仍然像3、4歲一樣，無法整合這種死亡焦慮——把死亡視為一種攻擊、一種掠奪。

但是，榮格畢竟已經是個成熟的中老年人，死亡焦慮不會像兒童時期那樣持續多年，很快，他的無意識開始對死亡焦慮工作，於是出現了第二個夢與母親死亡相關的夢，這是母親死亡當天晚上他做的夢：

我在服兵役，跟隨著一個大部隊行軍。前行到奧辛根的叢林，我在十字路口看到一處遺蹟：一個有一米高，上方是青蛙或蟾蜍頭的石頭雕像矗立在那裡。有一個男孩坐在雕像的後面，但他的頭卻是蟾蜍頭。然後出現一個只有上半身的男人的形象，他的心口部位釘著一隻錨，他是一個羅馬人。另一個半身像大約來自1640年，與前一個人的形象相同。接著出現了木乃伊樣的屍體。最後駛來一輛帶有十七世紀風格的四輪馬車。車上坐著的是一位已經去世的人，但她仍然活著。當我叫她「小姐（Miss）」的時候，她轉回頭看著我，我意識到原來「Miss」是一種對貴族的稱謂。

（夢17：蟾蜍男孩夢）

3　【作者註】Wilde Jäger，或 Wild Huntsman，歐洲有很多傳說，可見匹茲堡大學搜集的各國傳說，https://www.pitt.edu/~dash/huntsman.html#wod）

蟾蜍男孩夢

英文

On January 9, 1923, Jung's mother died. On December 23/24, December, 1923, he had the following dream: I am on military service. Marching with a battalion. In a wood by Ossingen I come across excavations at a crossroads: 1 meter high stone figure of a frog or a toad with a head. Behind this sits a boy with a toad's head. Then the bust of a man with an anchor hammered into the region of his heart, Roman. A second bust from around 1640, the same motif. Then mummified corpses. finally there comes a barouche in the style of the seventeenth century. In it sits someone who is dead, but still alive. She turns her head, when I address her as "Miss;" I am aware that "Miss" is a title of nobility. (*Red Book*, p. 216; *Black Book* 7, p. 120)

　　這個夢中，出現了多個以前曾經出現的意象，的確比較複雜，榮格自己也花了很長時間來消化，一直到到母親死後大約三年，他才在日記中寫道：「到現在我才明白 1923 年 12 月 23/24 日的夢是什麼意思，它意味著我的阿妮瑪之死（『她不知道自己已經死亡』）。它正好出現在我母親去世的時候……隨著母親去世，A.（阿妮瑪）也回歸於沉默。多有意義啊！」[4]

4　【作者註】此處提供英文：Only now do I see for that the dream of 23/24 December 1923 means the

之前章節中曾經提到，阿妮瑪，也就是「靈魂伴侶」、「心中的女神」之義，大多數男孩來說，都容易把阿妮瑪投射給媽媽。所以純真的孩子們，總是容易無條件地愛他們的爸爸或媽媽，那怕爸爸、媽媽嫌棄他們，虐待他們。

　　阿妮瑪的喪失，相當於喪失了「靈魂伴侶」，離開了心愛的女神，中國人用「失魂落魄」來形容這種重大打擊。

　　榮格的夢境，也調動其所有的力量來修復這種創傷。我們可以看到，夢境的開頭是行軍和兵役場景，說明夢境調動了有關軍人的陽性能量，也是和他服兵役的記憶密切相關，也就是 1913 年到 1917 年，38 到 42 歲時，他每年都要去軍隊一段時間，從十多天到三個月不等。

　　這也是他的家庭和事業最動盪的時期。他以軍人一般的堅定意志，克服了這種動盪，此刻，再次需要這種男性氣質勃發。一直到現在，人們都為了治療「媽寶男」而把他們送去當兵，也是暗合這個道理。軍人還有一個特徵，就是勇於犧牲、無懼死亡。這也正是人們面臨死亡之時需要的心理特質。

　　跟隨著軍人們，榮格再次來到了森林，和魔王狼狗夢（夢16）中的森林比較起來，這個夢中的森林顯然沒有那麼恐怖了，首先，這是一片熟悉的森林，它就坐落於蘇黎世的奧辛根，這裡有車站、教堂還有村莊，這個地方的具體象徵意義難以推斷。但是這個地方要工作的內容，顯然是和獨眼肉柱夢（夢1）緊密關聯。因為隨後就出現一個類似獨眼肉柱的雕塑。

---

death of the anima ("She does not know that she is dead"). This coincides with the death of my mother ... Since the death of my mother, the A. [Anima] has fallen silent. Meaningful!

夢境繼續，在一個十字路口，「一個有一米高、上方是青蛙或蟾蜍頭的石頭雕像矗立在那裡。有一個男孩坐在雕像的後面，但他的頭卻是蟾蜍頭。」

十字路口，一般來說象徵著內心的衝突，心靈的分叉，意識的分裂，比如伊底帕斯的戲劇中，伊底帕斯就是在十字路口殺死了一個男人，後來發現這個男人原來是自己的父親。

榮格面臨的是母性的分裂，一方面是對無條件母愛的渴求，另外一方面是遭遇到母親的憤怒和攻擊。在獨眼肉柱夢（夢 1）中，小榮格在夢中聽到母親說，「對，可要看好了。這是食人者！」母親、死亡、肉柱，深深地印刻在榮格的記憶中。而如今，母親已經死亡。48 歲的榮格，他的內在小孩也不再是恐懼小孩，而是變成了蟾蜍人，他和石柱平起平坐。蟾蜍的意義多種多樣，要是我們使用榮格的擴充法，難免在此擴充出數萬字，我們還是看看榮格自己的說法，在他的作品《神祕化合》中，他描述蟾蛤為一種親近大地的生物，煉金之屋將在蟾蜍之上建立。[5]

所以我們可以推斷，蟾蜍大概象徵著榮格的內在小孩，已經找到了原形母親，變形為原型意義的蟾蜍人，而榮格後半生的煉金術探索之旅即將展開。接著夢境中出現了半身男人，一個心臟被錨刺穿的男人。被錨刺穿的心，不就是流行語中，所說的「空心」嗎？這個夢中男人，來自羅馬的男人，是實實在在的心痛、心空了。

5　【作者註】原文：The toad is the opposite of air, it is a contrary element, namely earth, whereon alone it moves by slow steps, and does not trust itself to another element. Its head is very heavy and gazes at the earth. For this reason it denotes the philosophic earth, which cannot fly [i.e., cannot be sublimated], as it is firm and solid. Upon it as a foundation the golden house is to be built.

然後出現了一個半身男人，一個殘缺不全的人。我們看到，這種空心、殘缺、不全，和羅馬、十七世紀，1640年、錨這些東西有關。

十七世紀也是歐洲傳統的父權文化開始受到重大挑戰的時期，文藝復興、殖民主義、資產階級革命都發生在這個世紀。榮格分析師路易吉‧佐加（Luigi Zoja）就是來自義大利羅馬，他寫了一本書，名為《父性》（*The Father: Historical, Psychological, Cultural Perspective*），當中對父親的危機有深入的研究。我們可以看到，早在古羅馬時期，歐洲就已出現了父性危機。這一點我們不難在古希臘古羅馬的神話中看出來，神話中稱得上好父親的神實在很少。英雄尤利西斯是少數最終回歸家園的男人，在此之前他則在海上漂流，空心男人們好像也經常在情天欲海中漂流多年，就像榮格一樣，只有航船上的錨，才能讓他們流浪的心稍微安定下來。

所以這個錨，既可以看它造成了空心，也可以看作它填充了空心，錨代表著水手精神、遊蕩浪蕩、居無定所，但是它是讓流浪的帆船停泊靠港的力量。

這個夢的重要特徵之一，是不同意象代表著不同的時間順序，類似結構，我們在十一年前的*死者復活夢*（夢10）中也曾經見到，在夢10中，榮格的無意識自我試圖復活三個人物，分別來自十九世紀三〇年代，十八世紀和十二世紀。

現在夢境又提醒自我，有個時間需要注意，那就是1640年。這一年歐洲發生的大事，就是英國資產階級革命爆發，所以是否可以解釋為資本主義，造成歐洲男性身分解體，造成了榮格嚮往的傳統父權家庭的解體？當然1640年也有其他的事件，比如這一年，

一個名叫加伐（Jiva）的 31 歲的瑞士男人來到了中國，據說這是歷史上第一個來到中國的瑞士男人，而那一年的中國，正是明朝崇禎十三年，清朝崇德五年，這一年發生了大飢荒，張獻忠、李自成的農民起義軍四處流竄，大明帝國走上了滅亡的命運，也埋下了中華文明二百年後被歐美文明征服的種子，沒有歐美文明和中華文明的碰撞，榮格也就沒有可能接觸到道教、《易經》，我們也就不可能知道榮格是何許人也？

解體的半身男人意象之後，出現了乾屍，木乃伊樣的乾屍，這是榮格的系列夢中再次出現木乃伊，上次是在死者復活夢（夢10）中出現，在法國的阿利康墓園。木乃伊是留戀人世，不甘心死去的象徵。在以前夢中，這個不甘心擁抱死亡的人都是男性，這次發生了變化，一個死而不僵的女人出現了，顯然，這個女人對應著榮格的母親，也許正如榮格的父親或者其他歐洲人一樣，她也是不甘心死亡的。但是這個女人同時是個貴族女人，似乎提示我們，鳳凰男榮格是多麼希望自己的母親是個長生不老、氣質典雅的貴族女人。這樣才能填補母愛缺失的空洞感，父性不足的自卑感。也許這也是他為什麼對貴族淑女艾瑪一見鍾情的原因。

三年後，他居然才意識到這是阿妮瑪死亡之夢，說明哀悼母親－阿妮瑪喪失的時間需要三年，在這一點上，榮格應該和孔子有共同語言，孔子也認為，哀悼父母的喪失需要三年，因為「三年方能免於父母之懷」。塔樓具有的一個功能是，祭奠歐洲文化的母性和父性喪失。

1935 年，已經 60 歲的榮格看著塔樓，又產生了一個願望，他說，「我心中產生了要有一片圍起來的地塊的願望。我要有一個更

大的空間，一個總是朝天空與大自然洞開著的空間。」這個空間，和兒童榮格內心的母愛空洞對應著，但是這一次，空洞變成了空性的存在，它不再追求依靠聲名、成就、女人、老師、同事來填滿這個空洞，而是找到的所有原型的起源之地——大地母親和天空父親，中國人說的天父地母。這樣天－地－人，形成了三位一體的結構。

但是自性化的歷程還沒有結束，1939 年，64 歲的榮格，又添加了一個庭院和一個靠近湖邊的涼亭。他說，「這二者構成了第四種成分；雖然這樣，它們與這座房屋統一的三位一體性卻是分離的。這樣，便出現了四位一體的情形，四個不同的部分構成了這座建築物，而且還是在十二年的時間過程中建成的。」

四位一體，或者說四相性，是自性化歷程啟動的特徵，在煉金術中，說的是要整合四大元素（地、水、火、風），在榮格心理學中，我們可以理解為一個人要整合四大心理功能——情感、思維、直覺、知覺。我們可以看到，建築本身，是非常強調外傾感知覺功能的，而這本來是榮格比較劣勢的功能。但是他的一生都在不斷地發展和補償這個功能，年輕的時候，他堅持體育鍛鍊，尤其是划船，中年開始時他不斷地繪畫，然後是從中年持續到老年的建築和雕刻。

1955 年，榮格的妻子，比他年輕很多的艾瑪去世了。男人一生的三大不幸：年幼喪父，中年喪子，老年喪妻。被榮格攤上了一件。這一年他已經整整 80 歲。他的自性化動力再次看上了塔樓，榮格看著塔樓，突然房屋中間的部分小而低矮，被兩座塔樓所掩蓋。他認為，這代表了他自己不能繼續躺在母性之塔和精神之塔的

背後。於是，他在這個部分加了一層。在他看來，被加的這一層代表著榮格的自我人格。

榮格在自傳中如此描述：「從一開始，塔樓就成為我的成熟之所，母性子宮或者母性形象，我在其中又可以成為現在、過去和將來的我。塔樓給我感覺仿佛在石頭中重生，它看來是先前預感之事變成現實，是自性化的表徵，是亙古常青的紀念標誌」[6]

他在自傳中說過：「我稱心地返璞歸真，在此可謂煉金術中十分睿智地所稱的『母親的老兒』，因為童年時就已體驗過的『老翁』，『耄耋者』就是始終存在並將繼續存在的二號人格。二號人格處於時間之外，是母性無意識之子……間或，我仿佛全身舒展，進入景致之中，進入萬物，活在每棵樹中，活在拍岸的波濤中，活在雲朵中，活在來來往往的動物中，活在萬物中……這些簡單的事讓人簡單，要簡單有多難！在波林根，靜謐環繞，『人天合一』……在此，創作的煩惱減輕了，創造性與遊戲性共聚一堂。」

在這種人天合一的狀態中，榮格開始拾起了童年的愛好，如果讀者們回到本書開始部分，不難發現，雕刻和坐在石頭上想像，是兒童榮格的愛好，也是年幼的他的自我療癒手段。人到老年，他開

6　【作者註】此處提供原文：

英文：From the beginning I felt the Tower as in some way a place of maturation── a maternal womb or a maternal figure in which I could become what I was, what I am and will be. It gave me a feeling as if I were being reborn in stone. It is thus a concretization of the individuation process, a memorial aere perennius.

德文：Von Anfang an wurde der Turm für mich zu einem Ort der Reifung - ein Mutterschoß, oder eine mütterliche Gestalt, in der ich wieder sein konnte, wie ich bin, war und sein werde. Der Turm gab mir das Gefühl, wie wenn ich in Stein wiedergeboren wäre. Er erschien mir als Verwirklichung des vorher Geahnten und als eine Darstellung der Individuation. Ein Erinnerungszeichen aere perennius.

始整合起這兩大愛好，在石頭上鐫刻很多銘文。每當他靜下來雕刻石頭時，一些煉金術警句便如清泉般從他的腦海中汨汨流淌而來，這大概也是他晚年的著作，全部都和煉金術有關的原因吧。

1955 年到 1956 年，也就是 80 到 81 歲期間，老人榮格，把他列祖列宗的名字，刻在了石碑上，同時重新修改了家族的徽章，增加了煉金術的象徵意義。

於是，榮格決定在石頭上雕刻家譜。在晚年回憶起這段經歷時，他曾經這樣解析自己的這一行為：「雕刻祖宗牌位時，我明白了自己與先祖命運相關，這值得注意，我強烈感覺到父母、祖父母與其他祖先留下的那些未完成、未及解答的事物或者疑問影響著我，一個家族中好像常有業力從父母轉到子女身上。我總覺得命中註定在祖宗那裡已經提出過的問題，我也得回答，它們卻尚未得到解答……只要一個集體問題的性質未被判定，它就始終顯現為個人問題……個人領域受干擾，與其說是原發的不如說是繼發的，是由於社會氛圍發生了不利變化。因而，在此類情況下，不應在個人環境，其實應在集體情境中找尋受干擾的原因，迄今為止的心理治療過少考慮此情況。」

也正是從佛洛伊德、榮格那一輩人開始，人們開始考慮研究家族無意識、文化無意識、家族代間遺傳的問題，並發明了家族治療、團體治療等形式。

在華人社會，我們或多或少都會受到家族主義的影響，家族主義是中國文化的根基，儒、釋、道這三家傳統文化，都要面對這個根基。隨著中國工業革命的進程，中國的家族主義，變成了半截子的家族主義。

家族主義的第一個特點是，認為家族關係是人生最高意義的存在，最高意義的價值。傳統完整的家族崇拜，是「天－地－君－親－師」五級崇拜系統，在血緣關系之上，還有君主和天地三級，除了親屬之外，還有師父一級代謝人們的生命本能。而且，五級系統中的「親」，也不僅僅是指小家庭的父母，而是包括了整個大家族。

正如榮格家會有族徽、族譜一樣，傳統的大家族也有族譜，祖宗祠堂、家族的學校等等。至於人生的重要三觀，性愛婚姻觀、金錢觀、育兒觀等等，不少都是從小教育、代代相傳的，往往是經由儒家的四書五經來傳遞。

這種系統的好處，當然是安全、穩定、溫暖，害處就是個人自由受到限制。所以我們要追求工業革命的成功和進步，必然付出的代價就是這種大家族體系的瓦解。

榮格和中國人一樣，也面臨這種家族傳承的斷裂，他提出，一旦我們失去了和自己祖先的聯繫，失去了安身立命的根基，就會不停地追求發展，更傾向於生活在未來，生活在黃金時代的虛妄諾言裡，而不是活在當下。

榮格的塔樓療法，接近於中國文化中的歸隱田園，類似陶淵明一樣生活。當代的榮格學者們，也開始比較強調生態療法、園藝治療等，可以看做是當代歸隱田園的傾向。我們也經常會看到某某富翁，辭職回到山村種地養花的報告，也可以看做是自發的榮格生態療法。

延伸閱讀

　　榮格生態療法值得關注，因為它與中國田園文化、鄉土文化比較契合。但是這些生態理念與技術，榮格本人僅自發使用，未總結為系統理論與方法。後榮格分析師梅里特（Dennis L. Merritt）與波倫（Jean Bolen）的著作值得關注。波倫的書《如樹一般》（*Like a Tree: How Trees, Women, and Tree People Can Save the Planet*）值得一讀。心理諮商中，常有人會開始種花種草，親近既然，甚者有人購買別墅，這都是來訪者自發的生態治療。

第十章

老年 2
旅行與鄉土

很少有人在自傳中，會專門拿出一個章節，寫自己的旅遊，因為這似乎是遊記的內容。但是榮格就這麼做了，可見旅遊對他有靈性成長的意義。

旅遊，其實也是一種心理療癒。它可以療癒禁閉感、抑鬱感，經常旅遊，也可以潤滑夫妻關係。對老年人來說，旅遊還可對抗衰老感，畢竟只有身體健康的老人才能遊走神州大地。

心理治療師在處理中年危機、死亡焦慮之時，經常會問一個問題，稱為「死亡倒計時」提問：「如果你得了絕症，生命只剩下五年，請問你將會如何安排自己生命中最後這五年時光的？」

大部分人的答案中，都會有旅遊這一項，可見旅遊可以緩解死亡來臨的不甘，也是和世俗告別的儀式，融入大地母親或者離開大地、飛升天國的祭禮。

榮格的自傳中有關旅遊的篇章有以下特點。其一，他所回憶起來的旅遊，全部都是個人的旅遊，而沒有提及自己旅遊之時，全家老少都在幹什麼？所以，我們大概可以得出的假設是，榮格很有可能是在旅遊的過程中，需要一種屬於自己個人內心的時空。就像他晚年常年隱居在塔樓中一樣，回歸內在，在內心的世界中旅遊。我們知道，榮格是個內傾之人，這種性格之人很少喜歡旅遊，往往是看看風景紀錄片，探索頻道（Discovery）的影片，就滿足了。因為旅遊總是要使用他們不一擅長的功能，外傾感覺與知覺，外傾情感。

其二，所有旅遊都是海外旅遊。這也是很多旅遊愛好者的特徵之一。前捷克作家米蘭・昆德拉（Milan Kundera）曾經寫過一部小說，叫做《生活在別處》，就是描述這種無根心態。這樣的生活在

別處之人，總是容易把美好的世界、美好的國家、美好的家園，寄託在異國他鄉，而不是自己腳下的鄉土，他鄉永遠是「美國」，故鄉永遠是「醜國」。比如一位女教師，她在心理諮商中，不斷地夢到異國他鄉，英國的古堡、德國的圖書館、日本的漫天櫻花，在這些地方她可以天真地讀書，浪漫地墜入愛河，但是現實生活中，她卻憎恨著故鄉，憎恨儒家文化，痛恨當個溫良恭儉的賢妻良母帶來的束縛。直到心理諮商的後期，她夢中才出現身在自己的故鄉戀愛學習的情節，對於故鄉的人們，也不再充滿了鄙視和憤怒。

昆德拉描述的前捷克的知識份子們，也是面臨著傳統文化價值的土崩瓦解，禮崩樂壞，和榮格如出一轍。中國的第一代無根知識份子，生活在別處之人，可見於錢鐘書的《圍城》，描述的是民國年間西南聯大的知識份子們的空虛、矛盾、茫然和焦慮。錢老先生說他們。猶如一個被包圍的城市的人，城裡的人想要衝出來，城外的人想要衝進去。婚姻如此，人生亦如此。

這種心態，又被稱為「二元對立」（Dualism）。最美麗的風景，永遠都在旅行者出發之前，比如我們出發去香格里拉，香格里拉只是在我們頭腦中是最美麗的地方。真正到了雲南的香格里拉，才發現這裡日曬過度，食品粗糙，到處都是小販盯著你的錢包，夜裡街邊還有刺青的黑道大哥斜睨著失戀醉酒的北上廣深大齡未婚女白領——要是讓你長期住在香格里拉，你就開始思念故鄉了。

旅行的心理意義是什麼？榮格在其自傳中給出一個很好的解釋。他提出了，旅行是讓我們更好地瞭解自己。如果我們從沒有機會從外部觀察我們自己的民族，我們怎麼能意識到自己民族的特性是什麼呢？從外部觀察，指的是從其他民族的立場來觀察。這樣

做，我們必須獲得足夠的其他民族集體心靈的知識，在吸收同化的過程中，我們會遇到不相容的東西，包括民族偏見和民族特質。所有激怒我們之事，都使我們更為瞭解自己。

榮格首先記錄的是非洲，其中北非之行，在前一章已經討論。非洲之行，讓榮格產生了一種旅遊心理學的解釋，他說，「其實這是我無意識要去尋找一個歐洲氛圍之外的地方，去觀察我的心靈，去發現歐洲人格之外幾近消失的人格部分。這部分人格站在我自己的無意識中反對我，並且我的確是在試圖壓抑它。為了遵從它的天然本性，它想要使我處於無意識狀態，以便殺死我。但我的目標是經由洞察使它更有意識，那樣我們就能發現一種共同的妥協方式。」

這一段，從文化無意識的角度，來看待人格面具和陰影的整合，換句話說，「白種人」、「歐洲人」這種文化身份認同，形成了一種文化層面的人格面具，從而讓認同「白種人－歐洲人」的人們，忘記了人類的起源、人類的陰影。我們所有人，在基因層面上，都攜帶著黑人、黃人等等其他種族的基因。甚至可以說，我們所有人都攜帶著黑猩猩等等各種動物的基因。所以榮格派有本書叫做《兩百萬歲的自性》[1]，也就是說，集體無意識，不是人類無意識，它早在人類出現之前，就存在於生物界，乃至我們可以提出「宇宙無意識」這樣的概念，可能在地球出現之前，宇宙內就存在著心靈進化的潛能，可能是如同物理學家們設想的量子狀態。

在非洲的阿斯平原，榮格看著遼闊蒼茫的天空，一望無垠的

1　【編註】《兩百萬歲的自性》（*The Two Million-Year-Old Self*），安東尼・史蒂文斯（Anthony Stevens）著。楊韶剛譯，中國社會科學出版社。

平原，萬千動物奔騰，產生了這種天人合一的領悟：「這是靜謐的永恆的開端，一如既往的世界，處於『無』的境界。到此時為止，沒人曾在此地認出這個世界。在這裡，我是辨認出這個世界的第一人，但卻不知道在這一刻，我也是真正創造了這個世界的第一個人。在這裡，意識的宇宙意義對我變成了超乎一切的清晰。」

這聽起來有點類似「心生萬法」，「心外無法」之說，其實也是心理治療的工作前提之一，也就是來訪者要能夠意識到他是活在自己的心理世界中，他的痛苦來自於自己的心理世界，而不是來自外在的物理世界。否則，心理醫生就變成了物理醫生，要幫助來訪者去解決各種外界事物帶來的苦惱。

這樣的世界觀與本體論，和學院派科學心理學背道而馳。因為科學的基礎，至少在量子力學之前，是建立在客觀、恆定、可測量、可檢驗的規律之上，而學院心理學從誕生的第一天開始，就想要把自己變成科學大家庭的一員。所以，產生如此理念的榮格，可以說是和學院心理學分道揚鑣了，他如此說：「把世界當作一種客觀存在，給它打上完美的標記。我們通常把這種行為僅僅歸功於造物主，沒有考慮到這樣一來我們就把生命看作了一架設計精良的機器，這架機器連同人類的心靈一起，運行在毫無感知、遵從已知、預先制訂的法則中……再也沒有新的一天通往新的彼岸，只有枯燥的計算程式……而事實上，人類本身就是世界的第二個創造者，只有人類才使世界成為客觀存在。」

換句話說，把世界劃分為主觀世界和客觀世界，這是人們心靈的一種理念而已。中國曾經有人把榮格扣上客觀唯心主義的帽子，其實說他是主觀唯心主義者也不為過。當然了，把人類思想，用唯

物主義和唯心主義兩個標籤來標定，這本身也只是十九世紀的一些人對歐洲哲學界的一種判斷。這種觀點，運用到心理學界、精神病學界，都顯然是太過簡單了，何況如今時過境遷，唯物與唯心兩條路線鬥爭已經是前塵往事、江南春夢一場。

心理治療師和個案工作死亡焦慮之時，也必然要和來訪者談論世界觀、宇宙觀，雙方的世界觀、宇宙觀必然發生碰撞、交流。所以榮格說，治療師必須擁有可以明確陳述，具有防禦保護功能的世界觀。一個明確的世界觀，幫助我們面對人生起起伏伏。小說《三體》裡描述，有些物理學家，在得知宇宙的真相後自殺了，便是因其世界觀徹底崩塌。他們突然發現，自己所見之宇宙，原來是被各種外星人改造過後產物，因為星際戰爭，宇宙由十維降級，一直降級到三維的宇宙，而地球人的宇宙探索，早已被外星人鎖住了基本粒子。換句話說，一個客觀的、不受人類干擾、不受外星人活動干擾的世界，是不存在的，既也不存在這樣宏觀世界，也不存在這樣的微觀世界。從太陽星辰到分子電子，到處都是生命體活動的痕跡。

《三體》中還預測了未來人類社會，性別差異會消失，全人類都會女性化。這恰恰和榮格觀察到的社會恰恰相反，他觀察到的是，全人類都在日益的男性化，而某些男性開始女性化。榮格在非洲時，對比歐洲女性和非洲女性，產生了一個觀點：「白種人女性日益增長的男人化傾向與其自然完整性的消失有關。是否這是對她的貧乏的一種補償？是否白種人男性的女性化又是進一步的後果呢？」

換句話說，就是現代女性之所以越來越「男人婆」，源於其自

然完整性的消失。而為了補償女人男性化後留下母性缺席，男性會變得越來越女性化。用中國話說，這叫做陰陽顛倒。

那麼，自然完整性是什麼？就是女性的田地、孩子、家畜、房子、灶火。所以要恢復人的自然完整性，自然也就需要家庭和田園，從此我們不難理解為什麼榮格對於建築塔樓與恢復田園生活如此入迷，也不難理解為什麼後榮格分析師們非常熱愛生態療法，比如分析師波倫（Jean Bolen），她是因為寫作了女神系列書籍成名，如《每個女人心中的女神》（*Goddesses in Every Woman*），是比較有影響力的女性主義者，後來她寫作了《如樹一般》，提倡女性們和大樹、花草、自然聯結。

有些人認為榮格是個男權主義者與復古主義者，但是，榮格的性別觀也有偏向女性主義的成分。他認為，當一個社會的制度越合乎理性，性別差異就越模糊。他預測，現代社會同性戀者會越來越多，會扮演著重要的角色，部分是母親情結的結果，部分是自然進化的目的——阻止人口增長。

榮格在 1925 年，50 歲時，第二次到了非洲，這次他做了一個夢：

整個過程中我只有一次夢見黑人，他的臉出奇地熟悉，我卻不得不沉思良久，才弄清在何處曾與他相逢。終於想起來了，是我在田納西州查塔努加市時的理髮師！一個美國黑人。夢中，他手持燒紅的燙髮巨鉗，對著我的腦袋，想要讓我的頭髮捲曲，這就是說，想給我了弄成黑人的頭髮。我幾乎就感覺到那灼人的熱力了，接著在一片恐慌中醒了過來。

黑人理髮師夢

英文

Only once during the entire expedition did I dream of a Negro. His face appeared curiously familiar to me, but I had to reflect a long time before I could determine where I had met him before. Finally it came to me: he had been my barber in Chattanooga, Tennessee! An American Negro. In the dream he was holding a tremendous, red-hot curling iron to my head, intending to make my hair kinky, that is, to give me Negro hair. I could already feel the painful heat, and awoke with a sense of terror.

德文

Nur ein einziges Mal während der ganzen Reise hatte ich von einem Neger geträumt. Sein Gesicht kam mir merkwürdig bekannt vor, aber ich mußte lange nachdenken, bis ich herausfinden konnte, wo ich ihm schon einmal begegnet war. Schließlich fiel es mir ein: es war mein Coiffeur von Chattanooga in Tennessee! Ein amerikanischer Neger! Im Traum hielt er eine riesige glühende Brennschere gegen meinen Kopf und wollte meine Haare «kinky» machen, das heißt, er wollte mir Negerhaare andrehen. Ich fühlte schon die schmerzhafte Hitze und erwachte mit einem Angstgefühl.

榮格自己是怎麼來理解這個夢呢？他說：「我將這個夢看作無意識的警告，它是在說原始事物對我來說是一種危險。那時的我顯然太接近『黑暗』了。於是，我的無意識呼喚出了十二年前我在美國時的理髮師，只是為了避免讓我想起任何關於現在的人和事。我的夢的奇特行為很偶然地恰好符合第一次世界大戰期間記錄的一種現象，就是士兵們在戰場上夢到戰爭遠少於夢到家鄉。隨軍的精神醫生認為，一個士兵開始夢見太多的戰爭場面就要將把他撤離前線，因為那意味著他不再擁有抵禦外在印象的心理防禦能力了。而我進行的非洲冒險，就帶有逃離歐洲和其複雜難題的祕密目的。」

　　所以，旅行，尤其是去外國的旅遊，往往是象徵著我們想要和母體文化分離，想要離開家園和故土，這就意味著故鄉，必然有讓我們厭惡、憎恨的東西。比如說，現在有很多人想逃離我們的漢族文化，逃到西藏去，但到了西藏才發現，那裡仍然無法讓自己的心靈得到寧靜。於是，他們開始逃往國外，逃到歐洲文化、美國文化中去。不僅僅是當代人這樣，古代也有很多人有遊子情結，遊子們，總是一離開故鄉，就寫作大量詩文，歌頌和懷念故鄉，但是他真正回到故鄉，不到一年，又受不了了，再次啟程。這就是典型的分裂和投射認同感，把故鄉和他鄉，首先分裂成截然不同的兩個地方，然後一個地方打上標籤為「好地方」、「人間天堂」，另一個地方則是「壞地方」、「窮山惡水」等等。

　　黑人理髮師這個夢，還可以看作是人格面具和陰影整合的夢，黑人代表著被白人排斥的文化特性，而白人的髮型（人格面具），卻需要黑人來打理，象徵著陰影進入了人格面具，試圖佔據人格面具。現實生活中，我們不難發現，榮格已經具有很多黑人的特點

了，譬如塔樓一開始的時候，就是仿照非洲草棚，又如榮格在夫妻生活中追求的多偶制——這也是非洲有些部落酋長的特權，可以看作是文化上的返祖現象。

榮格的肉身正在世界各地遊蕩的時候，他的心靈貌似隨著肉身正在各種文化中探索存在的根源、生命的意義。但是他的無意識夢境，卻深深地扎根於歐洲大地，回到了歐洲的傳統靈性文化——煉金術。

從非洲回來一年後，1951 年的榮格做了兩個夢，這兩個夢被認為是啟示榮格開始煉金術之旅的夢境。

在找到煉金術之前，榮格做了一系列圖書館主題的夢。在他的這些夢中，他的房子旁邊增加了一部分，也就是輔樓或者配樓，他不斷夢到它們，而這些東西又讓他感覺很陌生。在夢裡，他每每感到奇怪，為什麼這些房子似乎一直都在那裡，自己卻不知道它的存在。

終於在一個夢裡，榮格走進了這個配樓。他發現那裡有個極好的圖書室，大約是十六到十七世紀的建築，被包著豬皮封面的，又大又厚的書籍擺滿了幾面牆。在其中幾本書上，有裝飾風格古怪的銅版畫，書中插圖上畫著前所未見的奇異符號。

當時，榮格並不知道它們是什麼，過了很久他才認出它們是煉金術的符號。在夢裡，他僅僅覺察到這些符號乃至整間圖書室所展現的魅力。並且，榮格夢中的這些藏書深深影響著他，大約十五年後，他本人所收集的藏書已和他夢中看到的所差無幾了。

在我發現煉金術之前，我出現了一系列的夢境，它們都重複著

一個相同主題——在我的房子旁邊，還有一個房子，也就是說，有一個我不熟悉的翼樓或者側房。每次，我都在夢中驚訝，為什麼我自己不瞭解這幢房屋呢？畢竟看來它早就在那裡了。終於在一個夢境中，我到了側樓那裡。在那裡發現一間奇妙藏書室，藏書大都出自十六世紀與十七世紀。豬皮裝訂的大開本厚書靠牆而立。其中有不少書籍飾以性質奇異的銅版畫，其插圖包含我從未見過的奇特符號。當時不知它們指涉什麼，很久之後才斷定是煉金符號，我在夢中只是意識到自己被它們和整間藏書室深深吸引。那裡收藏了關於中世紀古籍和十六世紀出版物。

（夢 19：配樓煉金術圖書館夢）

配樓煉金術圖書館夢

英文

Before I discovered alchemy, I had a series of dreams which repeatedly dealt with the same theme. Beside my house stood another, that is to say, another wing or annex, which was strange to me. Each time I would wonder in my dream why I did not know this house, although it had apparently always been there. Finally came a dream in which I reached the other wing. I discovered there a wonderful library, dating largely from the sixteenth and seventeenth centuries. Large, fat folio volumes, bound in pigskin, stood along the walls. Among them were a number of books embellished with copper engravings of a strange character, and illustrations containing curious symbols such as I had never seen before. At the time I did not know to what they referred; only much later did I recognize them as alchemical symbols. In the dream I was conscious only of the fascination exerted by them and by the entire library. It was a collection of medieval incunabula and sixteenth-century prints.

德文

Bevor ich die Alchemie entdeckte, hatten sich wiederholt Träume eingestellt, bei welchen es sich immer um das gleiche Motiv handelte: neben meinem Haus stand noch ein anderes, d. h. ein anderer Flügel oder ein Anbau, der mir fremd war. Jedesmal wunderte ich mich im Traume, daß ich das Haus nicht kannte, obwohl es doch anscheinend immer schon dagewesen war. Schließlich kam ein Traum, in welchem ich in den anderen Flügel gelangte. Ich entdeckte dort eine wunderbare Bibliothek, die zum großen Teil aus dem 16. und aus dem 17. Jahrhundert stammte. Große dicke Folianten, in Schweinsleder gebunden, standen an den Wänden. Unter ihnen gab es etliche, die mit Kupferstichen von seltsamer Natur verziert waren und Abbildungen wunderlicher Symbole enthielten, wie ich sie noch nie gesehen hatte. Ich wußte damals nicht, worauf sie sich bezogen, und erkannte erst sehr viel später, daß es alchemistische Symbole waren. Im Traume erlebte ich nur eine unbeschreibliche Faszination, die von ihnen und der ganzen Bibliothek ausging. Es war eine mittelalterliche Sammlung von Incuna-beln und Drucken des 16. Jahrhunderts.

　　這個夢看起來和訓伏阿拉伯王子夢（夢 14）有前後連貫之處，夢 14 中是榮格的自我，在阿拉伯的圖書室中教導王子讀書。而現在則變成榮格的自學成才了，而其自學的內容，就是和十六、十七世紀的煉金術有關。這說明榮格的無意識已經明確地知道自己後半生學習成長的方向。榮格對此夢自我分析，說：「房屋旁邊的未知配樓是我人格的一部分，是我自己的一個方面，它代表著我尚未意識到的某種特質。」顯然，他沒有意識到的特質，就是和歐洲傳統文化──煉金術緊密相關的。

　　之前榮格的夢中，也多次提到歷史年代，從史前遺跡，到十二世紀、十八世紀、十九世紀等等。和十六世紀這個時代最相關的夢境，是教堂上帝夢（夢 2），那個夢中的教堂是個中世紀教堂，地下室頭骨夢（夢 7），在那個夢中，榮格走進了一座十五、十六世紀的房子。我們的當然早就知道，榮格的心靈一直想要回答歐洲的古代文化，需要一些東西，填補空虛空心感，在這個夢中，已經明確地顯示，榮格要尋找的東西就是煉金術了。十六世紀是現代科學萌芽的世紀，哥白尼提出地心說，人們發明了天文望遠鏡，西班牙、葡萄牙的船隊開始探索廣闊的海洋，麥哲倫一直到死，也相信他到過的幾個島國，就是印度大陸的邊緣；莎士比亞的戲劇開創了當代戲劇的範式、文藝復興，讓歐洲人開始重新審視人性的位置。煉金術也開始兵分兩路，一路堅持物質取向的煉金術，它演變成了

今天的化工科學和醫藥學，另外一路走向靈性的煉金術，它隨著基督教的衰落而隱藏與民間，三百年後才被榮格重新挖掘出來。

而圖書室，看起來一直是榮格連結父母、哀悼死亡、自我療癒的空間，在死去父親婚姻商詢夢（夢 15）中，他的父親也是見面之後二話不說，就進入圖書室，而他在那時，也正準備把自己的新書《心理類型學》[2] 送給父親。可以說，圖書室，就相當於煉金術士的煉金實驗室，而自己寫作的書籍，就相當於煉金產物，做這個夢的時期，也是榮格的《紅書》臨近尾聲之時，《紅書》這本書，其實就是榮格自己的靈性煉金術著作。

在夢 19 之後，榮格又做了一個夢，在這個夢中，時間被錨定在十七世紀。

預演我與煉金術相遇的關鍵夢境大約 1926 年來臨：我在南蒂羅爾，這是戰爭時期。在義大利前線，我從前線戰區搭乘一名小個子男人的馬車返回，他是農夫。四周炸彈轟鳴，我知道，我們得盡速趕路，因為情況十分危險。

我們必須過橋穿過一條隧道，其拱頂部分毀於炮火。來到隧道盡頭，驀然發現眼前是陽光燦爛的地區，我認出是維洛納省。腳下是城市，陽光普照。我如釋重負，我們向草木蒼翠、鮮花盛開的倫巴第平原飛馳而去。道路穿行於秀美的春景中，稻田、橄欖樹和葡萄映入眼簾。我瞥見與街道呈橫向的一幢巨大建築物，莊園主宅邸規模龐大，是典型的莊園主住宅，配樓和側樓眾多，像是義大利北

2　【編註】本書台灣有中譯本：《榮格論心理類型》，莊仲黎譯。

方諸侯的宮殿。像在羅浮宮一樣，宮中的路穿過一座大院。小個子車夫和我駛入一扇大門，由此可以透過遠處的二道門又望見沐浴在陽光中的風景。我環顧四周：右邊是莊園主住宅的正面，左邊是僕人房屋和廄房、倉庫和其他連綿的附屬建築物。

我們來到院子中央時，正好在正門口，發生了意外之事：一聲悶響，兩扇大門合上了。農夫從車夫座上一躍而下，叫道：「現在我們身陷十七世紀了！」——我心灰意冷地想道：對，就是這麼回事！——可該怎麼辦呢？現在我們會被關在這裡很多年！——但隨後就起了寬慰之念：幾年之後，總有一天我可以再次出去。

(夢 20：困在十七世紀夢)

困在十七世紀夢

英文

The crucial dream anticipating my encounter with alchemy came around 1926: I was in the South Tyrol. It was wartime. I was on the Italian front and driving back from the front line with a little man, a peasant, in his horse-drawn wagon. All around us shells were exploding, and I knew that we had to push on as quickly as possible, for it was very dangerous.

We had to cross a bridge and then go through a tunnel whose vaulting had been partially destroyed by the shells. Arriving at the end of the tunnel, we saw before us a sunny landscape, and I recognized it as the region around Verona. Below me lay the city, radiant in full sunlight. I felt relieved, and we drove on out into the green, thriving Lombard plain. The road led through lovely springtime countryside; we saw the rice fields, the olive trees, and the vineyards. Then, diagonally across the road, I caught sight of a large building, a manor house of grand proportions, rather like the palace of a North Italian duke. It was a typical manor house with many annexes and outbuildings.Just as at the Louvre, the road led through a large courtyard and past the palace. The little coachman and myself drove in through a gate, and from here we could see, through a second gate at the far end, the sunlit landscape again. I looked around: to my right was the facade of the manor house, to my left the servants quarters and the stables, barns, and other outbuildings, which stretched on for a long way.

Just as we reached the middle of the courtyard, in front of the main entrance, something unexpected happened: with a dull clang, both gates flew shut. The peasant leaped down from his seat and exclaimed, "Now we are caught in the seventeenth century." Resignedly I thought, "Well, that's that! But what is there to do about it? Now we shall be caught for years." Then the consoling thought came to me: "Someday, years from now, I shall get out again."

德文

Der entscheidende Traum, der meine Begegnung mit der

Alchemie vorausnahm, kam etwa 1926: Ich bin in Süd -Tirol. Es ist Krieg. Ich befinde mich an der italienischen Front und fahre aus der Frontzone zurück mit einem kleinen Mann, einem Bauern, auf seinem Pferdewagen. Ringsum schlagen Granaten ein, und ich weiß, daß wir so rasch wie möglich weiter müssen, denn es ist seh gefährlich'.

Wir müssen über eine Brücke hinweg durch einen Tunnel, dessen Gewölbe zum Teil durch Geschosse ze rstört ist. Am Ende des Tunnels angelangt, erblicken wir vor uns eine sonnige Landschaft, und ich erkenne die Gegend von Verona. Unter mir liegt die Stadt, alles strahlt in vollem Sonnenschein. Ich bin erleichtert, und wir fahren hinaus in die grüne, blühende lombardische Ebene. Der Weg führt durch die schöne Frühlingslandschaft, und wir sehen die Reisfelder, die Olivenbäume und die Reben. Da erblicke ich quer zur Straße ein großes Gebäude, einen Herrensitz von weiten Ausmaßen, etwa wie das Schloß eines oberitalienischen Fürsten. Es ist ein charakteristisches Herrenhaus mit vielen Dependancen und Seitengebäuden. Ähnlich wie im Louvre führt die Straße am Schloß vorbei durch einen großen Hof. Der kleine Kutscher und ich fahren durch ein Tor hinein und können von hier aus durch ein entferntes zweites Tor wieder hinaus in die besonnte Landschaft blicken. Ich schaue mich um: rechts ist die Front des Herrenhauses, links sind die Domestikenhäuser und die Ställe, die Scheunen und andere

> Nebengebäude, die sich weit hinstrecken.
>
> Wie wir mitten im Hof angelangt sind, gerade vor dem Haupteingang, geschieht etwas Unerwartetes: Mit einem dumpfen Krach gehen beide Tore zu. Der Bauer springt vom Bock seines Wagens und ruft: «Jetzt sind wir im 17. Jahrhundert gefangen!» - Resigniert denke ich: Ja, das ist so! - Aber was ist da zu machen? Jetzt sind wir auf Jahre hinaus gefangen! - Aber dann kommt mir der tröstliche Gedanke: Einmal, nach Jahren, werde ich wieder herauskommen.

　　這個夢發生在義大利的南蒂羅爾，榮格之前的夢中，出現最明顯的義大利象徵的，就是白鴿女孩夢（夢9），那是榮格與阿妮瑪的相遇會合，白日生活中，則阿妮瑪被投射到托尼·沃爾夫，後來榮格在自傳《回憶·夢·省思》中，提到義大利旅遊經驗，也串聯到了阿妮瑪的整合。他提到在義大利的拉文納和羅馬是，對阿尼姆斯和阿妮瑪，他產生了新的想法。他說：「男性的阿妮瑪具有強烈的歷史特性，作為一個無意識人格的化身，是可以追溯到史前時期，體現著過去的內容，並向個體提供了他本應知道的關於史前時期的那些元素。對於個體，阿妮瑪是從過去到現在仍然在他身上活著的全部生命。與他相比，我總感覺到自己是個沒有歷史的野蠻人——像是個憑空而來的產物，既無過去，亦無未來。」

　　所以榮格所說的阿妮瑪，不想一般人所想的，就是一堆美女而已，而是以美女為代表的靈魂伴侶、家園故土、歷史情懷等等。

榮格理論對義大利文化也有著深厚影響，例如義大利著名導演費里尼（Federico Fellini），就深受自己一位榮格分析師影響，這位分析師還啟發了費里尼使用榮格學派的《易經》來探索無意識。費里尼在分析師啟發下，也寫作了類似榮格《紅書》的日記，名為《夢書》，中國有引進並翻譯。其中圖文並茂，還有很多《易經》的卦例。據說費里尼的多部作品都有榮格的思想，他被列入電影歷史的名作《八又二分之一》（Otto e Mezzo），顯然是在探索榮格學派的看家菜——中年危機。

南蒂羅爾是義大利旅遊勝地之一。但此地是 1919 年後，因戰爭失敗，才割讓給義大利的。在歷史上，它曾經歸屬過義大利、法國、德國。當地有大量的德語人口，二戰時，德國和義大利曾經達成協議，讓當地的德語人口回遷到德國，但是戰後，他們中很多人又回到了義大利。所以，這個地方，無論在榮格做此夢之前還是之後，都是悲情之地，因為不幸成為了兵家必爭之地，所以飽受戰爭蹂躪、佈滿創傷。

夢境中，榮格當然想要逃出這種工業文明帶來的戰爭創傷，與他相伴的，是他的陰影——一個農民和他的馬車。榮格來自鄉村，熱愛鄉村，想要回到充滿鄉村氣息的農業生態文明中，夢中多次出現的城堡，帶有眾多配樓，則外化成為現實生活中的塔樓。當然，在內心層面，他希望回到前工業時期的煉金術師的心靈狀態中。所以他指出對此夢的理解的關鍵——十七世紀是煉金術的高峰。

但是夢中榮格的自我，並沒有因為躲開戰火紛飛的二十世紀，而感到興奮和快樂，更不準備終老埋骨於春光明媚的十七世紀。相反地，他為自己困在十七世紀而苦惱，不得解脫。

這大概是因為，榮格幻想著在歐洲傳統文化中，尋找到一條路，幫助歐洲人從發展主義[3]中解脫出來。但是，榮格所尋找的東西，其實是類似東方宗教中的內心超越之道，這在歐洲文化中並非主流，只是在煉金術中有一些描述。

榮格本人對這個夢的解釋是這樣的：從天而降的炮彈、戰爭意味著外部發生的戰爭並未結束（當時歐洲正在戰爭），而是轉戰到了心靈之中。顯而易見，在外部世界解決不了的問題只能在心靈之中尋找答案。這是我們常見的末日夢。一般來說，一個人夢到末日夢或天災（人禍）夢，就預示著這個人的人格將要發生突變。突變能不能發生，就看他這個末日夢做過多少次，後面有沒有一個好的結果出現。

夢中榮格被困在十七世紀了，現實生活中，他也的確被困在煉金術中不得解脫很多年。準確地說，他是被自己的投射困住了。就像當年魯迅在中國文化中找不到拯救靈魂的出路，他就把中國社會比喻為沒有窗戶的房間。

榮格的無意識很快就走出了這種困頓之地，就在 1927 年的「利物浦之夢」中，而他的意識，則首先到東方文化中旅行多年，直到 1934 年後才回到煉金術中。

我發現自己身處一座城中，齷齪不堪，一身煤炱。那是冬夜，陰暗有雨。我在利物浦，我跟一幫瑞士人——估計六、七個人吧，

3　【作者註】發展主義，簡單地說，就是不斷追求發展，認為發展就是所有的價值和意義，歐洲的發展主義，是極度外傾的發展主義，就是以發展外在物理時間、社會經濟發展為主，也有極度內傾的發展主義，比如印度教的修行者。）

走過黑暗的街道，感覺我們從海上、從港口來，真正的城市在高處懸崖峭壁上，我們往那個方向走上去，這讓我想起巴塞爾：市場在下面，然後穿過死人巷上至一片高地，到達聖彼得廣場和聖彼得大教堂。我們上到高地時，發現一處街燈朦朧的寬闊廣場，許多街道在此交匯。市區圍繞廣場輻射狀排列，中間有圓形池塘，內有一座中心小島。雨、霧、煙和亮光寥寥的暗夜覆蓋一切時，小島卻陽光閃耀，那裡孤零零地長著一棵玉蘭樹，遍掛紅花。似乎樹在日光中，同時自己又是光源。同伴們顯然沒看見樹，對可惡的天氣說三道四，談論的是住在利物浦的另一名瑞士人，驚訝於他偏偏定居於此。我著迷於樹木開花之美和陽光沐浴的島嶼之美，心想：我已經知道為何他定居此處了，於是醒來。

（夢 21：利物浦之夢）

利物浦之夢

英文

This is the dream I mentioned earlier: I found myself in a dirty, sooty city. It was night, and winter, and dark, and raining. I was in Liverpool. With a number of Swiss say, half a dozen — I walked through the dark streets. I had the feeling that there we were coming from the harbor, and that the real city was actually up above, on the cliffs. We climbed up there. It reminded me of Basel, where the market is down below and then you go up through the Totengasschen ("Alley of the Dead"), which leads to a plateau above and so to the

Petersplatz and the Peterskirche. When we reached the plateau, we found a broad square dimly illuminated by street lights, into which many streets converged. The various quarters of the city were arranged radially around the square. In the center was a round pool, and in the middle of it a small island. While everything round about was obscured by rain, fog, smoke, and dimly lit darkness, the little island blazed with sunlight. On it stood a single tree, a magnolia, in a shower of reddish blossoms. It was as though the tree stood in the sunlight and were at the same time the source of light. My companions commented on the abominable weather, and obviously did not see the tree. They spoke of another Swiss who was living in Liverpool, and expressed surprise that he should have settled here. I was carried away by the beauty of the flowering tree and the sunlit island, and thought, "I know very well why he has settled here." Then I awoke.

德文

Ein Mandala stellte auch der Traum aus dem Jahr 1927 dar, auf den ich bereits hingewiesen habe: Ich fand mich in einer Stadt, schmutzig, rußig. Es regnete und es war finster, es war Winter und Nacht. Das war Liverpool. Mit einer Anzahl, sagen wir einem halben Dutzend Schweizern ging ich durch die dunkeln Straßen. Ich hatte das Gefühl, wir kämen vom Meere her, vom Hafen, und die eigentliche Stadt stünde oben, auf den Cliffs. Dort hinauf gingen wir. Es erinnerte mich an Basel: der Markt liegt unten, und dann geht's durch das Totengäßchen hinauf zu einem oberen Plateau, zum Petersplatz und dergroßen Peterskirche. Als wir auf das Plateau kamen, fanden wir einen weiten, von Straßenlaternen schwach erleuchteten Platz, in den viele Straßen einmündeten. Die Stadtquartiere waren radiär um den Platz angeordnet. In der Mitte befand sich ein runder Teich und darin eine kleine zentrale Insel. Während alles von Regen, Nebel, Rauch und spärlich erhellter Nacht bedeckt war, erstrahlte die kleine Insel im Sonnenlicht. Dort wuchs ein einzelner Baum, eine Magnolie, übergossen von rötlichen Blüten. Es war, als ob der Baum im Sonnenlicht stünde und zugleich selbst Licht wäre. Meine Gefährten kommentierten das abscheuliche Wetter und sahen offenbar den Baum nicht. Sie sprachen von einem ändern Schweizer, der in Liverpool wohne, und wunderten sich, daß er sich gerade hier angesiedelt habe. Ich war von der Schönheit des blühenden Baumes und der sonnenbestrahlten Insel hingerissen und dachte: Ich weiß schon warum, und erwachte.

關於此夢，榮格在他的自傳進行了比較長論述，他首先說，「關於此夢的細節，我事後還得補充：各區又圍繞一個中心點放射性排列，該中心點形成開放的小廣場，亮著更大的路燈，如此就是島嶼的小型複製品。我知道，『另一瑞士人』住在這樣一個次中心

附近。」

這說明，夢中的島嶼和城市，形成了分型幾何的圖形結構，也就是曼陀羅的組成結構，它們遵循著自相似原則和迭代生成原則，[4] 也就是夢中的島嶼和城市，既是彼此隔離的，又是彼此相似的。這和困在十七世紀夢（夢 19）截然不同，夢 19 中，現代城市和十七世紀的田園城堡是相互對立的。但是在利物浦之夢（夢20）中，對立的雙方已經連成一體了。

榮格也注意到了，這兩個夢中，情緒的矛盾性，他說，「此夢表現了我當時的處境，我現在還看得見褐黃的雨衣，因溼雨而發亮。一切都極其令人不快，黑暗而分辨不清，正如當時的感覺。但我看得見超凡脫俗之美，因此完全可以生存。」榮格能夠看到並且承認，現代文化是讓他感覺沉悶不快的，就像工業汙染籠罩著的英國天空，而且，渴望農業生態田園的他，和現代人——夢中的瑞士同伴也是格格不入。同伴們不能理解在黑暗惡劣天氣中，仍然具有最美麗的玉蘭花，可以讓人安住其間。

利物浦這個城市，除了象徵工業革命外，還可以象徵生命的源頭，如榮格所言：「利物浦（Liverpool）是『生命之池（pool of life）』，『Liver』——『肝』，按舊說是生命之所。」

所以榮格能夠安住於天氣惡劣的利物浦，就意味著他的生命能夠安住於工業革命帶來的空心時代中，而且不受空心時代的集體精神所汙染，就像夢中那株孑然一身，自成一體的玉蘭花樹。

榮格如此記錄自己的自性化過程的此輪迴圈：「於我而言，此

4　【作者註】分形理論在 1980 年代左右才成為科學界熱門理論，後榮格的分析師經常引用此理論來說明榮格理論的合理性。

夢的經歷與塵埃落定的感覺相連。我看到此處表達了目標，中心是目標，人不會擺脫中心。夢境使人明白，自性是原則，是定位與意義的原型，其中有療治功能……做此夢之後，我不再繪製曼陀羅，此夢表示心靈發展的頂峰，提供了我的處境的完整景象。」

在現實生活中，榮格的意識自我還在尋找一種能夠轉化、革新歐洲傳統文化的東西，這就是以中國、印度代表的東方宗教的修心技術。[5]

1928 年，衛禮賢寄給榮格一本關於中國煉丹術的手稿，是中國的《太乙金華要旨》和《慧命經》的合印本。衛禮賢把這兩本書編輯後，起名為《黃金之花的祕密》，介紹給歐洲讀者。

榮格讀過之後讚嘆不已，他認為中國道教修行者，已經找到了很好的自性化的方法——也就是道教內丹修煉。從而他也可以完結自己《紅書》的寫作了。就在《紅書》完工的 1930 年，命運的黑雲再次壓向了榮格。這一年，亦師亦友的衛禮賢逝世了，六年肝膽相照的友誼劃上句號。

榮格必須再次獨身一人走上自性化旅程。除了中國文化，他也深入的研究印度文化。最終他發現歐洲人不可能完全變成一個印度人或者中國人，而透過印度或中國的宗教修練技術實現自性化，因此，他開始在歐洲傳統文化中尋找超越途徑。

另一位歐洲哲人，德國的現象學大師海德格（Martin Heidegger），也和榮格有類似的心路歷程——首先對中國傳統文化五體投地一般地欣賞和膜拜，最終還是回歸自己的文化傳統。

5　　【作者註】利物浦之夢在榮格分析中有非常多的研究，此處淺嘗輒止，更加詳細一些的論述見本書第十二章。

歐洲煉金術和中國道教的內丹彼此影響，很多內容都有類似之處，自然成了榮格的重點研究領域。對煉金術的研究，也再次啟動榮格對歌德和《浮士德》之熱情。歌德把《浮士德》當作自己的神聖工作，並稱其為主線志業，他的一生都在這部戲劇的框架之中進行，這是一種通過寫作進行的煉丹修行，就像中國道教修行者，通過寫作《西遊記》來修煉內丹一樣。

他體驗到，在歌德身上具有一種有生氣的、跳動的生之元素，上演著原型世界的偉大夢境。榮格也被同一個夢境擄取了。從這一自性化夢境出發，榮格的後半生工作都圍繞著煉金超越這一主題展開。

這種職業精神在中國稱之為「惟精惟一」，「從一而終」。這相當於把自性原型投射到自己的工作研究主題中，然後個人在研究中，自我與自性不斷整合。這演變成一種被稱之為「受傷研究者」的研究設計與研究方法，它就鼓勵研究者們，發現生命的主題，聽從天命的招喚，一輩子研究下去，自成一體，自在隨心，不要周遭流行什麼就去研究什麼。

所以自性化展開之後，一個人會有一項志業，但不是職業，也不是工作。我們知道工作是用來賺錢的，而職業是賺錢的一個專業方向，但它們是不能等同於志業的。志業是一種讓一個人覺得自己整個生命充滿了意義的內在需求，可以安然赴死的那種能量。

榮格曾說過：「我對我的志業仍缺乏瞭解，而且我的同伴中也沒人能夠瞭解它。這個夢所帶來的清晰陳述，使我得以客觀地看待那些充滿了我整個身心的事物。如果沒有這一見解，我可能失去了方向，被迫放棄我的志業。」

這就是一個人自性化的第一輪，在迴圈結束時所出現的一個意象。這個意象出現之後，必須和意識自我進行結合，而意識自我，要能認出這個意象的意義是什麼。

　　一個人自性的充分開展是需要很多年時間的，而榮格整整用了四十五年時間才得以完成。他說：「對於當時我所體驗和寫下的事，我用了整整四十五年時間才將它們提煉成科學作品。年輕時，我的目標是在學科領域內取得一些成就。但是後來，我偶然觸到了這股熔岩流，它火焰的熱量重塑了我的人生。那是促使我去開展研究的最初東西，而我的工作多多少少成功地把這光芒閃爍的物質併入當代世界的圖景中。我從事研究內在意象的那些年，是一生中最重要的時光——一切基本的東西都這樣定型了。一切從那時開始，素材從無意識中噴發而出，立即淹沒我，而後來的細節只不過是這些素材的補充和說明而已。這就是我一生工作的原始物質。」

　　榮格因為如此堅持，十年如一日，到 1938 年遊歷印度時，他已經名滿天下了，他應該是第一位在西方世界中引入瑜伽、介紹瑜伽的心理治療功用的精神科醫生，大概因此，他獲得了印度諸多大學的名譽博士學位。

　　1938 年時他已經是 63 歲的老人，也不再是膜拜東方文化的入門者，在 1936 年的論文《瑜伽與西方》中，他已經明確指出，西方人是不太可能通過假裝自己是印度人從而通過習練伽珈而超越的，西方人需要發明出屬於自己的，建立在基督教文化基礎上的歐洲版瑜伽。

　　在印度生病後，他做了一個夢。夢是這樣的：

我發現自己，跟一大群蘇黎世的朋友和熟人，在一座無名島嶼上，大約位於英國南部沿海，這島很小，近乎無人居住，它縱向狹長，向南北方向延伸約三十公里，南部海濱岩骨嶙峋，有一座中世紀宮殿，我們這一隊立於院中，是一群遊客。

　　前面聳立著一座氣勢宏偉的城堡主塔，透過大門，寬闊石階清晰可見，還可見它往上通向柱式廳堂，裡面燭光幽明。據說這裡是聖杯城堡，今晚要在此「給聖杯祝福」。

　　此消息似乎具有祕密性質，因為我們中間有一德國教授，他酷似老年蒙森[6]，對此事一無所知。我與他開懷暢聊，對他學識淵博、才智洋溢印象深刻。

　　只有一件事令人反感，他持續不斷言說消逝的過往，如教師爺般大談特談聖杯故事的英國起源和法國起源的關係，顯然，他既沒有意識到此傳奇的意義，又沒有意識到其鮮活地存在於當下，而我對兩者印象最深。

　　他似乎也對周遭現實毫無察覺，因為他舉止就如在教室裡對學生講課。我徒勞地試圖讓他注意場面古怪，他看不到台階，看不見大廳裡微光閃爍，洋溢著節日氣氛。

　　我無助地茫然四顧，發現我自己站在一座城堡的高牆旁邊，高牆下部好像佈滿柵籬，但並非常見木質，而是黑鐵製成，它巧妙地製成葡萄藤的樣子，葉蔓俱全，還有葡萄。橫向枝椏上，每隔兩米就有小鐵屋，如同鳥巢，我忽見闊葉中有動靜，初似因鼠而起，隨後我卻清楚地看見蒙面小地精——蒙面侏儒（Cucullatus），在

6　【作者註】特奧多爾‧蒙森（Theodor Mommsen），德國著名作家，寫有《羅馬史》等，1902年獲諾貝爾獎。

小屋間穿梭。「天啊，」我衝著教授驚呼：「您看哪……」此時出現了間斷，夢境改變了。我們（跟先前還是同一夥人，但不見了教授）在城堡外，童禿無木，山石嶙峋，我知道，肯定會出什麼事，因為聖杯尚未在城堡中，而當晚就該給它祝聖。據說它藏在小島北部的僅有的無人居住小屋裡。我知道，我們的任務是到那裡迎取聖杯。

我們約有六人，上路向北漫步。長途步行幾小時，又累又乏，我們到達島上最狹處，我發現，一片海灣把它一分兩半。最窄處，水面寬約百米。太陽下沉了，夜幕開始降臨。

我們疲憊地躺在地上。這一帶荒無人煙，童禿無木，只有草叢和岩石。四處遼闊深遠，無橋無舟。天氣寒冷，夥伴們相繼入眠。我考慮該幹點什麼，得出的結論是，必須隻身泅渡，取回聖杯。醒來時，我已褪去衣衫。

（夢 22：聖杯夢）

聖杯夢

英文

I found myself, with a large number of my Zurich friends and acquaintances, on an unknown island, presumably situated not far off the coast of southern England. It was small and almost uninhabited. The island was narrow, a strip of land about twenty miles long, running in a north-south direction. On the rocky coast at the southern end of the island was a medieval .We stood in its courtyard, a group of sightseeing tourists.

Before us rose an imposing belfroi, through whose gate a wide stone staircase was visible. We could just manage to see that it terminated above in a columned hall. This hall was dimly illuminated by candlelight. I understood that this was the castle of the Grail, and that this evening there would be a "celebration of the Grail" here.

This information seemed to be of a secret character, for a German professor among us, who strikingly resembled old Mommsen, knew nothing about it. I talked most animatedly with him, and was impressed by his learning and sparkling intelligence.

Only one thing disturbed me: he spoke constantly about a dead past and lectured very learnedly on the relationship of the British to the French sources of the Grail story. Apparently he was not conscious of the meaning of the legend, nor of its living presentness, whereas I was intensely aware of both.

Also, he did not seem to perceive our immediate, actual surroundings, for he behaved as though he were in a classroom, lecturing to his students. In vain I tried to call his attention to the peculiarity of the situation. He did not see the stairs or the festive glow in the hall.

I looked around somewhat helplessly, and discovered that I was standing by the wall of a tall castle; the lower portion of the wall was covered by a kind of trellis, not made of the usual wood, but of black iron artfully formed into a grapevine complete with leaves, twining tendrils, and grapes. At intervals of six feet on the horizontal branches were tiny houses, likewise of iron, like birdhouses. Suddenly I saw a movement in the foliage; at first it seemed to be that of a mouse, but then I saw distinctly a tiny, iron, hooded gnome,a cucullatus, scurrying from one little house to the next. "Well," I exclaimed in astonishment to the professor, "now look at that, will you. . ." At that moment a hiatus occurred, and the dream changed. We the same company as before, but without the professor were outside the castle, in a treeless, rocky landscape. I knew that something had to happen, for the Grail was not yet in the castle and still had to be celebrated that same evening. It was said to be in the northern part of the island, hidden in a small, uninhabited house, the only house there. I knew that it was our task to bring the Grail to the castle.

There were about six of us who set out and tramped northward. After several hours of strenuous hiking, we reached the narrowest part of the island, and I discovered that the island was actually divided into two halves by an arm of the sea. At the smallest part of this strait the width of the water was about a hundred yards. The sun had set, and night descended.

Wearily, we camped on the ground. The region was unpopulated and desolate; far and wide there was not a tree or shrub, nothing but grass and rocks. There was no bridge, no boat. It was very cold; my companions fell asleep, one after the other. I considered what could be done, and came to the conclusion that I alone must swim across the channel and fetch the Grail. I took off my clothes. At that point I awoke.

德文

Ich befand mich mit einer Anzahl meiner Zürcher Freunde und Bekannten auf einer unbekannten Insel, die vermutlich in der Nähe der südenglischen Küste lag. Sie war klein und fast unbewohnt. Die Insel war schmal und erstreckte sich in nordsüdlicher Richtung etwa 30 km lang. Im südlichen Teil lag an der felsigen Küste ein mittelalterliches Schloß, in dessen Hof wir standen, als eine Gruppe von Touristen.

Vor uns erhob sich ein imposanter Bergfried, durch dessen Tor eine breite steinerne Treppe sichtbar war. Wie man eben noch sehen konnte, mündete sie oben in eine Pfeilerhalle, dievon Kerzenschimmer schwach erleuchtet war. Es hieß, dies sei die Gralsburg, und heute abend werde hier «der Gral gefeiert».

Diese Information schien geheimer Natur zu sein, denn ein unter uns befindlicher deutscher Professor, der auffallend dem alten Mommsen glich, wußte nichts davon. Ich unterhielt mich mit ihm aufs lebhafteste und war von seiner Gelehrsamkeit und sprühenden Intelligenz beeindruckt.

Nur eines störte mich: er sprach anhaltend von einer toten Vergangenheit und dozierte sehr gelehrt über das Verhältnis der britischen zu den französischen Quellen der Gralsgeschichte. Anscheinend war er sich weder des Sinnes der Legende bewußt, noch bekannt mit ihrer lebendigen Gegenwart, während ich von beiden aufs stärkste beeindruckt war.

Auch schien er die unmittelbare wirkliche Umgebung nicht wahrzunehmen, denn er benahm sich so, als ob er in einem Hörsaal vor seinen Studenten spräche. Vergebens versuchte ich ihn auf die Eigenartigkeit der Situation aufmerksam zu machen. Er sah die Treppe nicht und nicht den festlichen Schimmer der Halle.

Ich blickte etwas hilflos um mich und entdeckte, daß ich an der Mauer eines hohen Burggebäudes stand, dessen unterer Teil wie mit einem Spalier bedeckt war. Es bestand aber nicht wie üblich aus Holz, sondern aus schwarzem Eisen, das kunstvoll wie ein Weinstock geformt war, mit Blättern, Ranken und Trauben. Auf den horizontalen Ästen standen im Abstand von je zwei Metern kleine, ebenfalls eiserne Häuschen, wie Nistkästen. Plötzlich sah ich eine Bewegung im Laub; zuerst schien sie von einer Maus herzurühren, dann aber sah ich deutlich ein kleines eisernes Kapuzenmännchen, einen Cucullatus, der von einem Häuschen in ein anderes huschte. «Nun», rief ich erstaunt dem Professor zu, «da sehen Sie ja ...» In diesem Augenblick trat ein Hiatus ein, und der Traum änderte sich.

Wir waren – die gleiche Gesellschaft wie vorher, aber ohne den Professor -außerhalb der Burg in einer baumlosen felsigen Landschaft. Ich wußte, daß etwas geschehen mußte, denn der Gral war noch nicht in der Burg, und er sollte noch am gleichen Abend gefeiert werden. Es hieß, er sei im nördlichen Teil der Insel in einem kleinen unbewohnten Haus versteckt, dem einzigen, das sich dort befände. Ich wußte, daß es unsere Aufgabe war, den Gral von dort zu holen.

Wir waren etwa unserer sechs, die sich aufmachten und nach Norden wanderten.Nach mehrstündigem angestrengtem Marsch langten wir an der schmälsten Stelle der Insel an, und ich entdeckte, daß sie von einem Meeresarm in zwei Hälften geteilt war. An der engsten Stelle betrug die Breite des Wassers etwa hundert Meter. Die Sonne war untergegangen, und die Nacht brach an.

Müde lagerten wir uns am Boden. Die Gegend war menschenleer und öde. Kein Baum, kein Strauch, nur Gras und Felsen. Weit und breit keine Brücke und kein Schiff. Es war sehr kalt, und meine Gefährten schliefen einer nach dem anderen ein. Ich überlegte, was zu tun sei und kam zu dem Schluß, daß ich allein über den Kanal schwimmen und den Gral holen müsse. Schon zog ich meine Kleider aus, als ich erwachte.

這個夢中最引人注目的當然是「聖杯」，聖杯是一個容器，它連接人和神，它象徵著過渡客體，超越性空間，它是連接自我和自

性的存在。

榮格自己解釋說，夢把我從印度的世界中帶出，提示我，印度不是我的任務，而僅僅是一段路程，哪怕它是重要的，會讓我接近自己目標。似乎夢境在問我，「你在印度幹什麼，是在尋找你自己和你夥伴急切需要的治癒的容器，救世主嗎？因為你們的國家岌岌可危，你們全都陷在迫在眉睫的危險了，稍不留意就會摧毀世世代代建立起來的一切。」

這種危機感似乎貫穿榮格及其父輩的一生，它既是個人的，又是整個歐洲文化的，同時也存在於榮格與他人的關係中。榮格從幼年期就對聖杯的祕密、聖杯傳說非常感興趣，在本書第五章，1909 年時，榮格告訴佛洛伊德的夢中，就出現了聖杯騎士們，時隔二十九年後，這個主題再次出現在榮格夢中。但是老人榮格的心靈，對於這個主題，顯然有了非常不同的反應。

首先，這一次，榮格不僅僅是聖杯騎士的旁觀者，而是直接成了聖杯騎士的一員。而且看起來，他是一個領導者。他們直接回到了聖杯傳說的起源地之一，英國的中世紀。

據說，聖杯是耶穌在「最後的晚餐」說使用過的杯子，在耶穌為了人類贖罪被被釘上十字架後，聖杯用來盛滿耶穌的寶血，據說這個杯子具有各種神奇的功能，比如讓人長生不老等。然後它被基督教徒們帶回了英國。

所以聖杯象徵著耶穌基督的慈悲、犧牲和萬能，是一種具有救贖能力的容器。另外，聖杯也是女性的象徵之一。曾經有一種傳說，就是耶穌和一位妓女瑪利亞結婚了。而且還生下了孩子。據說達文西就是耶穌的子孫。耶穌當年要把基督教教主的位置傳給自己

的妻子瑪利亞，但是羅馬發生了宗教政變，就像金庸在他小說《笑傲江湖》、《鹿鼎記》裡面描述的那樣。聖杯騎士團，就是護送瑪利亞和孩子到英國或法國避難的人，聖杯就是暗指「瑪利亞」，耶穌的妻子。而且，聖杯也和榮格個人的愛情故事有關。榮格雖然自己一直熱衷於聖杯，並且也打算在自己的書籍中寫作這一題材。但是他的妻子艾瑪也很喜歡這一題材，所以為了夫妻恩愛，榮格忍痛割愛，把這個題材讓給了自己的妻子去發揮。聰明的男人們總是以為對自己的智慧揮刀自宮，就可以平息女人們對自己的嫉妒烈火。

但是其實這種讓招，是對於對手的最大蔑視。艾瑪終身也沒有完成她有關聖杯的研究。直到她死後，才由她和榮格共同的徒弟馮·法蘭茲完成其殘餘手稿。雖然聖杯有如此豐富和神聖的意義，但是我們看到，夢中榮格及其朋友們卻不是真正的聖杯騎士。他們只是一群遊客。而且聖杯所在之地，也是一個狹窄荒涼的小島。這大概象徵著榮格和其他歐洲人一樣，已經喪失了對基督教文化價值和騎士精神的敬意——他們是一群遠離故鄉的人，正在茫然尋找著失落的聖杯精神。比如榮格，很長一段時間，妄圖在東方文化中找到醫治歐洲人空心綜合症的良方。

這種空心綜合症的知識份子典型代表，當然就是夢中的老教授蒙森，聖杯就在他身邊，馬上就要出現，而他卻仍然在討論聖杯，把聖杯當作一種純粹的歷史知識，而不是活生生的經驗。

這種絕對的理性主義，走火入魔的智慧崇拜，是現代知識份子的一個典型特徵。他們認同了一種偏頗的男權主義形象。美國文化人類學家理安·艾斯勒（Riane Eisler）寫過一本書，叫做《聖杯與劍》（*The Chalice and the Blade*），其中就談到聖杯大約象徵女性

的包容和仁慈，劍象徵的男性主義的果敢和征服。它們兩者辯證統一，才是人類的未來，當代社會顯然後者過度發展了。

所以在夢中，我們看到這群遊客要想變成騎士，必須讓學究教授消失。在神奇動物地精出現後，教授的確消失了。地精就是此夢的轉化元素，它出現後，榮格一行人轉化成為了聖杯騎士，進入了歐洲傳統文化無意識中，一個神話傳奇仍然鮮活的領域。

但是我們發現，自性化是一條孤獨的道路，榮格必須一個人上路，冒著失去生命的危險，穿越窮山惡水，放棄一大圈疲憊不安的親朋好友。

此夢對榮格的影響是非常深遠的，它標誌著榮格重新回到了基督教傳統文化，並最終找到了屬於自己的聖杯。

聖杯在哪裡呢？就在傳統文化的煉金術裡。在旅行途中，尤其是去往印度的這次，他隨身攜帶的書籍也都是有關煉金術方面的。

榮格雖然非常讚賞東方文化，但是也指出東方文化之黑暗與愚昧。就在他去印度旅遊之後，他說：「東方人認為，善與惡有意義地存在於自然之中，只不過是同樣事物的不同程度。我看到印度精神中包含的惡與善一樣多。基督教謀求善並屈從惡，印度人覺得自己超脫於善與惡，並用冥想或瑜伽來追求實現這一超越。鑒於這種態度，無論善與惡都沒有真正的界線，這就形成了一定的停滯，一個人既不真的相信惡，也不真的相信善，善與惡最多是會被認為是我的善、我的惡，即某事對我來說是善的或是惡的，這給我們留下了矛盾的陳述，即印度精神缺乏善惡觀。」

缺乏明確的善惡觀，這也是中國精神欠缺的一點。在榮格看來，一個人的世界裡如果沒有明確的善惡界線，那麼唯一判定善惡

界線的標準就成為這個人自己。如此一來，就無法形成真正的集體主義，無法形成一個真正的公民社會，這種情況下的民主選舉，尤其是全民普選，可能就會全民選出一個類似納粹那樣的政權。那麼，這個國家從文化上來說，就很難進入現代社會。

　　榮格認為，印度人模糊這個善惡界限，也有另外一種可能，就是他們現實生活中有太多的衝突了，需要「無爭」或者「不爭」這樣的態度，才能從對立的雙方和萬事萬物中解脫出來。榮格是反對印度教中的一些超脫觀和涅槃觀的。所以他會說，於他不存在不顧一切代價的超脫，一個人不能從他並不擁有，沒有做過或沒有體驗過的一切中超脫，就像一個窮人，是不用討論從財富中解脫的。

　　真正的超脫，只有當一個人做了一切所能做的，並且完全獻身於一件事和盡最大努力參與其中之後才有可能。如果半途而廢，實際上就是切除了與心靈相對應的部分。人沒有經過自我激情的煉獄，就是從來沒有戰勝過激情的體驗。那麼，這些激情就會住在隔壁，隨時可能竄出火焰並點燃自己的房子，無論何時放棄、捨棄或遺忘的太嚴重，就會再次受到因忽略它而導致的、更為強烈的威脅。

　　榮格到了印度，顯然要與佛陀發生一些聯繫了。關於佛陀，他這樣認為：「我把佛陀的一生理解為自性的真實，自性突破並擁有了個人生活。對佛陀來說，自性高於一切神，是一個統一的世界，它代表人類存在的本質，和作為一個整體的世界。自性同時體驗本質存在和其可知性兩個方面，捨此世界遍佈存在。佛陀見到並領悟了人類心靈演化的尊嚴，因此他清楚的意識到，如果人熄滅這光，世界將存入虛無，叔本華的偉大成就表現在他也認識到了這一點，

或獨自重新發現了這一點。」

由此可以看出，榮格認為佛陀和叔本華的見解是類似的。當然，這對於好多佛教徒來說都無法同意。在他們看來，叔本華一個俗人怎麼能和我們佛陀相比較？

更令他們難以接受的是，榮格認為：「基督與佛陀一樣是自性的顯現，但具有完全不同的含義。」榮格的這一句話，可能會讓很多基督教徒和佛教徒接受不了。因為，在有些基督教徒看來，佛教徒信的是「個人」不是「神」，而他們信奉的是「真神」。同樣，在佛教徒看來，基督教徒完全沒有擺脫「我執」。在他們的心中，有一個絕對的「我」在那裡，那個「我」就是基督的耶穌。所以是愚癡的、無明的。

榮格的這種天下一家，多教合一的靈性觀，在當年還是比較前衛的，在今天，這已經是超個人心理學，身心靈運動的基礎見地。

因此，我們可以把榮格歸為任何一個宗教的信徒，也可以把他歸為不屬於任何一個宗教的普通人。自性化的過程，自然也要求一個人能夠整合各種宗教觀和靈性觀，當他要信奉某一種宗教時，他最終把它變成一個具有自己個人特性的宗教。榮格的朋友，赫曼·赫塞，寫過一本小說，《悉達多》（Siddhartha），就是在說一個叫做悉達多的人，如何在佛教背景下，創造出屬於他自己的靈性超越之路的。悉達多曾經面對佛陀本人，他告訴佛陀，雖然很多人追隨佛陀的建制式的佛教修行方法，但是他覺得有必要找到屬於每個人自己的個性化超越之路。

延伸閱讀

　　赫塞的小說《悉達多》（或譯《流浪者之歌》），是榮格分析師必讀，也是最常推薦給個案做自助書的，其中清晰優美地描繪了自性化的各個階段。集體無意識是超越人類和動物精神界限的領域，而非洲，是人類和動物聯繫最緊密，也是人類精神開始從動物精神中脫離出來的起源。榮格是最早探索非洲的心理特質而對當代人的影響的心理治療師，這個工作的幾乎沒有後續者。幸虧分析師芬妮・布魯斯特（Fanny Brewster）續上了這口氣，她的兩本著作值得流覽，《非裔美國人和榮格心理學：離開陰影》（*African American and Jungian Psychology: Leaving the Shadows*）、《種族情結：文化與種族的榮格派視角》（*The Racial Complex: a Jungian Perspective on Culture and Race*）。尤其應該考慮到的是，非洲和黑人是美國文化的陰暗一面，中國人近三十年過多接受了美國文化的光明面（也就是美國文化的人格面具），接觸一下其陰影，也有助於自身的整合。

第十一章

老年 3
死亡是時間之神的恩賜

印度之行後，63 歲的榮格正式步入老年期，這時候離他 86 歲離開人間，還有人生的最後二十五年。

榮格是怎麼度過人生的最後這二十五年呢？在這二十五年中，榮格經歷了兩件大事：其一是二戰，其二是配偶死亡。二戰之前，榮格的名聲達到了頂峰，眾多著名大學都授予他名譽博士、名譽教授的稱號。

名、權、財、色，可以說是人格面具的四大元素。一般來說，人們前半生追逐財色，容易在財色方面栽跟斗，而後半生，又容易在名聲和權力方面入坑。

榮格的前半生，在財、色方面吃了一些虧，到了後半生，具有了世界性的名氣，自然也就被世界性的權力人物看上了——這便是納粹高官和美國情報部門。

中國人也說，學而優則仕，好像知識份子的人生抱負就是做官，但是做官、接觸權力是危險的，這大概也是中國古人如莊子，不斷提醒人們遠離權力中心的原因。

榮格和納粹的接觸其實很短：納粹德國有一個醫學心理協會，老會長退位了，請榮格來做新會長，榮格就這樣一不小心納粹站了台。那是 1930 年，納粹名聲並沒有那麼壞，當時中國也有人提出要用納粹精神建國。這個協會出了一期刊物，榮格在上面發表了文章，其中有幾句話，提到了雅利安人心理特徵和猶太人心理特徵，有抬高雅利安人的嫌疑。文章中種族歧視的成分，其實要比今天網路上腔調低很多，我們看到人們肆無忌憚地歧視美國人、日本人、韓國人、印度人，國內不同族群之間的歧視、性別歧視等等，最令人驚奇的是，連心理諮商師們也會使用諸如「中國式男人」、「中

國式父母」這類歧視詞語，貶低、攻擊了這兩個群體。

榮格很快發現，事態發展不對頭，因為學會中真的開始歧視猶太人了，有人開始提議要逐出猶太人會員。這次榮格醒悟過來，一邊退會，一邊利用自己的聲名幫助了猶太同行。據說，榮格之所以被認為有反猶太主義，還和佛洛伊德派有關，他們認為榮格是反猶太者，因為榮格曾經說過，佛洛伊德的學說貶低人性，連猶太人自己也不接受。

之後，榮格多次激烈地批判納粹政權，還被列入了納粹的黑名單。《榮格全集》中，有可能引發爭議的文字也被刪除了。但是為時已晚，榮格的一生，乃至死後，都被扣上了反猶太人的帽子。

1997 年，傳記作家理查・諾爾（Richard Noll）專門寫了一本書，叫做《雅利安的基督：卡爾・榮格的祕密生活》（*The Aryan Christ: the Secret Life of Carl Jung*），其中詳細找出了各種蛛絲馬跡，證明榮格曾經政治錯誤。當然，榮格的擁護者們，也會反覆尋找證據，力圖證明有缺陷的大師仍然是德藝雙馨的。

但是，至少在戰後的很長一段時間內，榮格的名聲都受到了重大損害，雖然不至於身敗名裂，被人唾棄，至少也還是被人詬病的。戰後聯合國為了修復人們受損的心靈，請榮格等人出謀劃策，榮格等人寫的報告中，居然警告不要開展集體化的、大規模開展的心理療法。這大概也造成了榮格學派進一步被邊緣化。一直到 2002 年，著名傳記作家迪爾德麗・貝爾（Deirdre Bair）的長達八百八十頁的巨著《榮格：傳記》（*Jung: A Biography*）出版，這段黑歷史才有了重見天日的一面，原來納粹和美國都聯繫過榮格，希望他為自己效力。納粹的高層希望榮格去診斷希特勒，如果診斷希

特勒有精神障礙，那麼就可以把他換下來，從而避免輸得太難看。而美國在瑞士的情報部門，同樣也聯繫了榮格，讓榮格給希特勒做心理描述，榮格最後接了美國的任務，成為了美國特工，特工編號為 Agent 488，榮格準確地預測了希特勒不是奮戰到底，就是自殺。

除了做美國特工，榮格在其他方面也表現出了一個老人的睿智和果敢。當時的瑞士雖然是中立國，但是也非常危險，很可能一夜之間就被納粹佔領，為了躲避戰亂，富甲天下的榮格家也要跑到偏僻的農村去。而且當時物資短缺，實施了軍隊管制。當然了，榮格家身為超級富豪，早就國籍自由，完全可以逃離祖國，跑去一個沒有煙硝、鮮花盛開的地方。

但是，榮格選擇了留在祖國，共赴國難。這說明了榮格具有強烈的國家身分認同，這也是一個人人格面具中比較光明的成分，對於中、老年人來說，認同扎根於故國家園，當然是有利身心健康，所謂四十不惑，五十知天命。中老年人如果還是四處浪蕩，生活在別處，身在曹營心在漢，不知日暮鄉關何處是，這種老空心當然會造成自身和家庭的極大痛苦。

榮格和他的同事們還試圖幫助佛洛伊德，化敵為友，雖然多年前，他們因為意見不一而離開了佛洛伊德的國際精神分析協會。這表現出老年榮格的心性修養，胸懷廣闊，珍惜友情，度盡劫波兄弟在，相逢一笑泯恩仇。人到老年，自然會遠離年輕人常見的「非黑即白」的極端思維，對世界和他人有更多的包容和接納。

他們當時希望把佛洛伊德接到瑞士，哪怕只是短住，之後佛洛伊德可以去其他國家。但是佛洛伊德不但拒絕了好意，還說，我不

會接受自己敵人的幫助。佛洛伊德錯過了相逢一笑泯恩仇的機會，錯過了讓自己放下名利愛恨的機會，也錯過了讓心中充滿慈悲和寬容的機會。

除了讓自己的身體緊緊扎根於祖國外，榮格的心靈，也回歸了故園，扎根於歐洲傳統文化。我們知道，歐洲古代有兩大文化傳統——基督教文化和古希臘文化。在榮格的時代，正是歐美第三大傳統——科學主義——形成的高峰期。榮格對於科學的態度，也經歷了德國唯心論哲學家黑格爾（G. W. F. Hegel）所說的正－反－合的三個階段。一開始，他用青春的熱情擁抱科學，後來走向東方宗教和非洲文化，發表了很多反對科學主義的言論，但是到了晚年，他對科學的態度辯證緩和了很多，甚至比較在乎自己是不是「科學工作者」的頭銜。比如，曾有瑞士學者示質疑榮格的心理學是否科學，榮格居然寫信去質問對方，因為眾多國家的科學協會、大學都授予了榮格榮譽會員、榮譽教授或榮譽博士的頭銜，所以榮格反問此人，是不是對這些國家的科學機構有什麼意見？

在其晚年寫作中，他也開始和自己最著名的個案，物理學家包立合作，提出共時性原則，並且認為這個原則補充了當時的科學理論的不足。共時性理論當時看起來石破天驚，但是現在隨著量子力學等領域的探索，它基本上已經是熟悉當代物理學者的常識。這也是為什麼現在的新、舊宗教都喜歡引用量子力學來作為自己基礎理論的原因吧！

就在二戰末期，1944 年時，69 歲的榮格心臟病發作。經歷了一次瀕死體驗。瀕死的榮格，看到自己飛了起來，懸在空中，回望地球，地球在藍色的光芒中。他轉過頭，看到一塊黑色巨石懸在空

中，像是隕石。這塊隕石和榮格自己的房子差不多大。石頭浮在空中，榮格自己也浮在空中。

榮格走過去時，看到石頭被鑿空做成了一個寺廟。石頭入口在右面，有一皮膚黝黑的印度教徒，身穿白袍，以蓮花盤姿坐在石凳上。榮格知道那個人是在等他，他同時看到很多神龕，上面有很多供燈。

就在榮格要走進神廟時，他產生了一種感受，覺得一切都漸漸消失了。他說：「我所有的追求、希冀、思想，塵世的亦真亦幻，都離我遠去，或被生生扯掉，這個過程極為痛苦。然而，也有一些東西留了下來；我似乎還保有我經歷過的事、做過的事和我身邊發生的一切。」

榮格感受到一切與他同在，他就是由這一切組成的，是一切存在過或者完成過的事物的總和。這種瀕死體驗其實就是《哲人玫瑰園》[1]中的最後一圖——復生。這個時候要整合生與死，有與無，時間的起始和盡頭。

整合的過程中，榮格產生了一種極為貧乏的感覺，同時又覺得自己十分充實。他再也無欲無求，不再惋惜丟失的或被奪走的東西。相反地，他覺得自己擁有了組成自己的一切，覺得此生足矣。

這時他已經靠近神廟，並走上台階。突然他看到自己的心血管醫生 H 的靈魂也跟來了。榮格當下就明白醫生受了地球的派遣，他果然告訴榮格，他的離開是不被允許的，他沒有權利離開塵世，必須返回。

1　【編註】《哲人玫瑰園》是一篇有關西方心靈煉金術的論文中的十幅配圖，最早的手稿可追溯至 1578 年。

榮格的瀕死體驗就結束了。當時榮格感覺很痛苦，整整三週，他沒有恢復過來，而且他覺得地球是個三維的牢籠，就像小說《三體》中描述的人們，他們在體驗了四維空間的廣闊後，回到三維世界，就處處都感到幽閉、狹窄。

　　同時榮格有個直覺：如果自己回來，H醫生是不是要死掉呢？事實的確如此。1944年4月4日，這一天榮格的病好了，H醫生倒在了病床上，不久後去世了。

　　這之後，榮格仍然有幾週處於情緒兩極化的狀態，這期間，他又出現了三個婚禮幻覺。

　　第一個婚禮幻覺，是一個猶太教的卡巴拉神聖婚禮，他看到護士頭部周圍有一個藍色光環，他的病房變成了卡巴拉傳說中的石榴園，一個煉金的聖地。

　　第二個婚禮幻覺，是比較有基督教意義的，叫做「羔羊的婚宴」，代表著耶穌基督和羔羊的結合。

　　第三個婚禮幻覺，是古希臘的神聖婚姻。他說：「我走到了一個廣闊山谷的盡頭，面前是一串起伏的丘陵。山谷盡頭有一座古羅馬的圓形露天競技場。在這裡，人們正在慶祝神祇的婚姻。男女舞者登上舞台，主神宙斯和赫拉正在進行神祕婚禮，就像《伊利亞特》中描寫的一樣。」

　　這些幻覺，每次大約出現大約一小時左右，過後他會再次睡去。榮格覺得自己在極樂世界中，榮格覺得，這種極樂感來自於一種時間上的整體感——有的事情尚未開始，而有的事物確切地存在於當下，還有的已經結束，這一切卻是一個整體……那是一個令人捉摸不透的整體，包含著對開始的期待、對現存的驚異和對結果的

滿足或失望。人交織於這個難以描述的整體中，同時又以完全客觀的態度觀察著這個整體。」

對於長期坐禪修行的人來說，這種體驗不難理解，入定的時候可以體驗到這樣的感受，禪觀、內觀的時候也容易出現這種體驗，當然其中的情緒可能沒有這麼欣快。不少佛教淨土宗修行者，在臨終之前都可以預見自己死亡時間，並且在他們眼前也會出現很多幻覺（或者說視覺意象），譬如空中出現西方三聖——阿彌陀佛、觀世音菩薩、大勢至菩薩。

對於沒有這種體驗的人來說，這段話是很難理解的。有一部盧·貝松執導電影叫做《露西》（Lucy），影片中，主角露西大腦被開發到 100% 的時候，就出現了類似感受。我們看到，心靈可以在時間和歷史中穿梭，也不再受到物理環境的限制。最後，露西出現了類似「虹化」的現象，就是身體徹底消失，變成彩虹一樣的光芒。虹化是藏傳佛教中很高的修行境界，以前大多數人以為只是傳說和現象，現在隨著手機發達，社交媒體發達，幾乎每隔一年半載，就有人見證虹化，以後大概要成為「仁波切們」的標配了。

榮格的瀕死體驗當然還有其他很多理解的方法，比如有的人從純粹生物學的角度來理解，就是這些體驗都來自於大腦在人死之前，要分泌大量的內啡肽、多巴胺等神經遞質，讓人和動物比較快樂、安心地死去。但是這種純生物學觀點，沒有辦法解釋為什麼同樣是分泌神經遞質，有的人的神經遞質製造出來的視覺體驗是觀音菩薩，有的人是看到上帝。還有的人是看到滿天空中飛舞的都是一對對正在做愛、交配的男女，這種和榮格看到的三場婚禮類似，魯迅說，所謂婚禮，就是一群人敲鑼打鼓地宣告一對男女要交配了，

佛洛伊德想必也同意，婚禮等文明社會的根基，還是來自於最原始和最根本的性欲——愛本能。所以從這個觀點，榮格的瀕死體驗，大約是一次壓抑性本能的集中釋放。就像很多動物臨死前，都會有勃起、射精等表現一樣，其意義大概也是想在臨死之前要留下基因。藏傳佛教的修行者們大概是瞭解了人的這種本性，所以在他們流傳的中陰解脫的靜忿百尊觀想中，臨終之人會觀想到一百多位正在做愛的佛父佛母，當然從抽象的意義上，這些做愛的佛母佛父，象徵著陽性元素和陰性元素的化合——慈悲與智慧的雙運、空性與明性的雙運。

婚禮，從榮格心理學的角度，當然是化合原型的表徵。榮格晚年費力最多的一部煉金術著作就叫做《神祕化合：探詢煉金術中精神對立的分離和綜合》（*Mysterium Coniunctionis: an Inquiry into Separation and Synthesis of Psychic Opposites in Alchemy*）。這本書 1955 年才完成，是榮格八十歲生日的禮物。榮格曾經以為這是他職業生涯的最後一本書了。但是之後因緣巧合，他又創作了一些作品。在煉金術中，頻繁使用到婚禮來比喻對立面的整合，譬如《哲人玫瑰園》，就用日神和月神的婚姻、化合、死亡和重生，來比喻對立統一、相反相成的元素，是如何完成自性化過程的。

一對正在結婚的夫妻，或者正在做愛的男女，看起來無論是對世俗的榮格，還是終身修持中陰解脫修法的西藏修行者，都具有強烈的吸引力，乃至臨終之時，也會升起與之有關的視覺意象。這種意象，用佛洛伊德的術語來說，叫做「原初場景」，或者「伊底帕斯情境」，就是兒童第一次看到或者想像到了一對恩愛的、要結合的伴侶，這對伴侶與觀察者（兒童），形成了三元關係，我們稱為

伊底帕斯三角。

　　這時候兒童的態度會是心理發展的重要節點——是要選擇進入夫妻，變成他們的一員，與父親或母親競爭？還是意識到，那是不屬於自己的領域，從而祝福他們美滿？還是把做愛的夫妻，幻想為是父親在虐待母親？在前面的章節中，我們已經談到過，榮格要修通這種伊底帕斯三角情結是很困難的，因為他父母不相愛，他看起來長期替代了母親的角色，與爸爸更親密。

　　在瀕死體驗之後，榮格的人生進入到了 70 歲，孔子所說的「從心所欲而不逾矩」的階段，也是人生的最後一個階段。從榮格的這些體驗來看，似乎可以說自性化程度進入到了較高階段。但是實際上，不同人的自性化程度是無法進行比較的，不能說一個人的自性化比另一個人的自性化更高級或更低級，因為自性化無法量化、也沒有高低上下這種二元對立。如果有人企圖把自性化列出一個排行榜，類似高考那樣的，可能是中了考試文化的毒了，才會把自性化也當成可量化的考試成績來對待。

　　大病痊癒後，榮格的工作就進入了碩果累累的階段。他說他不再致力於完善自我的觀點，而是讓自己跟隨思想流動，他力圖無條件地接受一切事物本來的樣子，不加主觀臆斷地接受一切現狀以及接受自己本性。按他的話說，當一個人開始過自己的生活，他便必須容納錯誤。沒有錯誤，生活就不完整。

　　榮格不但滿懷熱情地寫作，而且他還建立了榮格學院，這表示他對集體學習、對權威主義的反感似乎也有所緩解。

　　不僅僅在意識層面上他有突變，無意識的層面上，他的夢境也發生了重大變化，他做了一個夢，是如此記錄的：

我已經夢見過自性和自我的關係問題。在先前那個夢裡，自己在漫遊，在一條小街上穿過丘陵地帶，陽光閃耀，周圍視野開闊。我走近路旁小教堂，門虛掩著，我走進去。令人驚異的是，祭壇上既無聖母像，亦無耶穌受難像，而只有鮮花裝點。隨後卻見祭壇前地上，面對著我，有一個瑜伽行者，他以蓮花坐盤腿而坐，正處於甚深禪定中。細看時，發覺他長著我的臉。我驚恐至極，醒來是因為想到：「啊哈，原來他是那個正在禪觀我的人，他做夢了，而我就是那個夢。」我知道，他要是甦醒，我將不復存在。做此夢是在1944年病後。

（夢 23：瑜伽行者夢）

瑜伽行者夢

英文

I had dreamed once before of the problem of the self and the ego. In that earlier dream I was on a hiking trip. I was walking along a little road through a hilly landscape; the sun was shining and I had a wide view in all directions. Then I came to a small wayside chapel. The door was ajar, and I went in. To my surprise there was no image of the Virgin on the altar, and no crucifix either, but only a wonderful flower arrangement. But then I saw that on the floor in front of the altar, facing me, sat a yogi in lotus posture, in deep meditation. When I looked at him more closely, I realized that he had my face. I started in profound fright, and awoke with the thought: "Aha, so he is the one who is meditating me. He has a dream, and I am it." I knew that when he awakened, I would no longer be. I had this dream after my illness in 1944.

德文

Über das Problem der Beziehung von Selbst und Ich hatte ich schon einmal geträumt. In jenem früheren Traum befand ich mich auf der Wanderschaft. Auf einer kleinen Straße ging ich durch eine hügelige Landschaft, die Sonne schien, und ich hatte einen weiten Ausblick ringsum. Da kam ich an eine kleine Wegkapelle. Die Tür war angelehnt, und ich ging hinein. Zu meinem Erstaunen befand sich auf dem Altar kein Muttergottesbild und auch kein Crucifix, sondern nur ein Arrangement aus herrlichen Blumen. Dann aber sah ich, daß vor dem Altar, auf dem Boden, mir zugewandt, ein Yogin saß - im Lotus-Sitz und in tiefer Versenkung. Als ich ihn näher anschaute, erkannte ich, daß er mein Gesicht hatte. Ich erschrak zutiefst und erwachte an dem Gedanken: Ach so, das ist der, der mich meditiert. Er hat einen Traum, und das bin ich. Ich wußte, daß wenn er erwacht, ich nicht mehr sein werde. Diesen Traum hatte ich nach meiner Krankheit 1944.

這個夢發生的時空是在白天，一座沐浴陽光的丘陵地帶。登山，往往象徵著心靈的提升、上升，而白天則象徵意識。然後空間

變化了，一個容器出現了——那就是教堂。人們可能以為，這象徵著榮格最終要皈依基督教了。但是教堂內卻沒有任何基督教象徵，反而只有一個瑜伽行者和鮮花。鮮花，是植物的生殖器官，當然是象徵著自然的生命力，和之前瀕死意象中出現的婚禮比較起來，更加接近生命力的本源。

然後榮格看到瑜伽行者，榮格的理解是，自性猶如瑜伽行者，退入到禪定狀態中。對自己在地球上的人形生物進行觀想，換句話說，自性為了進入三維存在，而採取了人的形狀。

那麼自性為什麼要採取瑜伽行者這種形式呢？有的人認為，這象徵著榮格認同東方文化，衛禮賢和他開玩笑說，榮格上輩子應該是個中國人，受罰去歐洲受罪。我們也可以反過來說，是榮格的自我選擇了瑜伽行者成為自性意象的投射對象。

當然，我們更有可能懷疑：自性能夠被一個人物象徵嗎？其實按照榮格後期有些地方對自性的定義來看，廣義的自性，就是全宇宙任何東西，所以它是沒有辦法被表徵的，無論是使用語言，還是使用圖畫。

瑜伽行者榮格和 70 歲的榮格，也形成了從榮格童年就開始的身分認同分裂關係——在童年，他稱之為第一人格和第二人格。後來，在訓伏阿拉伯王子夢（夢 14）中，又變化成智慧老人榮格和年輕王子之間的對立統一。

如果我們沿著時間軸回溯，我們會發現，這個最早的對立，就在榮格記憶中的第一個夢，幼兒榮格與獨眼肉柱的對立。

現在這一切對立，隨著老人榮格意識到他就是我，我就是他，而土崩瓦解。在心理治療的後期，我們有部分來訪者也會有這樣的

感受，就是發現原來所謂我的真我和假我，我的內在小孩和成人，我自己和靈魂伴侶，我以及我的客體關係六老（老爸、老媽、老闆、老師、老公、老小）都是一場投射與認同的遊戲。

榮格自己說，「瑜伽行者的形象在某種程度上，表現我無意識在出生前的整體，而夢中頻現的遠東表示與我們自身心態相反的、對立的精神狀態。瑜伽行者的禪修投射出我的經驗現實，就如幻燈機一樣。」

這聽起來，的確百分百像一個禪修大徹大悟者的話語。然後，在不到十年的時間裡，榮格就面臨了所有禪修者或悲欣交集，或平淡如水地去參加的人生大考——死亡。自己所愛之人的死亡和自己的死亡。1953 年，榮格在 2 月 14 日這天，慶祝了自己和妻子艾瑪·榮格的金婚紀念日。

一個月後，3 月 21 日，他的伴侶托尼·沃爾夫的就突然去世了。托尼的去世讓榮格感覺非常訝異，因為托尼比他小 13 歲，這年托尼 65 歲，而榮格 78 歲。在托尼死前，榮格就夢到自己戒菸了，而且他的確也開始注意到要戒菸和鍛練身體。

而托尼對菸的態度和他截然相反，據說一天可以抽兩包菸。當時托尼的一個醫生勸她戒菸，另一個覺得可以抽。有一個有關香菸的文化背景需要提出來，香菸一開始的時候曾經被當作藥品，甚至有些醫生去代言香菸廣告。後來才逐漸有醫生們提出香菸可能有導致癌症等危害的說法。

榮格想要戒菸，當然也象徵著他想要擺脫對口欲的依賴，也隱喻著和托尼關系的疏遠。托尼死後，榮格也沒有去參加她的葬禮，而是由榮格的太太代表自己去參加。

在托尼死亡之前的數年間，榮格記錄下來兩個夢，分別是「配樓樂隊夢」和「父親聖經夢」。

配樓樂隊夢，如下：

我又夢見自家房屋加建了我還從未踏足的大配樓，我打算看看，最後走了進去，到了一扇巨大的折門跟前，一開門，就置身於一個裝配成實驗室模樣的房間。窗前立著一張桌子，鋪放著許多玻璃器皿和動物實驗室的一切器材，這是我父親的工作場所，但他不在。靠牆書櫃上成百上千的玻璃容器有各種我能想到的魚類，我吃驚了：「現在我父親研究魚類學了！」

我站在那裡，環顧四周，發覺一道簾子時不時鼓起，宛如有勁風吹拂。突然漢斯，一個來自鄉村的青年出現了，我請他查看一下，屋內簾後是否窗戶大開。他走過去，過了些時候回來，我看到他深為震驚，面有懼色，他只說：「對，那裡有點名堂，鬧鬼了！」

於是我親自前去，發現有一道門能通到我母親的房間。房間裡沒有人，氣氛頗為詭異。這個房間頗為寬敞，從天花板懸下來兩排各五只箱子，離地兩英尺。它們看起來貌似花園小亭，面積約六平方英尺，每一個都裝有兩張床。我的母親去世已久，我知道此處是讓人來拜訪我母親的，雖然她早已去世。她擺上這些床就是給來訪的精靈們睡覺用的。這些精靈成雙到來，結成了鬼魂的婚姻，它們來到這裡過夜，甚至白天也會來。

在我母親的房間對面有一扇門。我把門打開，走進了一個大廳——它使我想起了大賓館的大廳，有圈椅、幾案、柱子和一切應

有的富麗堂皇。一個銅管樂隊正在演出，大廳裡空無一人，只有銅管樂隊大聲吹出舞曲和進行曲，

　　大廳裡正在演奏銅管樂，雖然從頭至尾聽見它是背景聲，卻不知來自何方。廳中無人，只有「銅管樂隊」高奏其曲調、舞曲和進行曲。

（夢 24：配樓樂隊夢）

配樓樂隊夢

英文

　　I dreamed once more that my house had a large wing which I had never　visited. I resolved to look at it, and finally entered. I came to a big double door. When I opened it, I found myself in a room set up as a laboratory. In front of the window stood a table covered with many glass vessels and all the paraphernalia of a zoological laboratory. This was my father's workroom. However, he was not there. On shelves along the walls stood hundreds of bottles containing every imaginable sort of fish. I was astonished: so now my father was going in for ichthyology!

　　As I stood there and looked around I noticed a curtain which bellied out from time to time, as though a strong wind were blowing. Suddenly Hans, a young man from the country, appeared. I told him to look and see whether a window were open in the room behind the curtain. He went, and was gone for some time. When he returned, I saw an expression of terror on his face. He said only, "Yes, there is something. It's haunted in there!"

Then I myself went, and found a door which led to my mother's room. There was no one in it. The atmosphere was uncanny. The room was very large, and suspended from the ceiling were two rows of five chests each, hanging about two feet above the floor. They looked like small garden pavilions, each about six feet in area, and each containing two beds. I knew that this was the room where my mother, who in reality had long been dead, was visited, and that she had set up these beds for visiting spirits to sleep. They were spirits who came in pairs, ghostly married couples, so to speak, who spent the night or even the day there.

Opposite my mother's room was a door. I opened it and entered a vast hall; it reminded me of the lobby of a large hotel. It was fitted out with easy chairs, small tables, pillars, sumptuous hangings, etc. A brass band was playing loudly; I had heard music all along in the background, but without knowing where it came from. There was no one in the hall except the brass band blaring forth dance tunes and marches.

The brass band in the hotel lobby suggested ostentatious jollity and worldliness. No one would have guessed that behind this loud facade was the other world, also located in the same building.

德文

Ich träumte wiederum, mein Haus habe einen großen angebauten Flügel, in welchem ich noch nie gewesen war. Ich nahm mir vor, ihn anzusehen und schließlich ging ich hinein. Ich gelangte an eine große Flügeltüre. Als ich sie öffnete, befand ich mich in einem Raum, wo ein Laboratorium eingerichtet war. Vor dem Fenster stand ein Tisch, bedeckt mit vielen Gläsern und allen Para -phernalien eines zoologischen Laboratoriums. Das war der Arbeitsplatz meines Vaters. Er war aber nicht da. An den Wänden standen auf Schäften hunderte von Gläsern mit allen erdenklichen Sorten von Fischen. Ich war erstaunt: «Jetzt beschäftigt sich mein Vater mit Ichthyologie!»

Als ich da stand und mich umschaute, bemerkte ich einen Vorhang, der sich von Zeit zu Zeit aufbauschte, wie wenn ein starker Wind wehte. Plötzlich kam Hans, ein junger Mann vom Lande, und ich bat ihn, er möge nachsehen, ob im Raum hinter dem Vorhang ein Fenster offen stünde. Er ging hinüber, und als er nach einiger Zeit zurückkam, sah ich, daß er tief erschüttert war. Ein Ausdruck des Schreckens lag in seinen Zügen. Er sagte nur: «Ja, da ist etwas, da spukt es!»

Dann ging ich selbst hinüber und fand eine Tür, die in den Raum meiner Mutter führte. Kein Mensch war dort. Die Atmosphäre war unheimlich. In dem sehr großen Zimmer waren an der Decke zwei Reihen von je fünf Kästen, etwa zwei Fuß über dem Boden aufgehängt. Sie sahen aus wie kleine Gartenhäuschen von etwa zweimal zwei Metern Bodenfläche, und in jedem standen zwei Betten. Ich wußte, daß an diesem Ort meine Mutter, die in Wirklichkeit schon längst gestorben war, besucht wurde, und daß sie hier Schlafgelegenheiten für Geister aufgeschlagen hatte. Es waren Geister, die paarweise kamen, sozusagen Geisterehepaare, die die Nacht oder auch den Tag dort zubrachten.

Gegenüber dem Raum meiner Mutter befand sich eine Tür. Ich öffnete sie und kam in eine riesige Halle; sie erinnerte an die Halle eines großen Hotels mit Fauteuils, Tischchen, Säulen und aller dazugehörenden Pracht. Eine laute Blechmusik spielte. Ich hatte sie schon die ganze Zeit im Hintergrund gehört, ohne jedoch zu wissen, woher sie kam. Niemand befand sich in der Halle, nur die «brassband» schmetterte ihre Weisen, Tänze und Märsche.

Die Blechmusik in der Hotelhalle deutet auf ostentative Fröhlichkeit und Weltlichkeit. Kein Mensch würde hinter dieser lauten Fassade die andere Welt geahnt haben, die sich auch noch im Haus befand.

這個夢的時間不太確定，榮格自己透露，這個夢對他1946年寫作的《移情心理學》以及之後的《神祕化合》有重要啟示作用，他說，「在人性上與學術上牽動我的幾乎所有問題均伴有夢境，或者由夢境先聲奪人，移情問題亦然，在這樣的一個夢境中通過一幅

引人注目而出乎意料的畫面提示了此問題連同基督問題。」

榮格提出，夢中賓館大廳中的銅管樂，表明其白日生活的歡樂、俗氣、膚淺和招搖，但是生活還有另外一面，屬於夜晚、精靈的世界，由魚類實驗室和懸掛的花園小庭所象徵的。

榮格指出，死去父親的研究魚類學和受難的耶穌有關，對不熟悉基督教文化的人來說，有點匪夷所思。但是用魚來象徵耶穌，是基督教的基本象徵之一。

在很多教堂，都有「耶穌之魚」的紀念品，其英文是 ichthys 或者 ichthus，和魚類學 Ichthyologie 的詞根是一致的，它來自古希臘語「ΙΧ ΘΥΣ」，這個詞的每一個字母，都代表著原始基督教的一個密碼。第一字母 Iota（i）是 Iēsous（Ἰησοῦς）的縮寫，它是希臘語「耶穌」的意思。第二個字母 Chi（ch）是 Christos（Χριστὸς）這個詞的縮寫，它的意思是「施塗油禮」。第三個字母 Theta（th）是 Theou（Θεοῦ）的縮寫，意思是「上帝的」。第四個字母 Upsilon（y）是 yios（Yiὸς）的縮寫，其意為「兒子」。第五個字母 Sigma（s）是 sōtēr（Σωτήρ）的縮寫，希臘語「救世主」之意。

榮格提出，父親作為牧師，母親作為接待鬼魂的人，他們都具有牧養靈魂的神聖職責。但是顯然他們都遇到了困難。他認為懸掛的接待鬼魂的庭院，象徵著心理治療和日常生活中的移情投射，而魚類實驗室，則讓他聯想到了受傷療癒者。他甚至認為這是他父親在基督教方面修行不足的結果，他說，「父親其實從未研究過獸形基督象徵學，實實在在至死都經歷基督示人並預言的受難，而未明確意識到《師主篇》（《師主吟》、《尊主聖範》、《效法基督》）的後果，他視受難為要向醫生求教的私事，而非一般基督徒

的受難。」

對於耶穌基督為什麼要以魚的形象出現，他如此解釋，「具備獸形象徵表明諸神不僅達到超人領域，而且延伸至生活的非人範圍，某種程度上，動物是它們的陰影，自然給光明的形象加入了這種陰影。」

這種領悟甚至讓榮格和後人得出了一種治療假設，就是治療是在無意識層面發生的，如榮格對這個夢如此評注，「典型的是，夢中的關鍵活動由死者對死者實施，亦即在意識的彼岸，也就是在無意識中。」

這個夢當然可以從煉金術的角度解釋，同時，如果從個人生活來解釋，我們不難看出，它與榮格家庭情感的緊密聯繫。首先這個夢的容器就是榮格自己的家，而且夢境要解決的主題似乎也與婚姻夫妻關係緊密結合。在夢中有兩組鬼魂夫妻，一組是榮格的父母，另一組則是榮格母親準備招待的兩排十對鬼魂夫妻。

在死去父親婚姻諮商夢（夢 15）中，47 歲的榮格就為陰間的父親婚姻狀況操心，現在眼看快三十年過去，年逾七旬的老榮格仍然關心父母的精神狀況。

父母在夢裡並未出現，但似乎都可以各安其所了。父親有了屬於自己的實驗室，比起以前頻繁出現的圖書室，似乎更多了一些實幹精神，少了些書呆子氣。而且這裡的魚類研究，不僅僅基督教的獸形神學研究，而且還是當代的生物學研究。在打垮基督教的各科學分支中，以達爾文為代表的進化生物學居功甚偉。時至今日，基督教的傳教小冊子中還要引經據典，告訴人們達爾文學說是多麼不靠譜。但是在榮格生活的時代，達爾文為代表的當代生物學和基督

教的衝突，大概相當於五四新文化青年和儒家的衝動，前者對後者咬牙切齒，提出打到孔家店，甚至有人提出連漢字也要廢除，今天看起來未免幼稚可笑，肝火過旺。榮格的夢中，父親看起來是可以整合這兩種對立的文化了，故而父親因為信仰喪失而長年憂鬱的情況大概也能得到治癒了。故而沒有再次現身，懇求兒子的幫助和教導。

不過榮格顯然還有一個任務要完成，就是去看望、療癒自己的母親。但是在看望母親之前，榮格的另外一個側面出現了，這是一個名叫漢斯的農夫。在困在十七世紀夢（夢 19）中，也曾經出現過一個小個子農夫，他駕駛馬車，引導 51 歲的榮格進入煉金術的世界。現在這個農夫，則來引導榮格進入鬼魂的世界。顯然，這個農夫具有地獄使者的特性，某種程度上類似榮格心理學中描述的「搗蛋鬼」（the trickster）原型。同時，他當然也代表著偉大導師榮格的個人陰影——他曾經是個農民的兒子，也將永遠保留農民的某些特質。這也是鳳凰男、鳳凰女們的人生主題，成為了鳳凰，如何與山雞、野雞做朋友，而不是一味地嫌棄他們，這在個人層面，就是個人人格面具與個人陰影的整合。

進入母親房間後，榮格看到了兩排花園小亭箱子。花園是與生命聯繫的，而這裡的小亭卻是給死人準備的。榮格及其母親，在當時都相信死後生命的存在。這在當時離經叛道，在如今雖然一些研究開始讓科學家傾向肯定死後生命的存在（譬如 Netflix 出品的紀錄片《死而未亡》便介紹了這方面一些成果），但大體來說還是讓人覺得匪夷所思。而夢中榮格母親，貌似陰間的媒婆，或者情人旅館老闆，她房間裡的箱子，也是為了接待鬼魂夫妻而存在。這當然

也象徵著榮格對夫妻恩愛，靈肉合一，陰陽和合的追求與嚮往。

而這個鬼魂情人旅館的對門，卻有一扇門通往世俗的賓館大廳，世俗賓館富麗堂皇，妙音繞梁，卻沒有一對對情侶翩翩起舞。這似乎象徵著對榮格及其時代世俗愛情的空虛和失落。父權制正在解體，夫妻們不再相愛，徒餘家庭的華麗空殼，就像《紅樓夢》裡的家庭。而相親相愛的夫妻只屬於死亡，屬於陰冥地府。箱子的數目字是十個，中國人顯然容易聯想到十全十美，數目「十」在西方的神祕數學中也象徵著圓滿、完美。也就是說，它是自性圓滿的象徵。榮格在這裡，需要整合的是生與死的二元對立，愛與孤獨的二元對立。

榮格的無意識，似乎更關注孤獨研究神學魚類學的父親，畢竟母親忙於招待來往的鬼魂夫妻，而喪失信仰、心情抑鬱的父親，和榮格共患心靈空虛的時代病。我們尤其應該關注的是信仰真空對夫妻關係的影響。基督教的教義賦予夫妻關係神聖意義，夫妻之愛，具有神聖意義，高於金錢、權力等利益。而科學，並不能夠給天長地久、白頭偕老的夫妻之愛一個科學的解釋。天長地久有盡時，白頭偕老，一夫一妻，在進化生物學中，只有一點點依據，鴛鴦是專情的，而猴子大多風流，所謂渣男。人們說，只羨鴛鴦不羨仙，顯然是想要改造自己身上的猴子基因。

父親聖經夢（夢 25）的時間，應該是這樣 1952 年左右，榮格 77 歲之時，其書《答約伯》出版之前。約伯是《聖經》裡面一個著名的故事，他經歷了非常殘酷的考驗，失去了家庭、財富、名聲，從一個虔誠的教徒變成了懷疑、詛咒上帝者，然後上帝親自顯出真身，和他辯論，約伯馬上臣服，感恩上帝賜予的一切災難，恢

復了對上帝的信心。榮格在他的作品中，主要觀點是提出基督教的不足，它總是強調上帝光明的一面，而把黑暗的一面通通歸結給魔鬼。另一方面則強調上帝無所不能。既然上帝無所不能，他為什麼不消滅魔鬼呢？除非我們能夠推斷：魔鬼是上帝的朋友，魔鬼是上帝派來的，這樣上帝和魔鬼就辯證統一了。

這對於從小浸泡在陰陽合一的理念的漢人來說，似乎不太困難。哪怕只看過《西遊記》，也知道大部分妖魔鬼怪都是佛菩薩安排的臥底，佛菩薩安排了九九八十一難給唐僧師徒，其實唐僧師徒要是聰明些，中途就應該把唐僧的肉體捨棄，把它佈施給想要吃唐僧肉的妖怪們，這樣的大慈大悲就會感天動地，猶如佛祖割肉飼虎，捨身餵鷹，然後諸天神佛顯靈，一步就到了西天。

對於虔誠信仰上帝是光明的、上帝是完美的歐美人士，要相信上帝安排了災難，上帝本身是黑暗的，神魔同體，警匪一家，這種觀點就是褻瀆，就是邪教。直到今天，榮格的神性觀還被某些神學家批判。

夢 25 就是從榮格的父親討論《聖經》開始的，這個夢如此記錄：

與約伯的問題連同所有後果也在一次夢中做了預告。夢開始於我去看望早已逝世的家父。他住在鄉間，不知何處。我看見一幢十八世紀式樣的房子，十分寬敞，有一些較大的外屋。我獲悉，這座房子原為溫泉浴場的客棧，陸續有大人物、名流與王公貴族在那裡下榻。還聽說一些人死了，在教堂地下室中放著他們的豪華棺槨，這個教堂也屬於此建築的，我父親作為教堂司事管理它們。

但我很快發現，我父親不僅是教堂司事，而且還是位獨立大學者，這在他生前是從未沒有的職業。我在書齋遇到他，奇怪的是，Y醫生（年齡與我相仿的）與其子也在場，二人均為精神科醫生。不知是我自己提了一個問題，還是我父親自己主動想解釋什麼，反正他從架子上取下一本大《聖經》，厚厚的大開本，類似於我的圖書室中梅里安作插圖的《聖經》。家父所持的《聖經》裝訂著錚亮的魚皮。他打開《舊約》（我猜是《摩西五經》），開始解釋某處。他做得如此迅速、博學，讓人都跟不上了，只發覺他所言透露出大量各類知識，對其含義，雖猜出一二，但既無法估量亦領會不了。我看到Y醫生一竅不通，其子發笑，他們以為，我父親處於老頭子的興奮狀態，滔滔不絕，胡說一通。我卻很清楚，那並非病態的興奮，更不是胡言亂語，而是一種如此睿智博學的論據，而我們比較愚蠢，跟不上他。那是令他著迷的十分重要之事，所以他會說得那麼深沉，充滿深邃的思想。我生著悶氣，心想，真可惜，他不得不在我們三個笨蛋跟前說話。

隨後場景變了：我父親和我在房前，對面是庫房，顯然堆著劈柴，我們聽得到砰砰聲大作。仿佛有人把大木塊扔上扔下。我感覺像至少有兩名工人在勞作，但父親示意那邊鬧鬼。顯然是某種吵鬧鬼正在製造出了喧嚷。

隨後，我們進屋，我看見牆壁很厚。我們沿窄梯上到二樓，那裡呈現出奇觀：一間廳堂，完全是蘇丹阿克巴在法赫塔布林西格裡城的市政廳地下室的翻版。那是圓形高大的房間，沿牆有一道遊廊，有四座橋通往佈置成池狀的中心。池子架在一根巨柱上，成為蘇丹的圓形座位，他在那裡對沿牆坐在廊台上的顧問和哲學家們說

話。一切是一個巨大的曼陀羅，完全對應我在印度見過的市政廳地下室。

夢中忽見一道陸梯從中心沿牆突兀而上，這與現實不符了。上面是一小門，家父說：「現在我將領你面謁上主！」好像他說的是「highest presence」（作者案：夢中其父開始講英語，「最高存在」之意）。然後，他跪下來，以額觸地，我依樣照做，同樣大動作下跪。因為某種原因，我的額頭無法完全著地，額頭與地面相差一毫米。但至少我和他一起擺出了姿勢，或許因家父而驀然曉悟，上面門後幽居著大衛王的統帥烏利亞，大衛王為了烏利亞之婦拔示巴而可恥地出賣了他，命令武士在面對敵人時對烏利亞棄之不顧。

（夢 25：父親聖經夢）

父親聖經夢

英文

The problem of Job in all its ramifications had likewise been foreshadowed in a dream. It started with my paying a visit to my long-deceased father. He was living in the country I did not know where. I saw a house in the style of the eighteenth century, very roomy, with several rather large outbuildings. It had originally been, I learned, an inn at a spa, and it seemed that many great personages, famous people and princes, had stopped there. Furthermore, several had died and their sarcophagi were in a crypt belonging to the house. My father guarded these as custodian.

He was, as I soon discovered, not only the custodian but also a distinguished scholar in his own right which he had never been in his lifetime. I met him in his study, and, oddly enough, Dr. Y. who was about my age and his son, both psychiatrists, were also present. I do not know whether I had asked a question or whether my father wanted to explain something of his own accord, but in any case he fetched a big Bible down from a shelf, a heavy folio volume like the Merian Bible in my library. The Bible my father held was bound in shiny fishskin. He opened it at the Old Testament I guessed that he turned to the Pentateuch and began interpreting a certain passage. He did this so swiftly and so learnedly that I could not follow him. I noted only that what he said betrayed a vast amount of variegated knowledge, the significance of which I dimly apprehended but could not properly judge or grasp. I saw that Dr. Y. understood nothing at all, and his son began to laugh. They thought that my father was going off the deep end and what he said was simply senile prattle. But it was quite clear to me that it was not due to morbid excitement, and that there was nothing silly about what he was saying. On the contrary, his argument was so intelligent and so learned that we in our stupidity simply could not follow it. It dealt with something extremely important which fascinated him. That was why he was speaking with such intensity; his mind was flooded with profound ideas. I was annoyed and thought it was a pity that he had to talk in the presence of three such idiots as we.

Then the scene changed. My father and I were in front of the house, facing a kind of shed where, apparently, wood was stacked. We heard loud thumps, as if large chunks of wood were being thrown down or tossed about. I had the impression that at least two workmen must be busy there, but my father indicated to me that the place was haunted. Some sort of poltergeists were making the racket, evidently.

We then entered the house, and I saw that it had very thick walls. We climbed a narrow staircase to the second floor. There a strange sight presented itself: a large hall which was the exact replica of the divan-i-kaas (council hall) of Sultan Akbar at Fatehpur Sikri. It was a high, circular room with a gallery running along the wall, from which four bridges led to a basinshaped center. The basin rested upon a huge column and formed the sultan's round seat. From this elevated place he spoke to his councilors and philosophers, who sat along the walls in the gallery. The whole was a gigantic mandala. It corresponded precisely to the real divan-i-kaas.

In the dream I suddenly saw that from the center a steep flight of stairs ascended to a spot high up on the wall which no longer corresponded to reality. At the top of the stairs was a small door, and my father said, "Now I will lead you into the highest presence." Then he knelt down and touched his forehead to the floor. I imitated him, likewise kneeling, with great emotion. For some reason I could not bring my forehead quite down to the floor there was perhaps a millimeter to spare. But at least I had made the gesture with him. Suddenly I knew perhaps my father had told me that that upper door led to a solitary chamber where lived Uriah, King David's general, whom David had shamefully betrayed for the sake of his wife Bathsheba, by commanding his soldiers to abandon Uriah in the face of the enemy.

德文

Auch das Problem des Hiob hatte sich mit allen seinen Konsequenzen in einem Traum angekündigt. Es war ein Traum, in dem ich meinem längst verstorbenen Vater einen Besuch machte. Er wohnte auf dem Lande,unbekannt wo. Ich sah ein Haus im Stil des 18. Jahrhunderts. Es schien sehr geräumig, mit einigen größeren Nebengebäuden. Ursprünglich war es ein Gasthof in einem Badeort gewesen; ich erfuhr auch, daß im Laufe der Zeit viele große Persönlichkeiten, berühmte Leute und Fürstlichkeiten, dort abgestiegen waren. Weiter hieß es, einige seien gestorben, und in der Krypta, die auch zum Haus gehörte, stünden ihre Sarkophage. Über sie walte mein Vater als Kustos.

Mein Vater war aber, wie ich bald entdeckte, nicht nur Kustos, sondern, ganz im Gegensatz zu seinen Lebzeiten, ein großer Privatgelehrter. Ich traf ihn in seinem Studierzimmer, und merkwürdigerweise waren Dr. Y. - etwa in meinem Alter - und sein Sohn, beide Psychiater, auch da. Ich weiß nicht, hatte ich eine Frage gestellt, oder wollte mein Vater von sich aus etwas erklären, jedenfalls holte er eine große Bibel von einem Schaft herunter, einen dicken Folianten, ähnlich der Merianschen Bibel, die sich in meiner Bibliothek befindet. Die Bibel, die mein Vater hielt, war in glänzende Fischhaut eingebunden. Er schlug das Alte Testament auf - ich vermutete, es war in den Büchern Mosis - und fing an, eine gewisse Stelle zu interpretieren. Er tat das so rasch und so gelehrt, daß ich nicht imstande war zu folgen. Ich merkte nur, daß, was er sagte, eine Unmenge von Kenntnissen jeglicher Art verriet, deren Bedeutung ich zwar einigermaßen ahnte, aber weder ermessen noch erfassen konnte. Ich sah, daß Dr. Y. überhaupt nichts verstand und sein Sohn zu lachen anfing. Sie dachten, mein Vater befände sich in einer Art senilem Erregungszustand und ergehe sich in einem sinnlosen Redefluß. Es war mir aber ganz klar, daß es sich nicht um eine krankhafte Erregung handelte und erst recht nicht um Unsinniges, sondern um ein dermaßen intelligentes und gelehrtes Argument, daß unsere Dummheit einfach nicht folgen konnte. Es ging um etwas sehr Wichtiges, das ihn faszinierte. Darum sprach er mit solcher Intensität, übernutet von tiefsinnigen Gedanken. Ich ärgerte mich und dachte, es sei doch schade, daß er vor uns drei Dummköpfen reden müsse.

Dann änderte sich die Szene: mein Vater und ich waren vor dem

Hause, und gegenüber befand sich eine Art Scheune, wo offenbar Holzvorräte aufgestapelt waren. Dort hörte man lautes Poltern, wie wenn große Holzstücke herunter- oder herumgeworfen würden. Ich hatte den Eindruck, als ob mindestens zwei Arbeiter am Werke seien, aber mein Vater bedeutete mir, daß es dort spuke. Es waren also eine Art Poltergeister, die den Lärm vollführten.

Dann gingen wir ins Haus hinein, und ich sah, daß es sehr dicke Mauern hatte. Wir stiegen eine schmale Treppe hinauf in den ersten Stock. Dort bot sich uns ein seltsamer Anblick: eine Halle, die das genaue Abbild des Diwän- i-kaas (Ratshalle) des Sultan Ak-bar in Fatehpur-Sikri darstellte. Es war ein hoher runder Raum mit einer Galerie der Wand entlang, von welcher vier Brücken zu dem wie ein Becken gestalteten Zentrum führten. Das Becken ruhte auf einer riesigen Säule und bildete den Rundsitz des Sultans. Von dort sprach er zu seinen Räten und Philosophen, die auf der Galerie den Wänden entlang saßen. Das Ganze war ein riesiges Mandala. Es entsprach genau dem Diwän-i-kaas, den ich in Indien gesehen hatte.

Im Traum sah ich plötzlich, daß vom Zentrum aus eine steile Treppe hoch an die Wand hinaufführte - das entsprach nicht mehr der Wirklichkeit. Oben war eine kleine Türe, und mein Vater sagte: «Nun werde ich dich in die höchste Gegenwart führen!» Es war mir, als ob er sagte: «highest presence». Dann kniete er nieder und berührte mit der Stirn den Boden, und ich machte es ihm nach und

kniet ebenfalls nieder in großer Bewegung. Aus irgendeinem Grunde
konnte ich die Stirn nicht ganz auf den Boden bringen. Es blieb
vielleicht ein Millimeter zwischen Stirn und Boden. Aber ich hatte die
Geste mitgemacht, und plötzlich wußte ich, vielleicht durch meinen
Vater, daß hinter der Tür, oben in einem einsamen Gemach, Urias
wohnte, der Feldherr König Davids. Dieser hatte Urias um seines
Weibes Bathseba willen schändlich verraten; er hatte seinen Kriegern
befohlen, ihn im Angesicht des Feindes im Stich zu lassen.

　　這個夢是榮格少數做了較詳盡的自我分析的夢。他首先指出，
那兩個醫生代表著自己，「兩名精神科醫生抱持狹隘的醫學立場，
我是醫生，當然也在所難免。作為父子，他們可謂我的頭層和二層
陰影。」

　　有趣的是，榮格的職業不正是「醫生」嗎？也就是說，醫生應
該是他的「人格面具」才對，現在怎麼變成了「陰影」？而且還有
兩層？

　　大概可以如此來理解：榮格當初希望解決的問題是現代人的靈
魂空虛這一主題。那個時代宗教解體，他以為拯救靈魂之道在於精
神病學，所以成為了精神科醫生。所以，醫生的確是他在青年期的
人格面具。

　　但是，他離精神病學的主流越來越遠。跑去支持精神分析，一
個被鄙視為「江湖派」的前衛心理學，而且還變成了佛洛伊德的法
王子，這相當於大內高手，朝廷武官，跑去落草水泊梁山，成了二

當家火麒麟盧俊義。江湖大咖，成為了他的人格面具的第二層。在第一層人格面具中，支配他的父子關係是喪失基督教信仰的抑鬱父親——學習科學的精神病學來拯救靈魂的兒子。在第二層人格面具中，支配其擇業的無意識客體關係配對是熱情嚮往科學和名聲的父性權威，與努力追隨老師但又希望自己獨立的學生。

現在這兩層關係都從人格面具變成陰影了，這是因為，老年的榮格，哪怕在意識層面，已經成為一個追求靈性超越的人，他既相信鬼魂，也相信上帝，還對幽浮（UFO）等怪力亂神頗感興趣，他此刻的人格面具，應該被稱為「超個人心理學家+靈性修行者」才對。而「精神科醫生」、「精神分析法王子」這兩個過去的人格面具，現在就變成了陰影。

夢中榮格的父親不再是一個喪失信仰的抑鬱者，成為了一個令人敬畏的聖徒。開始給科學主義的醫生們佈道，他使用的《聖經》是魚皮的，而夢23中也提到他作為魚類研究者存在，這表明榮格內心的父親已經不再停留在科學主義者身分中，而是完全回到了神學的本職上。而榮格自己如此分析魚皮：「魚皮給《聖經》打上無意識內容的烙印，因為魚默默無語而且無知無覺。」有趣的是，這次他不再強調魚象徵著耶穌了，而認為魚象徵著精神分析的核心概念——無意識。

其實，這也正是榮格開創的一面——用精神分析解讀《聖經》。這個方面的開山之作，就是他寫作的《答約伯》。在後榮格分析師中，愛德華・艾丁哲（Edward Edinger）等更是對《聖經》進行了全新的解讀。

夢中榮格的父親是虔誠的傳教者，也是獨立知識份子，卻沒有

聽眾還卻遭到嘲笑，這其實也是榮格自己在晚年遇到的問題，他對煉金術和基督教文化的興趣，遭到了他同輩的嘲笑和蔑視，其實在他死後，不少榮格分析師對他後期的研究方向也不以為然，某些榮格分析師的培訓中甚至是一筆帶過，或者根本不提。

父親被嘲笑、被忽視的場景，發生的容器，是「一幢十八世紀式樣的房子，十分寬敞，有一些較大的外屋。」十八世紀對榮格是一個很有意義的時間，榮格小時候，他就幻想自己是個十八世紀的老人，是十八世紀巴塞爾的一個名醫。而在死者復活夢（夢10）中，榮格依次復活了多個世紀的古人，其中就包括十八世紀的死人。十八世紀，也是工業革命開始的時期，是當代父權社會崩潰的開端。

這個房子的第二個特點，是它是浴場、客棧，又是墳墓和教堂。浴場象徵著身體的淨化和沐浴，而客棧是接納旅客、遊蕩者的地方，這象徵著榮格以及其他歐洲人的空心無依、靈魂遊蕩，需要在此地得到來自聖靈的沐浴和淨化。最終他們能夠死得其所、靈魂安息。

而現在，這些空心的靈魂，是不能夠安然赴死的，所以在夢境的第二部分，出現了吵鬧鬼。在夢中，榮格與父親並肩站在一起，然後他們聽到了吵鬧鬼們發出的砰砰聲，仿佛有人把大木塊扔上扔下。這些吵鬧鬼可能象徵著靈魂的噪動不安，七上八下，正如榮格在《紅書》中描述的那些鬼魂，他們死後仍不得安息，尋求靈魂的佈道與解脫。榮格自己如此分析：「此次挫敗之後，我們過街到了好像有吵鬧鬼作祟的『那邊』。吵鬧鬼現象多發生在青春期前的青少年身邊，這就是說，我尚不成熟，過於懵懂。」

夢的下一個部分，榮格進入了第二層空間，這個空間是印度阿克巴大帝建造的曼陀羅。阿克巴大帝是伊斯蘭世界的英雄，他加固了莫臥兒王朝的統一，與此同時，他是一位開明的國王，對異教徒較為寬容。法赫塔布林－西格里城是阿克巴確立的五國首都，此地之所以成為首都，是阿克巴去尋找一位當地隱士，隱士預言之一是不久後他將有一子，後果然實現，阿克巴非常高興，定下此地為首都。

所以此地也象徵著十六世紀的父子情深，父權制的頂峰。細心的讀者，不免聯想到第九章的訓伏阿拉伯王子（夢14），那夢裡也有伊斯蘭文化的父子情深，師徒情深。

就在此地，一個神蹟發生了，一個通往天堂的天梯出現，榮格的父親準備帶他去面見上帝，還用英文告訴他，那是最高的存在。然後，父子倆都要拜倒在「最高存在」的腳下。但是，這裡發生了一個只有一毫米的失誤，父子倆要拜倒在最早存在的腳下，但是榮格差了一毫米拜不下去，這是所謂失之毫釐，謬以千里嗎？還是在提示榮格，他距離真正的聖徒，天使般的聖徒，還有一毫米的距離？

當然，這就涉及到如何理解在最高存在之寶座上的人物形象是什麼？我們知道，那裡坐著的是烏利亞。烏利亞和大衛王的故事，是《聖經》中比較黑暗的一篇。大衛是耶和華選定的以色列的國王，但是有一次，他看到一個美女在洗澡，一打聽才知道這是他的將軍烏利亞的老婆拔示巴。他邀請拔示巴進入宮殿，和拔示巴發生了姦情。拔示巴懷孕了，大衛王想要瞞天過海，就讓烏利亞回來，兩次想讓他回家去和拔示巴睡在一起。但是烏利亞兩次都表示，自

己忠於國王，無心回家與妻子同床共枕。大衛王只要設下一計，把烏利亞發配到戰場上，然後周圍的人撤離，從而害死烏利亞。

烏利亞死後，上帝耶和華親自干預此事，派人譴責了大衛王，申明要降下災禍。後來大衛的確接二連三遇到災禍，首先是一個兒子死了，然後大衛王的另一個兒子暗嫩強姦了自己的妹妹他瑪，大衛王的又一個兒子押沙龍為了替他瑪報仇，殺了暗嫩，押沙龍後來又篡位，趕走了大衛，大衛王糾集軍隊，奪回王位，雖然他叮囑不要傷害押沙龍，可是他的部下老臣，還是殺死了押沙龍，讓他心痛不已。

這個故事中唯一一點讓人溫暖的情節是，拔示巴後來成為他的嬪妃，終身伴侶，在他老年，拔示巴為他們倆的孩子之一的所羅門請願，讓所羅門成為了以色列之王，一代明君。[2]

榮格對這一段的進行了大段的自我分析：「中心是阿克巴大帝的座位，他統治次大陸，像大衛王一樣是「世間之主」。但比此人地位更高的是他那無辜的受害者、忠誠的統帥烏利亞，他被拋棄，留給敵人。烏利亞喻指遭上帝遺棄的神人基督……大衛還把烏利亞之婦「占為己有」。我後來才明白，對烏利亞的這種影射意味著什麼，我不僅發現自己被迫公開言說《舊約》中矛盾的上帝形象，這事對我損害極大，而且死神還會奪走了我的妻子。」

榮格繼續分析道：「這些是無意識中藏形匿影等著我的事情，我不得不屈從於這種命運，本該以額觸地，以示俯首貼耳。但至少有什麼以一毫米的差距阻止了我。我心裡有什麼東西在說：『一切

2　【作者註】見《聖經‧撒母耳記（下）》

　　榮格的 30 個夢：心靈大師的自我療癒

都還好，但這不夠完全。」我身上有什麼在抗拒，不想當一條愚蠢的魚；若自由人的身上並沒有這種東西，則基督誕生之前的幾個世紀就不會有人寫出《約伯記》。甚至面對神聖的意旨，人也給自己的精神保留的一些東西。否則人的自由何在？若自由無力威懾那威脅了自由的神性大他，那自由還有什麼用呢？」

他又說：「烏利亞高居於阿克巴之上，夢境說，他甚至是『最高存在』，這種表達其實只用於上帝，不包括卑躬屈膝……夢境揭示了早就存在於人類中的一個想法、一種預感：這個力量就是受造物超過了造物主，在一個小小的、但至關重要的因素上。」

從這段我們可以總結出老年榮格得到的要點是：

1. 人在一個方面是超過上帝的，那就是自由。

2. 上帝是有暗黑一面的，就像大衛王一樣。

3. 人性的忠誠和獻祭，才是最高的存在。

4. 因為榮格犯了口業，執行了言論自由權，批評了《聖經》中上帝的暗黑性，所以他受到了懲罰，懲罰之一就是妻子早死。

此夢之後一年，1953 年，就是托尼之死。托尼死後兩年，1955 年，80 歲榮格迎來了人生的又一次重大打擊，這一年的秋天，榮格的妻子，艾瑪・榮格平靜地去世了。

參加了艾瑪葬禮的人多年後都還記得榮格在眾人面前所表現的堅毅和鎮定神情，而他脆弱的另一面也有人看到，榮格在家裡痛哭流涕，他自己也說，必須通過不斷雕刻石碑，來代謝喪妻之痛。

榮格生命至此，所有的重要女性已經死亡——母親、情人、妻子。榮格的無意識也對此事做出了反應，他做了一夢，可命名為「不喜不悲的妻子夢」，如此記錄：

我在如視覺意象般的夢境中見到她，她站在不遠處，直視著我。她風華正茂，三十上下，身穿連衣裙，是多年前我的那個靈媒表妹給她做的，這或許是她曾穿過的最漂亮的連衣裙。她的表情不喜不悲，而是帶著一種客觀的智慧和理解，沒有絲毫情緒反應，如同她已經遠離情感迷霧。我知道，那不是她，而是她為我提供或安排的形象，包括我們交往之初、五十三年婚姻生活中的風風雨雨，還有她生命的終結。面對如此完整性，一個人幾乎無話可說，因為這幾乎難以領會。

（夢 26：不喜不悲的妻子夢）

不喜不悲的妻子夢

英文

I saw her in a dream which was like a vision. She stood at some distance from me, looking at me squarely. She was in her prime, perhaps about thirty, and wearing the dress which had been made for her many years before by my cousin the medium. It was perhaps the most beautiful thing she had ever worn. Her expression was neither joyful nor sad, but, rather, objectively wise and understanding, without the slightest emotional reaction, as though she were beyond the mist of affects. I knew that it was not she, but a portrait she had made or commissioned for me. It contained the beginning of our relationship, the events of fifty-three years of marriage, and the end of her life also. Face to face with such wholeness one remains speechless,

榮格的 30 個夢：心靈大師的自我療癒

for it can scarcely be comprehended.

德文

Da sah ich sie in einem Traum, der wie eine Vision war. Sie stand in einiger Entfernung und sah mich voll an. Sie befand sich in der Blüte ihrer Jahre, war etwa dreißig Jahre alt und trug das Kleid, welches ihr vor vielen Jahren meine Cousine, das Medium, angefertigt hatte. Es war vielleicht das schönste Kleid, das sie jemals getragen hatte. Der Ausdruck ihres Gesichtes war nicht freudig und nicht traurig, sondern objektiv wissend und erkennend, ohne die geringste Gefühlsreaktion, wie jenseits des Nebels der Affekte. Ich wußte, es war nicht sie, sondern ein von ihr für mich gestelltes oder veranlaßtes Bild. Es enthielt den Beginn unsererBeziehung, das Geschehen während der dreiundfünfzig Jahre unserer Ehe und auch das Ende ihres Lebens. Angesichts einer solchen Ganzheit bleibt man sprachlos, denn man kann sie kaum fassen.

　　榮格經由這個夢，領悟到情投意合的夫妻感情，其實也是投射的結果，投射的過程中，或多或少會有強迫和不自由，需要一種客觀水準的情感。其實，這是佛教中說的「悲智雙運」相差無幾了。有首歌曲叫做《溫柔的慈悲》[3]，據說講述的故事是一名佛系女青年愛上了佛門大師，大師對她是溫柔的慈悲，而女生想要的專屬的

3　【編註】《溫柔的慈悲》，林敏作詞，陳小霞作曲，最早的演唱者為林良樂。

寵溺。這個矛盾就在於，大師要是還俗了，給了女生專屬寵溺，大師就不是大師變成了油膩大叔，而女生當初愛上的，是「智慧大師」而並非「油膩大叔」啊。所以這大概就是佛陀歸納的人世本質——無常、不圓滿、無可控制。

油膩大叔就是和專屬寵溺搭配銷售的，就像豬八戒就是寵妻狂魔，而智慧大師唐僧看上去唇紅齒白，但人家的愛是「溫柔的慈悲」，發送給六道眾生所有生命，既包括人也包括豬，不會為任何女生而停留——無論是狐狸精、蜘蛛精，還是白富美女兒國國王。

在瑜伽行者夢（夢 23）中，榮格的自我已經和自性產生了連接。現在這個夢則提示著客體和自性的連結。阿妮瑪和妻子，是男人生命中最重要的兩個客體。阿妮瑪是男人內心的靈魂伴侶，是重要的內在客體，而妻子是重要的外在客體，男人往往容易把阿妮瑪投射到母親、妻子和女兒身上。根據心理的四種功能，我們可以說阿妮瑪有四種變形，分別是：1. 知覺阿妮瑪，以母親為代表，照顧男人－嬰兒的起居飲食，主要是感知覺功能；2. 情感阿妮瑪，和男性建立情感連接，共情感應，以愛神為代表；3. 直覺阿妮瑪，主要是啟發男性的人生方向和創造性，代表是繆斯女神；4. 智慧阿妮瑪，啟發男性的思維功能，產生智慧，代表是智慧女神。

這個夢中，榮格把智慧女神投射給了艾瑪，所以我們看到這個艾瑪是擺脫了情緒的人。這當然也代表著榮格自己發展的方向——超越世間種種情感。

根據芭芭拉・漢娜（Barbara Hannah）和麥可・福德罕（Michael Fordham）的紀錄，榮格晚年的情緒看起來是不太穩定。所以推測起來，他可能也需要這麼一個超越情感的形象。

在喪妻一年後，榮格還夢到和妻子在法國普羅旺斯共度一日，妻子仍然在研究聖杯。

另外一個有關死後靈魂進化的體驗，發生在我妻子死後一年左右，某天晚上我突然醒來，我知道自己隨她在法國南部普羅旺斯，共同渡過了整整一天。她在那裡研究聖杯。

（夢 27：亡妻研究聖杯夢）

亡妻研究聖杯夢

英文

I had another experience of the evolution of the soul after death when about a year after my wife's death I suddenly awoke one night and knew that I had been with her in the south of France, in Provence, and had spent an entire day with her.She was engaged on studies of the Grail there.

德文

Eine andere Erfahrung über die Entwicklung der Seele nach dem Tode machte ich, als ich - etwa ein Jahr nach dem Tode meiner Frau - eines Nachts plötzlich erwachte und wußte, daß ich bei ihr in Südfrankreich, in der Provence, gewesen war und einen ganzen Tag mit ihr verbracht hatte. Sie machte dort Studien über den Gral.

這個夢就這麼短短一段話，沒有詳細的細節描述。但是它引發的反思是深遠的。它激發了榮格本人面對生命的最後一個問題——死亡究竟是什麼？人死之後究竟擁有什麼？還是一無所有？

　　榮格在自傳中特別指出，有的人可能會從主觀層面來解釋這個夢，認為這是他的阿妮瑪仍然在發展，仍然不完整。

　　但是榮格在這個時候，越來越相信人死之後是有靈魂的，而且死後靈魂還會不斷地進化，不斷地進行自性化過程，例如他夢中的艾瑪死後仍然在研究聖杯。

　　其實早在數年前，托尼死後，榮格就開始出現一些輪迴幻想，比如他會在街上看到某個人，以為是托尼的轉世，還讓別人去追問。

　　在西方社會，死後的生命和靈魂、鬼魂究竟存不存在，是個非常有爭議的話題，準確地說是個禁忌話題。西方社會的兩大傳統，科學和基督教，都是反對輪迴觀點的。科學，準確地說，十九世紀的科學，是堅決反對輪迴觀和鬼魂觀。而基督教的不少流派，都認為人死後就埋藏在地下，等待末日時上帝審判。據說為了維護死後無鬼這種觀點，詹姆斯國王版本的《聖經》，把原文中 Holy Ghost（聖鬼），全部改成了 Holy Spirit（聖靈）。

　　即便如此，民間仍保留著對鬼魂的信仰與巫術，榮格的母親家族中，是常常有召喚鬼靈的儀式，榮格家也曾經鬧鬼多次，他在他的自傳中也記錄了這個現象。

　　所以，榮格遇到了一個衝突，大概也是今天大部分人在面對死亡焦慮、死亡情結的衝突，一般來說，我們都會在兩種死亡觀中選擇一種，它們是斷滅觀和輪迴觀。

斷滅觀，就是認為人死燈滅，死後就一無所有。輪迴觀，就是認為人死後仍有生命存在，上天堂、下地獄，或者如佛教說的六道輪迴。

　　榮格在自傳中隱晦地承認了輪迴觀，他認為輪迴觀有利心理健康。他的論證證據是，號召人們從神話的思維的角度來理解死亡。

　　他說：「創造神話的人需要某種無拘無束的意識，但從事科學的人不允許這種觀點的存在，理性認為一切神話創作都是想入非非，但是感性卻覺得這是療癒性的，是一種有益的舉動，它能賦予生命一種魅力，讓我們不能拒絕，也沒有理由拒絕。所以有些問題，比如：宇宙是如何形成的？死後有沒有靈魂？如果我們從科學和智力上沒法解答的話，就要借用這種神話思維來獲得理解。」

　　榮格還認為，大多數人是願意相信死後有生命存在的。假定生活會無限延續下去具有重要意義，會讓大部分人會覺得活得更感性，感覺會更加良好和平和，會覺得自己擁有的時間會非常長，就不會匆忙慌張。

　　當然，他也分析了一些人為什麼不願意接受輪迴觀。他認為有些人的命運非常不幸，或者他們對自己的存在感到厭倦，也就更加覺得生命到此為止就好。

　　我的一個來訪者，他非常不願意相信有輪迴這件事。因為他想到死，死之後還會遇到他爸媽，他就痛苦不堪。他希望自己死後，就會徹底的毀滅。不要再遇到他的爸爸媽媽。所以，他採取相信斷滅觀，是為了防禦一種中國人普遍相信的輪迴死亡觀，叫做「家族重聚輪迴觀」，就是家裡長輩死了會到陰間，而陰間和陽間幾乎一模一樣，有冰箱、彩色電視和紙幣，這象徵著我們的祖先死了以後

也沒有擺脫七情六欲。長輩們死後往往具有一種神通力量，可以保佑子孫，但他們也可能會發怒而回來懲罰不孝子孫。子孫們死了之後，也不得不回到祖先們身邊。這是人們要祭拜祖先的心理根源。

大概深深感受到被祖先的陰影羈絆的人，比如賈寶玉，是絕對不願意採納這種輪迴觀的。所以寶玉出家，就象徵著他和儒家的家族主義死亡觀告別，而採取了佛教的六道輪迴死亡觀。在六道輪迴死亡觀，末日審判在死亡的時候就已經來臨了，一個人會根據他這一輩子修養的心性，變成六種生物之一。如果他的心態接近人類，就重新回來做人，如果他主流心態是充滿慈悲，接近天神，就變成天神。此外還可能變成畜生、餓鬼、地獄眾鬼。其實佛教修行者，還有另外兩種選項。選擇之一是自由選擇投生，也就是修行者在死後，他的心態是完全清楚了，他可以看著六道的光芒閃來閃去的（也就是六個平行宇宙的大門），自己決定投生到什麼世界中。當然修行菩薩道的人，基本上全部都要投生回人世間重新做人，因為他們修行當初發誓要幫助所有人類解脫。選擇之二，是涅槃成佛，從此不再進入六道輪迴中的任何一道。當然有關什麼是涅槃，佛教各流派也有爭議，有一派認為涅槃就是徹底什麼都沒有，有一派認為涅槃是變成阿彌陀佛的鄰居，自己建造出一個極樂世界。還有一派認為涅槃是不可以用人類語言描述的，你一說什麼是涅槃就表示你不知道什麼是涅槃。

佛洛伊德晚年也用了「涅槃」這個詞來建構自己的心理學，他說人類除了愛本能外，還有一種死本能，就是讓能量歸零的本能，這種本能遵循的原則，叫做「涅槃原則」。佛洛伊德堅決擁護斷滅觀，認為人死後的生命延續的神話和夢這類東西，都不過是補償性

幻想，這源於一切生命都渴望永生的願望。堅信斷滅觀的好處，就是能夠熱情地擁抱這一生的生命，努力地愛和工作，這是為什麼年輕人都傾向於選擇斷滅觀的原因。

榮格很努力地論證自己的觀點，曾借助超心理學家萊恩（J. B. Rhine）的研究證明自己的觀點。但是萊恩做的是超感知覺的研究，這類研究證明的是，世間的確存在不受時間和空間支配的很多心靈現象，比如說預知、非空間性知覺等。就此，榮格嘲諷了那些理性主義者，他說：「理性主義者堅持認為通靈體驗並非真正存在，因為他們的世界觀成立和坍塌就是基於此問題之上，如果通靈體驗真會發生，理性主義者的宇宙圖景就失效了，因為他不夠完備。」

時至今日，榮格的論證會有力許多。因為我們今天有一門學科，就叫做輪迴研究。維吉尼亞大學精神病學系兩代學人研究了數千這樣的案例，一開始他們研究的都是東方的案例，學者們不服，說，這可能和文化有關。然後他們又研究數千西方白人案例，這些白人都是不相信輪迴的，甚至家裡出現了輪迴案例都不敢說，害怕被教堂的人們視為異類。證據已經比較充足了，但這些研究都是回顧研究，而一般精神病學和科學心理學則認為前瞻性實驗研究才是最強有力的證據——就是說一個人死之前，就約定問好死後會輪迴到哪裡去，我們好去研究此人是不是真的輪迴了。按理說，這種研究幾乎是不可能的，但是幸運的研究者卻發現在印尼的某些村寨中居然有這種習俗，就是村民們希望家人輪迴後，還能聯繫上，就會在人死前在他身上做記號。但是，這些研究只是驗證了輪迴記憶的確存在，並沒有驗證六道輪迴。我有位來訪者，一位科學研究工作

者，聽了這些研究很開心，一直希望能夠見到她英年早逝的父親，但是看了研究報告後失望了。她以為「輪迴」的意思是她爸爸整個記憶能夠原封不動地輪迴到下一世，但是實際上，即便所有人都是輪迴的，但是如我們常識所知，大部分人都不會保留前世記憶，前世記憶要麼是被封存，要麼是被清空了，少部分人具有輪迴的前世記憶者，也只是部分記憶，而且這些記憶隨著當事人長大而慢慢退場。

如果人類的記憶可以原封不動地遺傳到下一世，就像有些動物，如大象和鯨魚生下來就會認路，那麼人類就可以不需要學習——這輩子考過的英語六級，託福 GRE，下輩子接著用。從某種程度來說，這也實現了人類記憶的永生。

這也正是目前神經心理學家們正在努力的一個方向。但是我們仍然不知道隔胎之謎，就是為什麼大部分人上輩子的記憶要被抹掉、格式化，只能極少數人具有輪迴記憶。當年的榮格因為科學研究證據不足而從實用主義角度去討論輪迴觀的好處。他說：「對於日漸衰老的人來說，死亡是舉足輕重的。為此，有一則關於死亡的神話是非常重要的，因為理性只會告訴這個垂死的老人，他將會埋入一個漆黑的墳墓裡，而神話會為他的生命提供其他的內容。」

以上都是榮格試圖從理性的角度來面對死亡，從情感的角度，他提出，死亡是苦樂相伴的。一方面，榮格承認死亡確實是可怕而殘酷。另一方面，他又認為死亡也是一樁樂事。從永恆的觀點去看，死亡就像一種結合、一種神祕化合，在某種程度上，靈魂找到了它遺失的另一半，並通過死亡達成了完整。換句話說，死亡是自性化必然要經歷的節點。

大概正因為輪迴觀對於榮格來說，比較具有心理意義，所以榮格晚年對於佛教更加感興趣了。據說他死前閱讀的最後一本書，就是中國禪宗的書。他在自傳裡，還把自性化和輪迴聯繫了起來，他說：「一個人之所以會輪迴是因為，他必須要完成自己未完成的問題、未完成的任務。」所以，根據這種說法，自性化的終點就和涅槃差不多了。

　　他認為一旦靈魂達到了一定的理解力，三維生活裡再多的魅力也可能會失去意義，再充分的理解也會澆熄了投胎轉世的願望。在這時候，靈魂就從三維世界消失，從而實現了佛教所說的涅槃。

　　但是如果有未完結的業力，靈魂就會陷入欲望中，並再次轉世。甚至在這樣做時，該靈魂沒有意識到還有某事有待於完成。那麼，按照輪迴說，榮格自己也是輪迴回來做人的，他怎麼理解自己的輪迴呢？他說：「造成我投生的一定是一種對理解力的強烈追求，因為這是我性格中最為強烈的因素。」換句話說，他註定就是要來做精神科醫生，探索人類心靈的。榮格在自傳中，在討論夢 27 時候，居然用到了四維空間等當代物理學前沿知識，令人驚歎，這大概受惠於他和包立等物理學家的往來。另外值得注意的，他也使用了一點數學來論證自己的觀點，這表示他少年時期的數學恐懼症已經蕩然無存，他也更傾向於紮根於歐洲本土的文化來建立自己的生死觀。

　　但是，榮格臨終前的這幾年也並非神仙聖賢一般不沾人間煙火。他同樣出現了被現在年輕人們稱之為「巨嬰」的一些行為。其中之一就是攢錢、藏錢。這個行為，找二戰期間就出現過，在艾瑪死後，再次出現，他會在土裡埋藏一些金銀財寶，還有把一些支

票、現金藏在書裡面，據說後來人們還會在書裡找到他藏的錢。

　　這大概是所有老年人都用來對抗死亡和衰老的方式。積攢金錢，相當於積攢價值觀，當然也有老年人會揮霍金錢，尤其是揮霍到養生、醫療方面，這是渴望用錢買到健康和長壽。

　　當然我們社會比較鼓勵的對抗衰老和死亡的方式，是健身、節食和學習、創作。榮格也有這些行為，譬如他保持登山和步行。他令人驚奇地創作了大量煉金術心理學著作。

　　在他晚年的著作中，有兩部是非常奇特的。一部是自傳《回憶・夢・省思》，另一部是有關飛碟的。

　　自傳雖然大部分是他人代筆，但創作自傳的過程本身就是一種自我療癒。他每天和秘書講述一到兩個小時的人生經歷，讓秘書記錄整理。榮格認為對回憶進行反思，並將之轉化為意象，這對老年人來說可以起到以退為進的效果，即，讓老人看到那條引導自己的生命進入世界，又引導其離開世界的那一條線。

　　這應該稱之為「自傳療法」，老人們在過去的內在和外在意象中重新認識自己，這就像是對來世做的一種準備。最終可以幫助自己擁抱死亡。

　　人在老年開始絮絮叨叨地回憶過去，遺忘近期的事件，看起來類似老年失智的症狀，從心理上來說，這也是準備擁抱死亡的一種防禦機制和應對方式。我有位來訪者，曾經為自己母親的絮叨而苦惱，理解老人絮叨的心理含義後，她也不責備母親「巨嬰」了，相反地，把她媽媽的話記錄了下來，最後整理成一本屬於他媽媽的自傳，在母親大壽時送給了母親。既緩和了母女關係，又幫助了母親面對死亡焦慮，同時還節省了好多錢，因為母親之前絮叨給養生醫

療產品推銷員聽。

我們也會鼓勵來訪者們，平常就做好回憶，寫日記。佛洛伊德認為，精神分析的過程，就是來訪者們用回憶代替衝動行為的過程。而寫日記，就是很好地自我分析。

榮格的飛碟著作其實是和女婿等幾個飛碟愛好者一起討論而創作的。但是他創作的過程，也和創作自傳一樣，是一種自我療癒的過程。在 1958 年 10 月，他做了一個飛碟夢。

1958 年 10 月做的一個夢裡，我從自家房子裡瞥見閃著金屬光澤的兩個透鏡狀圓盤，拐著小彎越過房頂風馳電掣奔湖而去。那是兩隻幽浮。隨後，另一物體直接朝我飛來，是一個圓形透鏡，如同望遠鏡的物鏡，相距大約四、五百米，停頓片刻，然後飛走。緊接著，又有一物體凌空飛來：一面物鏡，金屬附件通向一個盒子，是幻燈機，相隔大約六、七十米，它停在空中，直接對準我。我感覺驚訝地醒來，但人還有一半在夢中，腦中出現這個念頭，「我們總以為飛碟是自己的心理投射。現在，情況表明，我們是它們的投射。幻燈機把我投影成卡‧古‧榮格，但何人操縱此裝置呢？」

（夢 28：幽浮投射夢）

幽浮投射夢

In one dream, which I had in October 1958, I caught sight from my house of two lens-shaped metallically gleaming disks, which hurtled in a narrow arc over the house and down to the lake. They were two UFOs (Unidentified Flying Objects). Then another body came flying directly toward me. It was a perfectly circular lens, like the objective of a telescope. At a distance of four or five hundred yards it stood still for a moment, and then flew off. Immediately afterward, another came speeding through the air: a lens with a metallic extension which led to a box a magic lantern. At a distance of sixty or seventy yards it stood still in the air, pointing straight at me. I awoke with a feeling of astonishment. Still half in the dream, the thought passed through my head: "We always think that the UFOs are projections of ours. Now it turns out that we are their projections. I am projected by the magic lantern as C. G. Jung. But who manipulates the apparatus?"

In einem Traum, den ich im Oktober 1958 hatte, erblickte ich von meinem Hause aus zwei linsenförmige, metallisch glänzende Scheiben, die in einem engen Bogen über das Haus hinweg zum See sausten. Es waren zwei UFOs. Danach kam ein anderer Körper direkt auf mich zugeflogen. Es war eine kreisrunde Linse, wie das Objektiv eines Fernrohres. In einer Entfernung von etwa vier- bis fünfhundert Metern stand es einen Augenblick lang still und flog dann fort. Gleich darauf kam wieder ein Körper durch die Luft geflogen: ein Objektiv mit metallenem Ansatz, der zu einem Kasten führte - eine Laterna magica. In etwa sechzig bis siebzig Metern Entfernung stand sie in der Luft still und zielte direkt auf mich. Ich erwachte mit dem Gefühl der Verwunderung. Noch halb im Traum ging es mir durch den Kopf: Wir denken immer, daß die UFOs unsere Projektionen seien. Nun zeigt es sich, daß wir ihre Projektionen sind. Ich werde von der Laterna magica als C.G. Jung projiziert. Aber wer manipuliert den Apparat?

　　這個夢的最鮮明特徵，是它是一個清醒夢（lucid dream）。在榮格的時代是很少有人研究清醒夢的心理治療效果的。隨著藏傳佛教傳入歐美，人們發現原來夢瑜伽的修行者，是可以在夢中醒來，並且控制夢境，轉化夢境。逐漸引起心理學家們要加入清明夢的研究和運用。

　　清醒夢的出現，意味著意識和無意識的結合，已經可以在睡眠狀態下進行。我們現在做心理分析，其中一個進步指標也就是來訪者會不會邊做夢邊自我分析，就像榮格這樣。在夢中醒過來一半，然後馬上產生一個領悟。藏傳佛教有說法，一個人如果能做清醒夢

七次，則此人可以在死後的中陰階段解脫，它的理論依據是，人的睡眠過程就類似於死亡過程，首先各種器官感覺消失，意識狀態消失，然後出現夢境的時候，就相當於中陰的狀態，或者夢境相當於我們投生到了另外一個世界。所以一個人如果能夠在夢境中醒來，並且轉化控制夢境，那麼他可以在死亡後中陰階段出現的時候，就保持了自由選擇的權力。我們之前說過，自性化就是自由自在，可見保持夢境中清明狀態，對自性化也是重要的。

當然，藏傳佛教的夢瑜伽，是有其意義的。有一位夢瑜伽老師，同時也是心理治療師麥可‧卡茨（Michael Katz）說，他發現，學習清醒夢的西方人，有不少是在夢中召喚出美女來，與之做愛。但是，佛教的修行者們，在夢中要麼是召喚出佛陀、蓮花生大師，教導自己，要麼是自己直接變身為各種佛菩薩，度化眾生。

所以，夢境的文化意義因人而異，榮格在清明夢狀態下，做的事情是進行心理學思考，他思考的內容是：自我的根源是什麼？和之前的瑜伽行者夢是類似的，就是他再次地確認，自我是投射而來。這是傳說中的「無我」。然後，他又問，製造投射的人是誰？這一問，就又問出一個「大我」來。

在瑜伽行者夢中，大我被歸結為教堂和天神，在幽浮投射夢夢中，這個「大我」顯然是一種外星人，他們擁有高科技。換句話說，科學的代表者——外星人，也被投射為「自性」。

這種科學和宗教的整合，是後現代人類生活的一個重要特徵。比如現實生活中，我們在網路上有個外星人代言人巴夏，或是一切中科院院士，都在講量子力學和佛教。又比如說，現代故事《復仇者聯盟》，有些人物很科學，如鋼鐵人、綠巨人浩克，有些人物有

很神話，如雷神索爾、奇異博士。雷神告訴他女友，你們地球上說的科學，在我們那裡叫做神話；奇異博士則從一個堅定的物質主義者，變成了篤信心靈力量的巫師。榮格研究幽浮的著作中，更傾向於論述幽浮是作為一種共時性現象存在，雖然他也承認幽浮的存在。在其之後有關幽浮，51 區，S4 基地的檔和資訊越來越多，2020 年美國海軍公開了有關幽浮的數支影像，更支持幽浮是確實存在的未知飛行器。反方則認為這是海軍騙取軍費的詭計。無論幽浮真假，對榮格來說，其心理象徵意義顯然是超過軍事研究意義。特別要注意的是，榮格夢中的幽浮具有創世神的特徵，祂透過投射，創造了這個世界，似乎更接近於佛教中的普賢王如來。這一點顯然更加接近自性原型的功能，而不是人們推測的各種幽浮的外星主人如地底蜥蜴人、小灰人、昂宿星人等等。

在這個夢中，時間應該是現在，空間是老年的榮格家，首先是兩個幽浮造訪榮格家，然後又來了一個，又飛走了，最後一個幽浮，則直接對著榮格，引發了榮格的投射領悟。這當然又是和心靈的四相性對應。在榮格夢中最早出現的四相性，是他人生第一個夢，獨眼肉柱夢（夢 1）中，草地上的四方形黑洞。幽浮都是圓形的，這象徵著自性的圓滿。榮格的自我與幽浮的對視，則是在夢中多次出現的，最早的時候，是小榮格和獨眼肉柱的對視，然後是老榮格和不悲不喜的亡妻的對視，和瑜伽行者的對視，這種對視關系，都象徵著自我和自性的連結。這個夢是榮格在自傳中記錄的最後一個夢，這時候榮格 83 歲。他的生命還剩下最後三年。

在這三年中，還有兩個夢值得一提。這兩個夢都來自於芭芭拉‧漢娜的《榮格的工作與生活》（*Jung: His life and Work* , *A*

Biographical Memoir）一書。

　　一個夢是他臨終前一年，85 歲生日後做的。

　　夢中，他看到「另外一個波林根」，它沐浴在光芒閃爍中，此時一個聲音告訴夢中的榮格，它已經完工了，可以居住了。夢者榮格看到，在遙遠的下方，有一隻狼獾母親，正在一片水中，教她的一個孩子潛水和游泳。

（夢 29：狼獾母親夢）

狼獾母親夢 [4]

英文

　　He dreamed: He saw the "other Bollingen" bathed in a glow of light, and a voice told him that it was now completed and ready for habitation. Then far below he saw a mother wolverine teaching her child to dive and swim in a stretch of water.

　　這個夢，和以前的有關死亡的夢境比較起來，最大的特徵就是同時出現了兩個時空，天上的時空和地上的時空。

　　波林根，是榮格建設塔樓的地方，也是他晚年絕大部分時間閉關居住的場所。現在這個場所出現了類似佛教虹化，道教飛升的現象，顯然夢者和這個地方正在空中，要不然，之後就不會出現「遙

4　【作者註】夢 29、30 都未能找到德語版，只有英文版，而且不是榮格本人親自陳述。

遠下方」這樣的形容詞。

波林根顯然象徵著榮格獨立的自我，擺脫了家庭、社會束縛的自我，據說，曾經有人問他會不會輪迴來繼續做人，他說，如果能夠再次擁有波林根，他就願意。現在他的這一部分，終於在天堂完工了，榮格有了另外一個家，他可以安心地擁抱死亡了。

但是，夢境的圖像同時展現出了分裂對立的另外一幅圖景，那就是狼獾母子。在二十卷榮格全集中，在榮格的自傳中，之前都從來沒有出現過狼獾這個動物。所以我們可以說，這個動物是不在榮格的意識範疇中的。

在這種情況下，我們可以使用榮格自己經常使用的一種方法來進行夢中動物意象的工作，就是直接瞭解這種動物的生活習性。

狼獾（wolverine）的最典型特徵，就是兇悍無比，頑強堅韌，永不服輸，敢於以小搏大，敢於攻擊比它大的動物，比如駝鹿，甚至有人看到過它和狼搏鬥，和熊搏鬥。有一部漫威的系列電影就叫做 Wolverine，被翻譯為「金剛狼」。

榮格身上也有這種金剛狼精神，他倔強頑強、獨立無懼、永不認輸，專心於研究煉金術、東方宗教這些被人們鄙視的學科。

這大概也是遺傳自他的母親，金剛狼精神用於事業當然是令人敬佩的，但是如果金剛狼精神用於夫妻關係，就會變成一場持續終生的權力爭奪。

夢中狼獾是一位母親，和她的孩子在一起，這當然會象徵著家庭關係、母子聯結。狼獾這種動物是一夫多妻的，準確地說，是一隻公狼獾和多隻母狼獾共用領地，但是公狼獾對於其他公狼獾會堅決鬥爭。養育小狼獾的任務主要是母狼獾完成，小狼獾長大後就會

被趕出領地，自己成家。一夫多妻，如前所述，大概是榮格最容易刺激人們的一個話題，敏感的女權主義者們看到這裡大概又要捶胸頓足、破口大罵榮格渣男，臨死也不忘記浪蕩了。這還真有一些佐證的事蹟，比如這種天上－地下的雙重構圖，在榮格 1944 年的時那個瀕死體驗中，也出現過。榮格在天上印度神廟前，看到了 H 醫生的形象如同一張紙一樣從地球上飄上來，據有的傳記說，榮格當時之所以要回到地球，是因為他看到地球上有三十多個女人呼叫著讓他回來。這個細節在自傳中卻是沒有的。

不過即便如大家假設的，榮格終其一生都是色中餓鬼，我們是不是可以從這個夢中得出對好色者榮格的另一種理解呢？以前是三十個女人在地上呼喚榮格回來，現在代替三十個女人圖景的，卻是一種原始母性——母親狼獾正在教育其獨子狼獾。大概這才是榮格在眾多女人身上尋找，但是卻沒有從來沒有找到的東西——就像一隻母狼愛一隻幼狼那樣，簡單地愛，樸素地恨，餵養子女，教授技能。然後母子分離、各奔東西。在蒼茫草原，夜霧森林，一拍兩散。

而人類的愛，卻沒有這麼原始。在農業社會，人們形成了家族之愛，子女們總要把自己奉獻出來給父母和祖先，總要調和父母的矛盾，家族的衝突，到了工業社會，隨著女性解放，經濟自主，人身自由，女性越來越是心不甘情不願地嫁為人婦，生育子女。如果某個女性如同狼獾一樣，把生殖、繁衍視為人生第一要務，公然容忍丈夫一夫多妻，必然被口誅筆伐，貶低其為低等哺乳動物。

榮格，在其 1927 年的作品《歐洲女性》中，就表達了他對女性的矛盾態度。一方面，他認為歐洲女性越來越解放，工作女性、

獨身女性越來越多，對女性的心理是有害的，甚至提出這是女性出現心理障礙的重要原因。他還提出，女性想要在婚姻中獲得相愛平等關係的話，婚姻這種體制就會被女性更改，也就是一夫一妻制會被更改。但另外一方面，他又期望女性能夠拯救整個時代精神，他說，「如果人的靈魂在饑饉中奄奄一息，那麼上帝的靈魂也無法長盛不衰。女性的心靈回應著這種饑饉，因為愛神厄洛斯的職能就是把邏各斯所撕裂的東西縫合起來。女性在今日面臨著一個無比艱巨的文化任務，或許這就是新時代的曙光。」

從晚年這個夢境來看，狼獾母親似乎在提醒執著的榮格——原始母性本來就是倔強頑強，充滿攻擊性。那種溫暖如水的女性形象，本來也就只是短短數千年的人類社會產物。也許女性們的本性之一，就是堅毅的、彪悍的狼獾，正如後榮格分析師埃思戴絲（Clarissa Pinkola Estés）的著作，《與狼同奔的女人》（*Women Who Run with the Wolves*）中所闡述的，狼性，虎媽、鐵姑娘、鐵娘子，本身也就是女性的原始成分。

也就是說，溫柔如水的女性，很可能只是最近幾千年在人類某些地區塑造出來的理想女性，當社會文化變遷後，人們會把這種女性形象投射到原始女性、古代女性或外國女性身上，比如榮格，就把這種女性投射到了東方女性、原始女性身上，比如當代中國大陸男人，就把這種「賢妻良母」的女性形象投射到了日本女性、台灣女性乃至古代中國女性身上。但是實際上，正如落合惠美子在其著作《21世紀的日本家庭》中考證的，亞洲在古代，只有賢妻這個概念，賢妻良母合而為一，是從歐洲傳播到日本，然後再傳播到中國、韓國等地的。

榮格這一生對女性形象的是悲劇性追尋，就像德國作家聚斯金德（Patrick Süskind，或譯徐四金）小說《香水》中主人公葛奴乙在眾多女性身上拼命想要嗅出偉大母性的氣息，最終得到的卻是一點點溫熱的餘香。

　　榮格家中，外人看起來的齊人之福，內裡可能是一場持續終身的權力爭奪，正如我們在中國的億萬富豪家族企業中看到的，這些企業主不少實行了現實的一夫多妻。但是他們的家庭生活，就像宮鬥劇一樣充滿著嫉妒、憤恨、歧視，往往孩子們也被媽媽們拉進來成為比較物件，與其他孩子競爭，毫無兄弟姐妹之間的親密。

　　榮格成名後，這種溫柔之愛的喪失可能更加嚴重了，走近他的女人成百上千，可是有多少人真正看到榮格，理解榮格呢？不要說理解他的無意識，理解他的內在小孩，甚至沒有多少人願意花時間去理解他的意識層面的實現，比如晚年世界各地來拜訪他的人，大多對他各種花邊新聞、隻言片語感興趣，但是很少有人會和他討論他正在傾盡心血著作的煉金術。

　　榮格自己也體會到了這種貌似崇拜之後，對他的忽略和鄙視，他其實就像宮鬥戲中的皇帝，表面上看起來後宮三千在為自己爭風吃醋，但是實際上皇帝老兒只是一個獨眼肉柱的守墓人而已。人們愛的是皇權、是名利、是光輝，皇帝內心的創傷和脆弱是不被看見、不被理解、不被抱持的。

　　大概正是因為對自己人生殘缺性的悲劇領悟，對自己終身追求的母愛幻覺的放手，讓榮格在其臨終的最後一課，再次出現了石頭和四方形。

　　以下的夢境是榮格臨死之前，陪伴在榮格身邊的管家露絲·貝

利記錄下的：

1. 他看到在一個高高的、光禿之地上，有一塊巨大的、圓形的石頭，上面刻寫著：這是你的完整性和一體性的標誌。2. 在一塊方形地的右側，有許多器皿，陶瓶。3. 一塊方型的地長滿樹木，所有的鬚根，從地下伸出包圍著他，在鬚根之間，有金線在閃閃發光。

（夢30：金線樹根夢）

金線樹根夢

英文

1) He saw a big, round block of stone in a high bare place and on it was inscribed: "This shall be a sign unto you of wholeness and oneness." 2) A lot of vessels, pottery vases, on the right side of a square place. 3) A square of trees, all fibrous roots, coming up from theground and surrounding him. There were gold threads gleaming among the roots.

這個夢境，或者也有可能是三個不同的夢境片段，也許可以讓我們對榮格的一生、內在心理發展蓋棺定論了。

無意識再次回到了榮格生命的早期，曾經在夢中出現的四方形黑洞，現在變化成了具有容納功能和養育生命功能的森林。在書裡面煉金的榮格，終於也從大地母親的懷抱中煉出了絲絲金線。如果按照輪迴觀來看，這個生命、這一縷幽魂，最終變成了植物，變成

了石頭，而不是輪迴做人，或者做動物，比如投生轉世為一隻一夫多妻的公狼獾。那塊圓形的石頭，曾經在漫長地歲月中安慰幼童榮格，帶給他永恆的希望和不受情感困擾的堅定，如今變成了其生命自性圓滿、自成一體的墓碑。

榮格的痛苦和空虛，來自人類文明的父權制度的崩解，中國儒家知識份子們哀嘆的禮崩樂壞。男人們不再做父親，而變成狼獾一樣的雄性動物，遊走在多個雌性動物間，交配和繁殖，女人們也恢復自己的原始母性，一方面擔任起養育兒女的重任，一方面兒女一旦成年，就立即驅逐兒女離開家庭，這其實正是佛洛伊德在《文明及其缺憾》中預言的歐洲文明結局——父權制崩解，家庭解體，婚姻制度滅亡，生育率降低，白人越來越少，然後被貶斥為低等文明的其他文明，也就是仍然全力維護父權制度的文明如伊斯蘭文明、印度文明等等佔領歐洲。

中國的儒家文明，可能也免不了步歐洲文明的後塵，人變成石頭，石頭變成人，這種無意識的命運，早在《紅樓夢》中就已經出現。我曾經想過要寫一篇文章，叫做〈紅樓與紅書〉，大體內容就是說，曹雪芹的《紅樓夢》與榮格《紅書》異曲同工，都是在描述社會巨變之時，喪失了人生意義，罹患空心病的人們是如何療癒自己的。無論賈寶玉還是榮格，都曾經熱烈地追求愛情，都和社會主流價值觀格格不入，都愛好古代超越性宗教如佛教和道家，都認同自己的本性是石頭。他們的不同在於，在「死亡」的方式上，榮格的歸宿是沉入地府，就像古希臘悲劇中的伊底帕斯，而賈寶玉則是升天成仙。

從遠離二元對立的角度來說，也許榮格的歸宿更有意義一些，

因為他在臨終夢境之前，其實和寶玉是走同一條路徑——飛升到天上，進入印度教神廟。

但是天堂和地獄，其實也都是心靈分裂、投射的產物，認同天人和認同地鬼，在榮格晚年探索過的量子力學層面上，大概也是無二無別的。

延伸閱讀

榮格的傳記版本眾多，而且各版本內容不一，比如貝爾（Deirdre Bair）的傳記（*Jung: A Biography*）中說榮格出生前有三個孩子死了；在布羅姆（Vincemt Brome）的傳記（*Jung: Man and Myth*）中則記錄了只有一個孩子死了；而漢娜的傳記中，卻根本沒有提這件事。布羅姆傳記中，記錄的榮格曾經像佛洛伊德坦誠自己被家庭性侵犯的事，其他傳記則從未提過。筆者查閱了榮格與佛洛伊德的公開出版的通信集，也沒有找到布羅姆說的 1907 年 10 月 28 日的那封信，當然有可能是這封信沒有被允許出版。

在眾多傳記作者中，最引人矚目的當然還是漢娜的傳記，她應該是唯一一個長期在榮格身邊生活的人。其他人的資料多來自於採訪和閱讀。索努·山達薩尼（Sonu Shamdasani）甚至把榮格的傳記研究變成了一個專業方向，他寫作的《榮格：書裡的傳記》（*Jung A Biography in Books*）、《邪教小說：榮格與分析心理學的建立》（*Cult Fiction: Jung and the Founding of Analytical Psychology*）、《榮格和現代心理學的產生》（*Jung and the Making of Modern Psychology*）等書，都是對榮格的傳記及其歷史地位的深入研究。最有趣的一

本是《榮格被脫光了，居然是他的傳記作者幹的！》（*Jung Stripped Bare by His Biographers, Even*），這本書可以成為傳記中的傳記，主要是吐槽其他傳記作者的各種不足的，書名暗中諷刺傳記作者們把榮格當作脫衣舞女一樣多樣，動不動就把她脫光了供自己娛樂。

清醒夢，可能是自性化過程中一個標誌性階段或者是一個關鍵的技術，對清醒夢感興趣的讀者，可以閱讀史蒂芬‧賴博格（Stephen LaBerg）、霍華德‧瑞格德（Howard Rheingold）合著的《夢境完全使用手冊》（*Exploring the World of Lucid Dreaming*）。

第十二章

解析

心理發展、夢境與自性化

細心的讀者們不難體會出，這本書表面上是在說榮格，實際上是為了說明榮格這樣的人——這樣一個尋找靈魂的現代人，會經歷什麼樣的心理發展、什麼樣的家庭缺憾、什麼樣的文化創傷，尤其是如何能夠自我療癒，接納人生價值的空虛，人生意義的空心，走過死亡焦慮的蔭穀，最終走向自性圓滿。

　　所以在本章，筆者會回顧榮格一生的心理發展，並且用當代的心理發展理論說明這些心理發展事件的意義，本章所運用的自我療癒工具，見附錄 1 的〈情結原型發展表〉、附錄 2 的〈系列夢工作記錄表〉和附錄 3 的〈榮格自我療癒年表〉。

　　從「情結原型發展表」，我們可以看到，可以從情結、自體－客體、原型、心理社會衝突這四個方面來考察人的發展。

　　情結主要是指人的記憶、需要和欲望，它構成人類發展的動力，這些動力的來源，當然離不開「我」與「你」的關係，也就是自體－客體關係，那為什麼不直接說我－你關係，要說自體（self）、客體（object）呢？因為這裡的「你」，他人，是被欲望投射的客體，所以並不是真正存在，真正被看到、被理解的，應該說，大部分人都不會真正看到別人，也不會被別人真正看到，這是為什麼「共情理解」如此珍貴、被反覆提倡的原因。

　　「我」也不見得就是我，一般來說，都是認同了別人投射的產物，所以叫做自體。那麼，人類為什麼要創造出情結，為什麼要形成自體和客體的二元對立，矛盾統一呢？榮格假設，這是原型（archetype）的作用，原型就是心理的 DNA，它決定了什麼發展

階段，會容易出現什麼樣的自體－客體配對。[1]

　　換句話說，原型在一個人的生命中就像基因一樣得到表達，然後經過分裂成為自體和客體，自體、客體之間再開展投射和認同，從而開始人的心理演化。

　　那麼，決定什麼原型在什麼階段表達的因素有哪些呢？一個因素，就是發展表的最後一欄，心理社會的衝突，還有一個因素，就是發展表的第二欄，心理功能。

　　當然，推動人的發展因素遠不是這些，還有情緒、認知、需要、依戀關係、氣候、政治地理環境等等。這裡只是列出本書中涉及到的一些基礎理論。[2]。

人一生的情結發展歷程

　　影響人生發展的第一階段是嬰兒期，從嬰兒出生到嬰兒斷奶結束，在大部分文化下，是 0 歲到 1 歲半。此時主要社會衝突是「信任－懷疑」，也就是嬰兒所感知到的世界基調，有百分之多少是安全可信的，有百分之多少是令人懷疑而恐懼的。發展表中的社會衝突一欄，來自發展心理學家艾瑞克森（Erik Erikson）的理論。人們

1　【作者註】近年來，原型理論得到了神經生物學等各種理論支援，可以參考 Alcaro A, Carta S and Panksepp J (2017) The Affective Core of the Self: A Neuro-Archetypical Perspective on the Foundations of Human (and Animal) Subjectivity. *Front. Psychol.* 8:1424. doi: 10.3389/fpsyg.2017.01424.

2　【作者註】情結這個術語，曾經在精神分析內部被逐漸淡化，用客體和自體來替代，但是隨著研究發展至今，它獲得了很多理論支持，可以參考 Krieger 所著 Bridges to Consciousness: Complexes and complexity.

往往會以為其中負面性質的內容，譬如懷疑、角色混亂等等，是發展中要避免的，但是其實它們也是正常發展中需要整合的內容，譬如不安全感、懷疑感，嬰兒需要有適度的不安全感與懷疑感，否則無法生存於世。這個時期形成了人的自戀情結。

自戀的意思，就是人需要被別人全然地欣賞、全然地理解、全然地看見，就像重男輕女的母親看見她的獨生兒子一樣。這種看見往往具有誇大和理想投射的成分。自戀情結，也可以被稱為自我情結，它形成了有一個「我」存在這種感受，以前的研究認為兒童是在學會了語言之後才有「我」這種感受，現在則發現，可能嬰兒一出生就已經具有這種「我執」了。

如果嬰兒的自戀需求被過度滿足，過於完美的滿足，則他會自戀過度，反之，若是自戀不足，意即他可能缺乏正常的自戀，將不認為自己是存在的，是有價值的，是被這個世界歡迎的。

在正性的自戀情結中，自體扮演的角色是幸福的、被無條件寵溺、無條件關愛的嬰兒，而客體扮演的角色，則是慈悲的、無條件付出的母親。而在負性的自戀情結中，母親則死氣沉沉、一臉陰氣，被稱之為死亡母親。

客體關係的發展，需要自體和客體之間發生七件事——抱、親、摸、看、說、逗、玩。這客體關係七件事，在死亡母親這裡幾乎沒有，因此嬰兒體驗不到自己存在的意義與價值，內心空虛無比，這就是最早的空心病、黑洞體驗的來源。這種空心體驗的人，往往還體驗不到自己身體感受，例如我有個個案，她摸著自己的手，但就是體驗不到手的存在、手的溫度，去做中醫按摩的時候，會產生巨大的恐懼感和不舒適感。這是因為嬰兒期主要發展的功能

　　　　　　　　　榮格的 30 個夢：心靈大師的自我療癒

是內傾感知覺，就是一個人能夠體驗到自己身體的各種機能，為吮吸乳汁、抬頭爬行做好準備，這些機能，當然離不開抱、親、摸、看、說、逗、玩。這也是為什麼現代產科大力提倡母乳餵養、嬰兒撫觸的原因。

那麼，一個女人，她本來愛吃愛玩愛追劇，怎麼就突然心甘情願地去跟孩子進行抱、親、摸、看、說、逗、玩這些費力費時費神的遊戲了呢？這其中就有原型的力量。嬰兒期常見的原型之一是偉大母親原型（Great mother），這個詞也有翻譯成大母神原型的，另外一個原型是嬰兒原型。

需要注意的是，這兩個原型都有其陰暗一面，譬如母親會巴不得孩子死去，拋棄孩子，孩子也會貪婪如吸血鬼般想榨幹母親。這兩個原型在日常生活中具體表現為自體、客體關係的配對，分別是恐懼嬰兒和幸福嬰兒，和它們配對的客體分別是慈愛母親和死亡母親。日本恐怖電影《七夜怪談》，就是描述了死亡母親和恐懼嬰兒的關係，貞子的眼珠裡沒有瞳仁，白白一片，就象徵著死亡母親沒有看見嬰兒。

關於榮格，我們對其嬰兒期瞭解甚少。只能旁敲側擊地推斷。如果是臨床個案，我們可以提議來訪者回去問自己的父母，你們是如何決定生下我的？餵奶餵了多長時間？你們夫妻關係如何？有沒有產後憂鬱等等？

榮格的父母一直期待著他的出生，所以榮格應該是正性自戀情結佔了六成以上比例的。這體現在第一章中提及的他的最初記憶，尤其是搖籃記憶，也體現在他在日後的發展中，很多時候總是堅信他自己身為獨立個人的價值，敢於追求自己的興趣和事業方向。這

也可以解釋他的內傾感知覺功能何以得到了如此出神入化的發展。總體來說，他對於社會，也是安全感超過了懷疑不安的，雖然他在日後顯然受損於母愛缺席，但是他還是會一次次地退回到嬰兒期，尋找原始的母性懷抱。

嬰兒期，被佛洛伊德稱之為口期（或口腔期），因為他認為此時人的快樂主要來自於吸吮、進食，口欲的過度滿足和缺乏，都容易讓人形成固執於口欲的習慣，比如好吃和貪吃，這一點在榮格生活中並不明顯，雖然他晚年的吸菸可能是固執附著於口欲的表現，但更可能是成年後受佛洛伊德和托尼‧沃爾夫的影響形成。

幼兒期，緊隨嬰兒期到來，它是指孩子從斷奶到自主大小便的時期，一般是從 1 歲半到 3、4 歲。它主要形成的是控制情結，因為幼兒要接受父母的控制，也就是定時定點吃飯、睡覺、大小便了。佛洛伊德把這個時期稱之為肛門期，因為他認為此時的幼兒快樂和痛苦，都來自於控制肛門括約肌。這也是人類最早的道德形成的時期，不隨地大小便就是最基礎的人類道德之一。

排便訓練也會成為小孩的快樂源泉，譬如擦乾淨小屁股後被爸爸媽媽親一下，拍一拍小屁股等。也就是說，兒童的排便訓練如果是得到了愛的管教，他日後傾向於把「控制」覺察為「控制就是愛」，反之，則「控制等於恨」。

正性控制情結是一個人感受到控制就是愛，所以樂於在生命中尋求被控制體驗，其中自體扮演的角色是自主的、被加持的幼兒，而對應的客體則是規訓父母。反之配對是操縱父母和被動、害羞的幼兒。所以艾瑞克森認為此時期的主要二元對立是「自主性－害羞」。這個時期主要使用的功能是外傾感知覺，隨著幼兒直立行

走，全身肌肉發達，她需要父母提供大量的時間陪她玩，陪她跑，陪她跳，陪她鬧。

榮格的心理創傷基調應該就是在這個時期形成的。因為此時期的父母不和，母親生病缺席。這時候也出現了他人生的第一個夢，即第一章討論過的獨眼肉柱夢。獨眼肉柱是個國王，這是權力的象徵。而夢者小榮格和國王的關係，顯然是負性的權力情結配對。最終的結果是，我們看到榮格成長為一個害羞的小孩，很難體驗到控制也是一種愛，比較難以適應權威主義的學校教育，乃至對權威主義充滿仇恨，難以共情理解權威主義，更不要說改變權威主義者了。所以他和具有高度控制性格的佛洛伊德，以及講究適當控制的大型醫院和大學等等，均有一定衝突，他強烈地反對建立學派，所以可以推測，他的認知系統中，大概形成了「控制等於恨」這樣的信念系統。

這種負性控制情結在中國也是廣泛存在的，比如魯迅就具有這種特點，他對中國人的奴性咬牙切齒。奴性，就是過度的固執附著於權力情結。驅動控制情結的心理基因是父親原型，也就是人天生有一種需求，渴求一個偉大全能的父親，父親最重要的、和母親不一樣的特點，就是他能夠控制幼兒，他是一個健壯的勝利者。榮格的父親，在此時期可能是具有這種特點的，在他記憶中有父親把他從床上趕走的記憶，但是之後，他父親可能喪失了這種力量。

人生的第三個階段，稱為小兒階段（學齡前兒童期），它從自主大小便開始，到分床、上小學結束，大約是從 3 歲左右到 6 歲。這個時期被佛洛伊德稱為伊底帕斯期或第一生殖器期（性器期），是性心理形成的重要階段。這個時期形成三種伊底帕斯情結——正

性伊底帕斯情結、負性伊底帕斯情結、倒錯性伊底帕斯情結。每個人身上都同時具有這三種伊底帕斯情結，只是每種成分的配比不同。

以小女孩為例，正性伊底帕斯情結是指她渴望父親的愛，期望成為父親的老婆，並且為他生個小弟弟或小妹妹。她同時也嫉妒和排斥媽媽，不希望爸爸媽媽睡在一起，把她排斥在外。然後，女孩如果發現，媽媽也是那麼可愛，那麼重要，發現爸爸更愛媽媽，她能夠承認自己是競爭不過媽媽的，她就會轉向模仿媽媽，認同媽媽，同時把她對男性的愛，轉移到其他男性身上。

正性伊底帕斯情結是稀少的，不容易出現的，它首先要求父母雙方都很愛孩子，其次要求父母雙方都同時把夫妻關係，尤其是夫妻的同眠共枕，放置到親子關係之上。如果父親過度疼愛女孩，女孩就成為了我們稱之為的「伊底帕斯勝利者」，她佔據了母親的位置，這種情況在江南好像特別多，我們有同事把這種情況稱為「江南才子亂倫情結」。

負性伊底帕斯情結的情況相反，女孩覺得自己和媽媽的關係是最重要、最親密的，她和媽媽結成了夫妻關係，要排斥爸爸。佛洛伊德他們那代人當年，曾經認為這是同性戀的來源之一，並且認為同性戀是不正常的。現代我們首先認為同性戀有多種多樣的原因，而且它也不是一種病變，譬如台灣已經通過同性戀婚姻了。其次，負性伊底帕斯情結也不是變態、少見的，譬如在大部分重男輕女的地區，母親們都容易和女兒們形成親密的關係，所謂女兒是媽媽的貼心小棉襖，看來母親生命中的溫暖和希望就靠女兒，而不是靠老公了。所以很多女兒終身都和母親保持親密連結，她們一起排斥

媽媽的老公、女兒的老公，以及其他男人。應該說，這種情況無論在現實生活還是在電視劇中，都比正性伊底帕斯情結更常見，更主流。

第三種叫做倒錯性伊底帕斯情結，這個時候，女孩她首先不認同自己是女孩，她覺得自己是個男孩。然後她以男孩的身分和爸爸展開競爭。據說，鐵姑娘、女漢子、鐵娘子，就和這種情結有關。當然了，重男輕女地區此情況就特別多。女孩們只有變成男孩，價值才被承認，所以這是嬰兒期的自戀創傷延續到了小兒期的結果。

後續的心理分析者們，逐漸發現傳說中的伊底帕斯期，不僅僅是性心理發育，更重要的是，一個人如何面對三元關係。在涉及到你－我－他這種三角關係的時候，是上演宮鬥戲，還是《三國演義》、《西遊記》？比如有的人終身只能維持前伊底帕斯期的二元關係，一進到三元關係就崩盤，這是為什麼好多夫妻不生孩子就恩愛和諧，孩子一降生，家庭悲劇的大幕就揭開了。在這個時期，孩子需要很強的內傾情感功能，能體驗到自己內心憤怒、羨慕、嫉妒、悲傷、委屈等等各種各樣的情緒。此時正性自體是一個羨慕夫妻親密、嚮往親密關係的主動小孩兒，他或她心中的父母是恩愛幸福的，享受魚水之歡的。負性的自體，變成了爸爸媽媽的替代性配偶，內心充滿了內疚感，而客體世界中的父母則是充滿敵對情緒的。

那麼為什麼孩子們，看到父母相親相愛就要加入呢？是什麼樣的心理基因驅動孩子這麼做呢？

榮格在 1946 年的《移情心理學》中，提出了化合原型，和集體陰影原型，化合原型的典型代表，就是中國的伏羲女媧交尾圖，

或者陰陽太極圖，就是宇宙中天生有一種力量，讓對立的雙方產生化學反應，何為一體，就像化學中的化合反應一樣。具體到了人類社會，這股力量就體現為男女的交合。父親和女兒、母親和兒子，本質上也是男女。所以他們之間是存在亂倫可能的。亂倫禁忌在地球上所有社會都存在，從上海浦東到三藩市郊區，從非洲草原到亞馬遜叢林，如果亂倫不曾廣泛存在，為什麼人們會不約而同地禁止它呢？

　　所以，亂倫衝動、化合原型被克制的歷史，應該遠超過我們現代父權制文明的短短數千年歷史，所以，被壓抑的亂倫衝動，就成為了陰影，這是一個人類集體共有的陰影。

　　榮格的三角情結中，應該是正性伊底帕斯情結為主，從他敢於追求愛情、與權威平等對話可以看出來。他的生命中似乎缺乏男孩進入正性伊底帕斯的條件──夫妻雙方恩愛。但是也許在日後的發展旅程中，尤其是和佛洛伊德的一站，讓榮格在青年成人期形成了正性伊底帕斯情結。他的生命顯然充滿了構成負性伊底帕斯情結的因素，父母看起來是婚內離婚了，分居分床，父親和兒子關係更緊密些，加上布羅姆所言的性創傷，可能增強了榮格對男性的同性戀式的愛慕，但同時他卻又要不斷地防禦這種愛慕。有些潛在同性戀者，因為要防禦自己的同性戀傾向，加倍地沾花惹草。榮格應該不太可能是這種情況。應該更多是和他的自戀情結和青春情結有關。

　　其實每個之後發展的時期，都有同時具有之前時期形成的情結，譬如自戀情結，它是人生第一階段形成的，在之後所有階段都會有不同的自戀情結的變形存在。譬如在第二時期，人的自戀就和控制結合，能夠體現到控制別人，此人就自戀，反之則自卑。而在

　　　　　　　　　　榮格的 30 個夢：心靈大師的自我療癒

小兒期（學齡前兒童期），兒童在探索、觸摸自己身體的過程中，可能發現自己的生殖器，男孩這時候很容易發展出陽具自戀，他還可能發現撫摸生殖器可以帶來快樂。但是成年人可能會禁止這個行為，譬如告訴孩子生殖器骯髒，或者告訴男孩子，要割掉他的小雞雞，這樣就形成「閹割焦慮」，這對自戀形成打擊。在重男輕女的背景下，女孩可能會羨慕男孩有生殖器，形成「陽具羨慕」，這其實是一種負性的自戀情結。

「伊底帕斯」這個命名，來自於佛洛伊德觀看了古希臘悲劇《伊底帕斯王》，這部劇可以說是宮鬥戲的文學原型。家庭的三角關係，形成了小孩內在情感的豐富多樣。與情感相輔相成的功能就是思維功能，所以這時候小孩的思維功能也開始迅猛發展，與之同步的也就是 6 歲左右，兒童的大腦迅速發育，具備了上學的條件，然後就開始了人生的第四個階段，少兒期（學齡兒童期），也就是小學階段。大約 6 歲到 12 歲。

這時候社會要求孩子們迅速發展外傾思維功能。兒童因為長時間和老師、同學接觸，往往容易把對父母的情感轉移到老師身上。形成了「學習情結」。因為老師和家長一般來說，總是會根據學業成績、課堂紀律等，來偏愛學生或者討厭學生。艾瑞克森描述這個階段的心理社會衝突為「勤奮－自卑」。但是我們知道，小學生這時候的自卑或者自戀，主要還是因為學業成績和課堂表現。所以應該是勤奮小孩與散漫小孩的對立統一。

勤奮的孩子形成正性的學習情結，正性的學習情結中，自體是一個勤奮的兒童，與之配對的客體，是民主的、教導的老師。而負性的學習情結中，自體－客體配對則是獨裁老師－散漫小孩。

學習情結，在中國人、猶太人中特別常見，因為儒家文化和猶太教文化，都是把學習成績和個人價值、個人命運、個人道德修養掛鉤。簡單地說，就是學習好等於好學生，好學生等於一切都好。誰家要招女婿，就應該招一個好學生。

我有個個案，也是心理諮商師，她特立獨行，類似榮格，自己曾經是中學老師，她並不在意學校的教育評價標準，尤其是反對雞血教育[3]。不幸的是，她所在的省分，可以說遍地皆雞血，包括私立學校、雙語學校都是以雞血為榮，巴不得孩子們三歲就上長春藤，贏在起跑線，贏在射精前，贏在孩子爺爺射精前。

她經常陽奉陰違地和學校的教育做鬥爭，但是讓她沒有想到的是，她自己最親密的女兒，卻站在了老師一邊。這讓她百思不得其解：為什麼爸爸媽媽這麼多年的培養，但是女兒卻莫名其妙地「背叛」了爸媽呢？

這種兒童天生就在乎老師的行為，長大後在乎老闆的行為，大概就可以用人格面具這個原型來解釋。人類天生就有一種親近社會的傾向，自然而然地就會根據社會的需要與期望來改造自己，把自己打扮成社會想要的人物，譬如「好學生」，就是兒童形成的人格面具。我們說客體關係有六老——老爸、老媽、老師、老闆、老公、老小，相應地，人們也會形成六個人格面具，爸爸的好孩子，媽媽的好孩子，老師的好學生，老闆的好員工，老公的好老婆，老小的好媽媽。

3　【編註】「雞血」源自中國曾經流行的偏方療法，透過注射雞血來達到強健身體的功效。「雞血教育」指的是為了孩子成績，不惜投入大量財力、物力、人力的教育方式，譬如從小大量補習、購買明星學區昂貴的住屋等。

這時候，壞學生，也就是散漫學生這種形象就會被深深壓抑，從而形成文化的陰影。

但是我們要特別提出的是，散漫學生這種人格特質，其實是要整合的而不是要消除的。散漫的學生，她可能是充滿愛心的，可能是充滿創造性的。

榮格的學習情結，也是正性、負性混雜。從他對學齡期的記憶來看，大多數記憶是負性的，譬如他的學習成績，尤其是數學成績奇差無比，而且他還遭受到了今天我們所說的校園霸凌。這些經歷，讓他的自卑情結成倍增加。但是他的父母，尤其是父親，可能提供了較好的家庭教育給他。從本質上來說，兒童教育中最重要的也是家庭教育。這可能形成了他日後對教育特別感興趣的原因，寫作了不少有關教育心理的文章。同時，他自己發明了童年的宗教儀式（閣樓裡的小人），影響了他日後總是在宗教領域尋找導師的傾向。

正性的學習情結，讓這個人日後熱愛學習，容易把老師、老闆往好處想，這大概是榮格在後來能夠熱情地走向各種老師，尤其佛洛伊德的原因。他也終身保持的熱愛學習、熱愛寫作的習慣，當然他可能過度熱愛學習了一點，譬如他的著作中頻繁引用各種古代聖賢的著作，時不時出現一段話中引用五種宗教、三種語言的情況。

當佛洛伊德等表現出德不配位的現象時，榮格似乎又被負性學習情結佔據了，處於負性學習情結中的人，總是認為老師、老闆是控制自己、剝削自己的人。而一個能夠整合正性、負性學習情結的人，則是既能夠繼續謙虛地學習老師身上的優點，又能夠及時勸說老師，幫助老師成長的。所謂師不必賢於弟子，弟子不必不如師，

如果他發現勸說無效，會在某個時刻、某個領域離開老師，另投明師，或者自學成材，而不是停留在有害的師生關係中血戰到底，兩敗俱傷。

能夠原諒老師包容老師的學生，達到了教育的根本目的——讓學生們踏著老師的肩膀，看到更加遼闊的天空。之後就到了人生的第五個階段，青春期（青少年期），從 12 到 18 歲。佛洛伊德把這個時期稱之為第二生殖器期（兩性期），認為這個時期隨著青少年的性成熟，伊底帕斯情結再現。也有人認為，所謂伊底帕斯情結的內容——年輕雄性動物和老年雄性動物搶奪配偶，其實是青春期才出現的主題。

這是因為，性愛主題在青春期才會明確無誤地出現。青春期的心理－社會發展任務，是角色身分認同的穩定或混亂。身分認同比較穩定發展的青少年則覺得青春是浪漫的，是充滿理想和愛情的，與之配對的成人世界則是充滿鼓勵和欣賞的他人。反之，自體則是空心的青少年，和空心少年配對的自然就是所謂的油膩中老年人。油膩，象徵著中老年人的貪財好色。青少年無法認同這樣的長輩，從而面臨身分認同的危機。那麼，青少年渴望的成人是什麼樣子的呢？

這個時期的原型主要是永恆少年原型和智慧老人原型。《紅樓夢》中的賈寶玉等，就是永恆少年的代表，而空空道人、了了和尚，就是智慧老人的象徵。這也是為什麼青少年會突然對儒、釋、道非常感興趣的原因。以前流行的武俠小說，現在流行的玄幻小說，核心故事線之一也都是永恆少年與智慧老人的相遇。

自然，除了傳說中的蓮花生大師，幾乎沒有人可以在青春期了

無遺憾地整合永恆少年和智慧老人，整合角色混亂和角色穩定，然後穩定地走入成年期，這樣他或她也不會出現中年危機了。

總是要留一些遺憾，從而形成青春情結。正性的青春情結表現為總是嚮往青春，戀舊，而負性的青春情結則是恐懼青春、嫉妒青春，恨不得把青少年都變成老成持重的中年人。現在好多雞血教育，雞血家長，就是把中年人自己的生活重擔，變成了青少年的學習重擔，要求青少年早早變成一個扛起重擔的中年人。

榮格的青春情結，應該說是比較正性的，他還是比較嚮往青春，尤其是嚮往愛情、浪漫和性愛，同時也熱切地嚮往智慧。當然他形成了一定的身分穩定感，但是在宗教信仰方面，遺留下了較大的角色混亂。而且前面幾個時期的情結，自戀情結、權威情結、學習情結，在青春期都得到了一定程度的療癒。雖然在青春期的前期，剛剛進入中學後，他的自戀情結和權威情結被啟動了比較負面的成分，但是他的夢境、他的學習，還有他父親和母親的性格改變，都對他有一定療癒。

青春期之後，人們就進入了青年成人期（成年早期），這個時期從一個人生活獨立一直到建立家庭。一般來說，是從 18 歲到 30 歲左右。現代社會的多樣性，讓青春期和青年成人期都不在於統一標準了。譬如 18 歲到 22 歲，不少青年都會上大學，大學生雖然已經是成年了，但是他們往往經濟不獨立，仍然依賴父母和老師，所以還是具有青春期很多特徵。

隨著女性經濟獨立，社會文化開放，幾乎所有發達國家都出現了大批的獨身主義者、不婚主義者等。這一批人的心理發展，就不再能用「結婚生子」這種價值觀來衡量，這是傳統的家庭主義觀。

當然非常遺憾的是，社會變遷太快了，專家們的每天都在落後一點點。

在當代社會，尤其是世俗主義的社會，青年一般都形成名利情結。名利二字讓人有些不適，特別是中國傳統文化，一般把淡泊名利當作理想目標，但是首先要有名利之後，才能淡泊。

有人可以覺得我追求的是理想和愛情，名利於我如浮雲。所以，這就看如何定義名與利。有人說，求名當求萬古名，謀利應某眾生利，這也是理想，這追求的是清名，而不是俗名，但是也是一種名。有人去修行修佛修仙，也是有各種果位，一個果位也可以算一個名，一個利。至於兩情相悅，這當然也是一種利益。

正性的名利情結中，青年們認同一個有愛的青年，她投射社會為一個關愛的客體，從而，她和社會中眾人形成親密、樂群、接地氣的自體－客體關係。反之，他是一個孤獨的、隔絕的青年，而社會則充滿了冷漠、功利的他人，他憤世嫉俗，但是很可能又離不開世俗社會。當然，和社會名利系統保持適當的距離，也是有必要的，所謂遠離小人，親近君子，所以負性的名利情結，也是需要整合的，而不是一棍子打死。

美國的心理治療有一派，叫做自我心理學，曾經提出過適應社會是一個人心理健康的標準之一。這個標準的前提，是假設整個社會是代表者公理、正義、幸福、自由的。但是我們知道，美國遠遠沒有那麼理想，其他社會也有這樣、那樣的不足。所以心理治療，是不能一味地跟著社會主流走的，尤其不能一味地跟著追求名利的路子走。

比如說，不少家長認為心理諮商就是給我家孩子提升分數，

讓他考上名校名系，而不顧孩子的理想和愛好。有些年輕人來做諮商，也是希望諮商後讓他能夠成天上班加班，賺大錢，買大車與大房。這些正性名利情結發展過度了，對名利的追求，本身形成了心理健康的威脅，心理諮商師就有必要及時幫助來訪者們調整情結，更新價值觀。

青年成人期主要需要發展的功能，是外傾直覺。也就是俗語中常說的，這個人鼻子靈敏，善於捕捉風向，搶先一步。這種預測事物、尤其是未來發展的能力，能夠讓一個人容易獲得成功。這種例子在商業領域屢見不鮮，例如阿里巴巴的馬雲、特斯拉的馬斯克（Elon Musk）等等，所謂只要站到風口上，哪怕是隻豬都可能起飛。可是要在起風之前，就跑去風口上卡位，這豬就不是一般的豬，而是外傾直覺功能超級發達的豬。

追求名利的結果，就是人格面具的不斷增強增厚，人格面具對人的主宰，在青年成人期發展到了頂峰，與此同時，另外一個原型開始補償和調整人類心靈的失衡。這個原型叫做搗蛋鬼原型。它的典型代表就是東方文化中的孫悟空。搗蛋鬼原型具有兩個功能，其一是愚蠢，其二是愚弄，就是會愚弄自己和他人，讓自己和他人發生一系列愚蠢的事。例如悟空，他不斷地愚弄八戒，最終搬石頭砸了自己的腳，讓自己也受到很大傷害，更不要說嚴重危害了團隊的前進。人們在追求名利的過程中，經常也會做出愚蠢至極的決策。阻礙自己達到目標。這往往就是愚弄者原型在起作用。

搗蛋鬼原型在榮格身上，就體現為他過度熱情地擁護佛洛伊德，當時他是學院派的青年才俊，而佛洛伊德是有爭議的江湖派大咖，從追求名利的角度來說，他只應該稍微靠近一點佛洛伊德，而

不是熱情擁抱，更不應該在後來和佛洛伊德派徹底鬧翻。雖然身在其中的佛洛伊德也很幼稚，同樣也被搗蛋鬼原型控制。另外，榮格和女病人薩賓娜的戀情，從表面上看，只是永恆少年原型在起作用，就是一個人好像是在少年的浪漫之愛，但是浪漫之愛可以找更加安全可靠的對象，譬如其他醫生或者護士。找到病人頭上，就顯得非常愚蠢，有明顯地自毀前程的傾向。這也說明，雖然智慧老人原型的形象，早在榮格幼年就曾經被激發了，但是其功能卻不夠全面。大多數人，智慧老人功能的成熟，都是在中年危機之後。

對現代人來說，中年期是 40 歲到 60 歲，中年危機大約是 45 歲到 55 歲之間。但是對榮格那一代人來說，中年期要早很多。榮格本人大約 34 歲就進行中年期了。孔子說，三十而立，可見古代進入中年期的時間點是 30 歲。

中年期的標誌，就是一個「立」字，所謂自食其力。能夠有能力組建家庭、財務自立、事業上獨當一面，結婚生子，成為父親或者母親。當然現代社會多元，有獨身主義者、不婚族、頂克家庭等等多種形式，所以有些人的心理發展可能是沒有下文所說的「中年期」諸多特徵的。

中年人，自己變成了別人的老爸老媽，老闆與老師，這時候她也會發展自己獨立思考的能力，這就要求內傾思維能力的發達。這也是為什麼很多人會開始熱衷於心理學、國學、哲學、佛學等等知識的原因，通過注意力轉向思考自身，他不但要確定自己的人生路徑不要走偏，符合自己的人生哲學。他還要判斷、評估他人的人生路徑、人生哲學，譬如自己老爸老媽的人生路徑，然後她可能要去改變、塑造一些人的人生路徑，譬如孩子、學生們的，並可以接受

一些人的人生路徑和自己不同，譬如老爸老媽的。可能在中年危機期還要和一些人在人生路徑上分道揚鑣，譬如老公或老友。

中年人不但要求養育和教育下一代，還有養育和教育自己父母的責任。因為很多父母其實心智並不成熟，或者因為肥胖、老年失智等生理因素心智退化了，這時候中年人承擔起反哺的任務。

在中年期，大概所有的家族主義者，都會形成一種情結，名為家國情結。家族主義的意思，是此人的人生最高意義，在於家庭和家庭人際關係，現代人當然也容易把家庭的意義投射給國家，從而形成國家主義者、愛國者、恨國者等等政治理念或者身分認同。

正性的家國情結者，會具有家國一體，繁衍不息的感受，此時他們認同一個繁衍後代、造福社會的中年人，投射在社會中，會覺得他人都是知恩圖報、感恩戴德的，譬如老爸老媽會感恩孩子的孝敬，孩子的子女們會感恩他們的付出，這樣他們才會有無窮的動力，繼續為了他人付出。雖然上有老下有小，但這樣的中年人也願意為家族繁衍做出貢獻。

與之相反的是停滯的中年，內心覺得客體世界都像吸血鬼一樣在吸取自己的能量，他們會變成變成了油膩、貪婪的中年人，其實這是一種潛在的抑鬱狀態。停滯的中年人會形成負性家國情結，往往表現為恨國者，因為覺得他覺得家庭和國家都是造成他命運悲劇感的根源，或者變成礙國者，以愛國為名目，宣洩對他國人民的仇恨和攻擊。一個真正的愛國者在愛自己的國家之際，當然也能理解和支持別國的人愛他們自己的祖國。

中年的停滯和抑鬱，當然也有其積極意義，它讓一個人在進入老年的時候，不太容易憂鬱，客觀上，也出讓了一些機會給年輕

人，遇到長江後浪推前浪的情況，身為前浪的他們也不太會擋住後浪的前進的步伐，或者厚著臉皮要和後浪一起浪。詩人曾經如此描述中年危機、家國情結修通的狀態，「憶昔午橋橋上飲，坐中多是豪英。長溝流月去無聲。杏花疏影裡，吹笛到天明。二十餘年如一夢，此身雖在堪驚。閑登小閣看新晴。古今多少事，漁唱起三更。」[4]。

　　榮格的中年期，隨著母親在其 48 歲逝世而提前結束。這造成了他激烈的心靈騷動，當然他也積極地尋找療癒方式，看起來他努力地構建屬於自己的「家與國」，一方面是把理想的國家和文化投射給各種異國他鄉，從中國到印度，從非洲到煉金術，另一方面，他也開始漫長地修建塔樓、寫作療癒日記的過程，在《紅書》中，他最終成為了鬼域的國王，如同地藏王菩薩，療癒了祖先的陰魂。這表面上看起來是一種積極的家國情結，具有療癒自我的作用。但是因為他建立的家國田園，與現實的家國是存在衝突的，所以這本質上一種個人的烏托邦主義。它抽空了現實生活中投注於家庭和國家的能量。

　　家國情結，它很大程度上已經不屬於個人無意識，而是文化無意識的一種。中國人這種情結特別發達，這是因為中國文化，尤其是儒家文化和法家文化，就是宣導人們熱愛祖國，為了大家犧牲小家的。

　　一個人如果連家國情結都能超越，也就是說，他不再執著、眷戀家庭幸福和國家興亡了，那他顯然已經超越了人類社會，世俗社

4　【作者註】宋，陳與義，《臨江仙·夜登小閣憶洛中舊遊》。

會。這就是傳說中的智慧老人原型。例如電影《功夫熊貓》中的烏龜大師，他顯然不是任何國家的國民、公民或臣民，他也不眷戀家庭、徒弟、得失、吉凶。這大概也是大多數智慧老人都是獨身一人的原因，所謂自成一體。中年期如果只有智慧老人原型起作用，那麼大概不少中年人都容易拋家棄子、隱居山林，而家庭就解體了，少年們就沒有父親引導和依靠了，祖國也就無法騰飛、無法崛起了。

所以在中年期還會被啟動的另一個原型，是永恆少年原型。永恆少年一般都給人們不好的印象，譬如覺得這個中年人不穩重，愛幻想，好色好玩等等，但是其實它也有其優勢。例如有一位女老闆，她本來非常死板嚴肅，但是復活了永恆少女之後，她見人就笑嘻嘻的，活潑浪漫，人見人愛。永恆少年原型，還讓人具有搖滾精神，熱衷健身美容，勇於創造，勇於改造社會。

青春期和中年期，都是永恆少年－智慧老人原型發揮著到作用的時期，這是因為這兩個時期，都是既需要永恆少年的無窮活力，熱情關愛，又需要智慧老人的冷靜睿智，慈悲超脫。但是青春期，主要是永恆少年佔據了更多時間和能量。而中年人，則需要更加認同智慧老人。中年期的智慧者和青春期的智慧老人還有一個不同是，它往往是消除了二元對立、兩分思維的。青春期的智慧老人，在夢中，往往和做夢者是同一性別，譬如女性就對應著智慧老女人。而中年期的智慧者，又可能是沒有性別的，例如說只是一個畫外音，一個光球，也有可能是成對出現的，例如說有個來訪者夢到一座大山裡一對夫妻。而且，夢者經常會出現和智慧者做愛、融合的場景，例如一個人夢到一個城堡裡的神仙，神仙讓夢者和自己的

妻子做愛。這種智慧老人的原型形式叫做「化合原型」，它可以體現為人格化身形式的，譬如煉金術中日神和月神的交合，藏傳佛教中佛母和佛父的雙運，中國文化中伏羲和女媧的交尾。也有非常抽象的象徵，譬如太極陰陽圖。化合原型，是自性原型出現前兆，化合是對立面的融合，二元對立的超越，它最終要超越的二元對立，就是生與死的二元對立，為進入老年期做好準備。然後，他可以進入老年期了。並非所有人心理社會發展都能沿著這八個階段走完，很多人終生並沒有進入老年期。故而被年輕人辱罵為「巨嬰」。

在老年期的情結被稱為生死情結，死亡焦慮貫穿人的終生。但是之前的死亡焦慮，往往是其他焦慮的變形，例如有的人怕死，是因為他害怕死後什麼都沒有了，這其實是喪失焦慮、分離焦慮；有的人怕死，是因為他害怕死的時候很孤獨，被人拋棄了，自己的存在沒有意義了，這種焦慮其實是存在焦慮。

只有在老年期，人們才不得不面對自己必然死亡、必須死亡的命運。傳統上，大家劃分的老年期是 60 歲到 80 歲，古語說，人過七十古來稀，也就是說，一個人從 60 歲就開始積極準備死亡了。但是現代醫藥科技突飛猛進，60 歲到 80 歲，只能算老年早期，而且是老年期比較幸福的時段，老人們沒有了社會責任，但是身體還基本健康。80 歲到 100 歲，才進入傳統意義上的必須面對死亡的時期。所以甚至有人要把 60 歲到 80 歲也劃分到中年期。

壽命的延長，也讓人們有更多的時間和機會來反思人生的最後一個衝突，最後一個二元對立的概念──生與死。這形成了生死情結。正性的生死情結中，一個老年人安然赴死，是因為他具有足夠智慧，能統整人生一切喜怒哀樂的，而他面對的客體，已經不僅僅

是人類社會，而是整個宇宙、時間和空間。這個宇宙對他來說是抱持性的，是充滿智慧和慈悲的，所以他願意停止各種養生延壽的手段，把資源留給他人，把歲月、成就、名利、家國留給其他人，自己安靜地走向死亡，走向人生的終點。與之相反，則是這位老人的心中充滿了絕望，而覺得社會和宇宙則是無情、黑暗的。負性的生死情結，讓老人們退回到之前的發展階段，其實有時候也許對社會文化有利，譬如老驥伏櫪，志在千里，就是說老人不服老的精神。東亞的企業家們，往往有老人執政、老人東山再起的現象，從日本到港台，其積極意義就是保持了企業穩定性。

老年的時候，內傾直覺成為了最主流的功能，這是因為老人們需要能夠直覺地把握自己的死亡，生命的終結。內傾直覺發達的人，則給人少年老成的感覺，榮格就是典型的代表，生為小孩的他，都是在考慮老年人們要面對的生死問題與神性問題。

支配老年期的原型，是自性原型，它包括了宇宙萬物，包括了一切的二元對立，類似於中國文化中所說的太極，乃至無極。自我與自性聯結之後，自然也就可以笑迎生死。心理學家金巴多（Philip George Zimbardo），在其作品《你何時要吃棉花糖？》（The Time Paradox）中，也提到了榮格的生死情結，應該說還是正性生死情結為主，譬如說他積極地創作各種作品，勇敢地探索死亡，透過寫作自傳，他也統整了自己一生的愛恨情仇，當然，他也有部分地負性生死情結，譬如說積蓄金錢、懷疑被竊、追求自己的分析心理學協會能夠有序運行、名垂不朽等等。

一個人想要走好自己的一生自性化之路，就可以使用這個「情結原型發展表」來對自己的人生進行一個初步的評估，看看自己正

走在什麼階段，正在受到什麼樣的情結驅使，什麼樣的原型驅動，在生活中扮演著、上演著什麼樣的自體－客體關係。

要特別提出一點的是，發展與停滯，容易形成一組新的二元對立，或者換句話說，人既需要向上發展，也需要向下發展。而且，發展會不會帶來很多問題，很多弊端呢？例如在婚姻中，一方不斷地發展，另一方停滯不前，最終就可能造成離婚。又例如歷史上，紂王不想發展，而文王、武王不斷發展，最終就湯武革命了。心性發展的最終目的，是打破發展與停滯的二元對立，所謂剛柔混成，有無不立也。

一個人在對自己的情結、原型、自體－客體關係、心理－社會衝突瞭解清楚之後，相當於他對自己有了一個充分的心理體檢，體檢當然是健康的必要保證，一個人只有對自己的身體有充分瞭解後，他才知道自己在身體鍛練中應該重點訓練發展的運動是什麼，在什麼運動中容易受傷。但是體檢並不直接等於療癒的全部，它提供了療癒的基礎，這個基礎是通過理解自己、瞭解他人、理解社會，從而對自己、他人和社會，都具有接納的態度。在接納的同時，我們還需要不斷地改變自己，改變他人，從而改造社會。

記錄夢境自我療癒：榮格的 30 個夢

而這種改變的最基本活動之一，就是進行療癒日記，在療癒日記中，一個人不斷地記錄下自己的心情、感悟、回憶、夢境、思考等等，我們也可以看到，這也是榮格最常使用的療癒技術，甚至可以說，榮格的一大部分作品，都是來自他的療癒日記。

對於擅長寫作的人來說，非結構性的寫作風格更有療癒性。而對使用寫作療癒的新手，則可以使用比較結構化的工具，如附錄 2 的〈系列夢工作記錄表〉。

　　這個表的意義在於，它讓我們白日的自我，意識的自我，和無意識的核心內容——夢境——緊密結合。之所以自我要與夢境所相連，是因為：其一，所有原型都藏蹤於夢境中，尤其是自性原型；其二，夢境開創了超越白日生活、超越世俗生活的心靈宇宙空間；最後，也是最重要的，睡眠和夢境本身就具有修復機體和心理的功能，是人體自帶的心理醫生，我們可以在夢境中發現它正在修復、正在工作的心理衝突是什麼。所以，通過瞭解、探索系列夢，我們就可以更好地安排、調整自己的心理狀況。

　　下面對系列夢記錄表各個部分進行簡要說明：

　　1. **編號**，這是對夢境進行標號，以便可以很快地回憶起整個夢境，比如榮格的第一個夢，被編號為「夢 1：獨眼肉柱夢」，只要我們提到「獨眼肉柱夢」這幾個字，就可以迅速地想起這個夢境本身。

　　2. **夢境故事**，就像記錄一個電視劇、一部電影一樣，記錄下夢境故事，譬如本書中有三語對照的部分，都是榮格自己記錄下的夢境故事。

　　3. **意象**，這是記錄夢境的整個過程中最關鍵的部分。意象分別兩大類成分，一類叫做「容器」，另一類叫做「內容物」。容器，是指夢境發生的時間、地點和空間。例如榮格的「夢 1：獨眼肉柱夢」，容器一開始是家門前的草地，然後是一個石洞。容器是個比喻，它交代了一個夢境試圖處理的情緒，例如某人夢中多次出現的

墳墓，顯然是提示我們夢境正在對死亡焦慮工作，過一段時間，如果此人開始不斷夢到學校，則是提示與學習情結有關。容器與內容物是辯證一體的關係。就像雞湯與煮雞湯的鍋、盛雞湯的碗的關係一樣，我們無法想像懸置於真空的雞湯，更不用說享用它。容器與內容物的關係，在心理治療中，就是來訪者陳述的內容與治療設置的關係。只有治療師提供了治療設置——治療時間，地點，收費，契約等，來訪者的愛恨情仇才能被有效安放，有效修通。

夢境的內容物，就是夢境故事中的主要人物和主要器物。它們可以分為「陽性元素」、「陰性元素」、「轉化性元素」三大類。陽性元素是夢境中男人、顏色明亮的、有溫度的動物等；陰性元素則是夢中的女人、顏色暗淡的、冷血動物等等；轉化性元素則是夢境中出現的轉化了整個夢境的人物、事物。用雞湯做比喻，陽性元素相當於雞，陰性元素相當於湯，而轉化性元素相當於火。

透過系列夢記錄表，記錄者的自我，不斷地與這三大元素連結，其中尤其是與轉化性元素的連結，例如本書中收錄的榮格的三十個夢境中，有一個轉化性元素，就是腓利門。我們主要就來考察，榮格的自我與腓利門的關係如何，得知其自性化的旅途進展到什麼步驟了，下一步應該走向何方。

在實際經驗中，我們發現有不少人為了什麼是陽性、什麼是陰性絞盡腦汁，其實大可不必。陰與陽是一對矛盾概念，二元對立，〈系列夢記錄表〉正是要超越二元對立，開啟自性圓滿歷程的。

4. **個人理解**，〈系列夢記錄表〉的最後一欄，是「個人理解」，它包括相關事件和夢境意義等多個部分，它主要是讓夢者經由夢境悟道，形成對自我的理解、對人生意義的理解。我們可以

說，這一部分在榮格身上的體現，就是他的《紅書》、自傳《回憶·夢·省思》，乃至他後半生的大部分著作。下面就以本書中榮格的三十個夢境為例，簡要地說明一下，如何填寫這張表格。

【編號】夢 1：獨眼肉柱夢
【夢境故事】見本書第二章 [5]

> 有一個牧師樓孤零零地豎在勞芬城堡附近，教堂司事的院落後面有一大片草場。夢中，我站在這片草地上。突然我發現地面上有一個黑暗的、方形的洞，砌有磚壁。我之前還從未見過這個洞。我好奇地近前，向下望去，見到通向深處的一條石階，我畏首畏尾地走下去。下麵有一扇拱門，隔著一道綠簾。簾子又大又沉，像是針織物或錦緞所制，引起我注意的是，它富麗堂皇。好奇後面大概會藏著什麼，我把簾子推到旁邊，光線朦朧中瞥見大約十米見方的房間。穹頂由石頭砌成，連地面也鋪著地磚。中間一條紅毯從入口鋪到低台。臺上放著御座，金碧輝煌，令人稱奇。我不確定，但或許上面有紅色坐墊。椅子盡顯奢華，似在童話中，不折不扣的王座！上面還有什麼。那是龐然大物，幾乎觸頂。起先，我以為那是高勁的樹幹。它的直徑五、六十釐米，高達四、五米。但是這個東西卻稀奇古怪：它由皮膚和鮮活的肌肉組成，而頂上有一種無臉無髮的圓頭；

5　【作者註】此處貼出的夢境，大部分和原章節重複。重複貼出夢境故事看來很不節約，但是夢境工作的一個特點就是重複地回到夢境的故事，各種細節，每次回到細節又可能產生新的聯想，創造出新的心理空間，另外，重複本身，也就有讓人注意力集中、心態寧靜的「入定」效果，故而佛經裡面經常有重複句式。

顱頂站著一隻獨眼，眼睛一動不動地往上看著。雖然無窗無燈，室內亦相對豁亮。但頭上罩著些光暈。那東西不曾動彈，但我感覺，它時刻可能會如蟲子離開其寶座而向我蠕動。我簡直嚇癱了。在這難挨一刻，我突然好像聽到母親從外面上方喊道：「對，可要看好了。這是食人者！」這更加劇了我的恐懼，我驚汗而醒，嚇得半死。

【內容物】陽性元素為夢者小榮格，陰性元素為獨眼肉柱，這個夢中沒有轉化元素，正如大部分焦慮夢一樣，雖然出現母親的聲音，造成了轉變，但是它只是加強了原本主題——恐懼。而並沒有轉化恐懼，所以母親的聲音也是陰性元素。

【容器】夢境開始的容器是牧師樓與草地，故提示此夢處理的父子關係。後來的容器變成了石洞。

【相關事件與夢境意義】[6] 母親住院，父親分床，斥責小榮格。正處於三角情結與權威情結過渡時期，顯然，母親加劇了小榮格對父親權威的恐懼，這種恐懼又疊加了更早時期的母性吞噬恐懼。這提示在安全－懷疑，自主－害羞這兩對最早時期的衝突，負性的權威情結，自戀情結以及三角情結。精神系統開始調動獨眼肉柱這種父性陽具原型來調整恐懼感與吞噬感，吞噬感來自死亡母親－恐懼嬰兒這樣的配對，恐懼感來自父親原型。

6　【作者註】夢境意義這部分內容，前面章節中已經有比較大眾化，口語化的論述，故此處較為理論化，以供有深度思考需求的讀者反思。

【編號】夢 2：教堂上帝夢

【夢境故事】見本書第三章

> 我在巴塞爾預科學校的一個陰鬱的院子，那是一座美麗的中世紀建築。我從院子裡經過一個大馬車往來的大入口，在我面前是巴塞爾大教堂，陽光明媚地照在最近彩色瓷磚的屋頂上，它重新裝修，給人留下了最深刻的印象。在教堂之上，上帝正坐在他的寶座上。我想：「這一切多麼美麗這是多麼美妙的世界，多麼完美，多麼完整，多麼和諧。」然後發生了什麼事，如此出乎意如此破碎，以至於我醒了。

【內容物】陰性元素是少年榮格，陽性元素是上帝和教堂，無轉化元素。

【容器】開始容器是學校，而且是夢者正上學的學校，說明這和學習情結有關。注意教堂，並沒有包容、承載夢者的身體，故非容器，而是與上帝的身體連為一體。故教堂也是陽性元素，象徵著上帝的光明，偉大的一面。

【相關事件與夢境意義】進入青春期，大腦與心智迅速發育。但是早期自卑－自戀情結、負性權威情結，轉移到了上帝身上，試圖整合上帝意象的兩面，但無法完成。雖然對於成熟智慧的成年人來說，上帝意象是代表自性原型的，但是對於大部分人，尤其是兒童來說，上帝意象更多是父親原型的象徵，正如佛洛伊德在《摩西與一神教》中論述的。這裡同時也遇到了人格面具和文化陰影原型衝突。人格面具要求夢者成為適應社會、乖巧虔誠的教徒，牧師的孝順兒子，但是其迅速發展的智力已經接觸到了文化陰影——神性中也應該包括骯髒、破碎和醜陋。

【編號】夢 3：挖掘古墓夢

【夢境故事】見本書第四章

　　我在一片黑暗的樹林中，樹林沿萊茵河畔展開，我來到一個小
　　山丘上，一個古墓前，開始挖掘。過了一會兒我發現，令我
　　驚訝的是，我挖到了一些史前動物的骨頭。這引起我極大的興
　　趣，此時我知道了，我必須瞭解自然，瞭解我們生存的世界，
　　瞭解我們周圍的事物。

【內容物】陽性元素是夢者青年榮格，陰性元素是古墓與史前動物
　　骨頭，無轉化元素。

【容器】一片黑暗的樹林，提示容器已經由家庭、學校擴張到自
　　然，是療癒的徵兆。

【相關事件與夢境意義】對死亡的恐懼已經被轉化為對自然興趣，
　　提示榮格使用了昇華等防禦機制，形成正性學習情結、正性的
　　名利情結。

【編號】夢 4：放射目動物夢

【夢境故事】見本書第四章

　　我又在一片樹林中，林間溪流縱橫，在一個最幽暗的地方，我
　　看到一個圓形水塘，被茂密的灌木叢環繞。有一種最為古怪且
　　奇妙的生物，一半浸泡在水中：這是一種圓形的動物，閃耀著
　　眾多顏色的光澤，由無數小細胞組成，或是由觸鬚般的器官組
　　成。那是一個巨型放射目動物，直徑有一米粗。面對這樣一個
　　壯觀的造物安靜地躺在那兒，躺在這隱蔽處所──清澈、幽深
　　的水中，對我來說真是不可名狀的美妙。它喚起了我強烈的求

知欲，以至於心砰砰的跳，醒了過來。

【內容物】榮格是陽性元素，放射目動物是陰性元素，無轉化性元素。

【容器】樹林作為陽性元素的容器，水塘作為陰性元素的容器。

【相關事件與夢境意義】死亡恐懼在轉化為對死亡古人的考古探索後，進一步轉化為對鮮活動物的探索和連結，提示愛本能為主導動力，在日常生活中轉化為對醫學的熱愛。

【編號】夢 5：小小意識燈火夢

【夢境故事】見本書第四章

在夜裡某個我不知道的地方，我頂著狂風，艱難前行。濃霧籠罩四周。我雙手護著一盞微弱的燈火，火隨時會被吹滅，一切都取決於我能否保持這小小燈火不會熄滅。我突然感覺到有什麼東西正在尾隨我。我回頭望去，看到一個巨大的黑色人影正跟在身後。在此刻我已經意識到，雖然我內心害怕，但是我必須保持這小小燈火，熬過黑夜和風暴，哪怕所有危險。

【內容物】陽性元素為夢者榮格，陰性元素為巨大黑色人影，轉化性元素為小小的意識燈火、濃霧和狂風。

【容器】某個我不知道的地方，這個容器是開闊的，只有承載功能，沒有包容功能，所以轉化性元素很難發揮轉化作用。

【相關事件與夢境意義】之前剛剛出現的陽性和陰性元素的會合，但是因為沒有充分有力的轉化性元素，再次面臨著陽性元素和轉化元素被吞噬、被吹滅的危險。要注意的是，轉化性元素不一定都是朝著愛本能的方向進行轉化，譬如意識燈火是遵循愛

和光明的原則轉化的，而狂風和濃霧則是沿著死亡本能的涅槃原則進行轉化。另外，濃霧，也起到了類似容器的作用，這是因為容器和內容物的關係，也是可以彼此轉化的，就像煉金的鍋爐，因為長期煉金，各種金屬附著於容器內壁，它們也變成了容器的一部分。[7]

【編號】夢6：死亡父親回家夢

【夢境故事】見本書第六章

父親突然站在我面前，說他度假回來了……正要回家。我想他會因為我搬進了他的房間而惱怒。

【內容物】陽性元素為青年成人榮格，陰性元素為死亡父親，無轉化性元素。

【容器】家

【相關事件與夢境意義】父親的死亡，母親認為父親為了兒子而死，讓榮格的三角情結、權威情結，再次被啟動。但是情緒強度已經沒有童年那麼恐懼，而只是擔心。

【編號】夢7：地下室頭骨夢

【夢境故事】見本書第六章

我在一套房子中，我不知道是什麼地方，它有兩層樓。這是「我的房子」。我發現自己在上面一層，內有洛可可風格的漂亮舊傢俱，牆上掛著貴重古畫。我驚異於這會是我家，心想：

7　容器和內容物的彼此制約、彼此促進關係，可以參考比昂（W. F. Bion）的系列著作，中文翻譯作品中《等待思想者的思想》是較好的入門書籍。

這還不賴！但想起來還根本不知樓下看上去如何。我拾級而下，到了底樓。那裡的一切古舊得多，我看出，房子的這一部分大約建於十五世紀或十六世紀，陳設為中世紀風格，紅磚墁地，一切都偏暗。我從一個房間走到另一間，心想：現在可得把這房子查個遍！我來到一扇沉重的門邊開門，發現後面有一條石階通向地下室，走下去，置身於有漂亮拱頂的古色古香的房間，檢查四壁，發現尋常的砌牆方石之間有磚層，灰漿中含有碎磚，憑此斷定，牆壁建於羅馬時期，我興趣高漲，也檢查了石板鋪成的地面，在其中一塊裡發現一隻圓環，拉的時候，石板抬起，又出現了台階，狹窄的石級通往深處。我走下去，進入一個低矮的岩洞，積塵滿地，內有骨頭碎皿，像是原始文化的遺跡。我發現了兩具顯然極為古老、半腐的人類顱骨——於是我就醒了。

【內容物】陽性元素為成人榮格，陰性元素為兩具地下室頭骨。轉化性元素為石板上的圓環。

【容器】兩層樓房子

【相關事件與夢境意義】這個房子是夢者的家，而且提供了多層空間，換句話說，本來遊蕩在外的陰性元素比如放射目動物、陰影男人等，現在已經可以和陽性元素在同一個屋簷下會合。一開始陰性元素仍然以父親的形象出現，現在它再次以古代死亡者的形象出現，但是這次是人類的頭顱，而不再是夢 3 那樣的含糊，只是古代動物的骨頭。死亡恐懼，更多地被轉化為好奇探索和事業追求，正性學習情結和青年期的名利情結匯集，提供了事業的動力。同時，當心靈的容器被外投到家庭後，也為

家國情結積累了能量。我們也可以結合情結原型發展表，看到，夢者從夢1到夢7，在自體－客體配對方面的變化，從恐懼嬰兒、害羞幼兒，內疚少兒，發展到勤奮少兒，有愛青年。

【編號】夢8：官吏幽靈與十字軍幽靈夢
【夢境故事】見本書第六章，這個夢分為兩個部分。

第一部分：

一個夢發生於瑞士與奧地利邊界附近山區，傍晚時分，我看見一個上歲數的男子身著奧匈帝國官吏制服，他略微弓背走過，對我不理不睬，面有慍色，一副鬱鬱寡歡、惱火的樣子。還有旁人在，有人告知，老翁實際根本不存在，而是幾年前去世的一名關吏的幽靈，「他是那些不能完全死去的人中的一員。

第二部分：

我身處義大利一座城市，中午十二點與一點之間，烈日炙烤在街巷上。城市建於山丘之上，令人想起巴塞爾的一個地方──科倫貝克。小巷從那裡通向穿城而過的比爾西希河谷，部分是階梯式小巷，一條這樣的台階向下通往光腳會信徒廣場。那是巴塞爾，不過，這也是一座義大利城市，有點像貝加莫。夏日豔陽當頂，萬物充滿強光。許多人迎面而來，我知道，現在打烊了，人們趕回家吃午飯。人流中走著一名身著全副盔甲的騎士，他拾級而上，迎面而來，頭戴露出眼睛的帽形頭盔和鏈環甲冑，外罩一件白色外衣，前胸和後背織著一個紅色大十字架。

您可以想像，一座現代城市裡，交通高峰時間，一名十字軍戰

士向我走來，給我什麼印象！尤為引人注目的是，許多路人中似乎無人發覺他。無人朝他轉身或者朝他看，我覺得仿佛他對其他人而言完全不可見。我自問該現象會意味著什麼，這時就宛如有人回答（但無人在說話）：「對，這是定時現象，騎士總是在十二點與一點之間經過此地，而且很久了（我的印象是幾個世紀了），人人都知道。」

【內容物】陽性元素是夢者本人、路人，陰性元素是官吏幽靈和十字軍騎士，轉化性元素是夏日驕陽，回答疑問的聲音。

【容器】山地和城市。出現了時間轉換，片段1是傍晚，片段2是正午。

【相關事件與夢境意義】容器是比較開闊的，山地和城市，仍然是承載功能有餘，包容功能不足。夢者不再有死亡恐懼，相反地可以面對幽靈的情緒，面對十字軍騎士。太陽的出現引發了夢境轉化，引出了十字軍騎士，提示夢者與太陽象徵的父親原型連結，可以面對父權文化死亡，偉大父親－英雄原型的喪失，夢中的聲音是智慧老人、自性原型的聲音。它的出現解決了夢者的困惑，從而結束了夢境。和之前的轉化性元素——小小意識之火比較起來，這次的轉化性元素比較強大有力，不是需要夢者去保護它，反而它來療癒夢者。

【編號】夢9：白鴿女孩夢
【夢境故事】見本書第七章

夢裡，我發現自己身處一座華美的義大利敞廊中。它由廊柱支援、地面鋪著大理石。我正坐在一把文藝復興時期的金色扶手

椅上，我的面前是一張美麗無雙的桌子，桌子是由綠色的石頭製成的——好像是翡翠。我坐在那裡向遠方眺望，因為敞廊高駐於塔樓之上。我的孩子們也圍桌而坐。忽然，一隻白色小鳥落了下來，可能是一隻小海鷗或者鴿子。牠優雅地停在桌面上休息，我示意孩子們坐著別動，免得嚇跑這隻美麗的白色小鳥。一眨眼的功夫，這隻鴿子變成了一個小女孩，年紀大約八歲，長著滿頭金髮。它和孩子們一起跑開了，在城堡的廊柱之間嬉戲起來。我陷入沉思之中，琢磨剛才經歷的是什麼事。那個小女孩回來了，用她雙臂溫柔地摟住我的脖子，然後她突然消失了。鴿子再度出現，用人的聲音向我緩緩的說，「只有夜幕剛剛降臨的幾個小時裡，我才能化為人形，因為那個時候雄鴿子正忙著埋葬那十二位死者。」然後它便飛走了，消失無蹤，我便醒了過來。

【內容物】陽性元素是夢者本人、雄鴿子，陰性元素是孩子們、白鴿變成的小女孩和被雄鴿子埋葬的十二死者，轉化性元素是白鴿－女孩。

【容器】塔樓－敞廊，夜幕降臨的幾小時。

【相關事件與夢境意義】容器進一步進化，塔樓和敞廊，既是封閉的，又是開放的，既是一個抵禦外敵的工作場所，又是自己的家庭，說明之前的矛盾性得到了整合。從父子關係開始，說明夢者正在處理中年期的家國情結，對父親角色的認同。這種中年危機的爆發，是因為和師父（佛洛伊德）絕交，和兩位女病人發生愛情關係。白鴿－女孩，綜合了阿妮瑪、女兒、情人、智者等多個原型意象和客體意象。

【編號】夢 10：死者復活夢

【夢境故事】見本書第七章

> 我在一個地區，它令人想起阿爾勒城附近的阿利斯康墓園，那裡有一條石棺的林蔭大道，石棺可以追溯至墨洛溫王朝時代。夢中，我從城裡來，看見眼前有一條相似的林蔭路，墳墓排成一長行，基座有石板，上面安放著死者，他們躺在那裡，穿著古裝，雙手合攏，如同古老的墓地小教堂中，身披盔甲的騎士，差異只是，我夢中的死者並非以石雕成，而是以奇怪的方式製成木乃伊。我駐足於第一座墳墓前，打量死者，那是十九世紀三〇年代的一個男子，我感興趣地觀察他的服裝，他陡地動彈起來，復活了，分開兩手，我知道，發生此事只因為我在注視他。我不快地繼續前行，來到應是十八世紀的另一死者處。這時故技重演：我端詳他時，他復活了，活動雙手。我就這樣沿著整排墳墓走去，直到大致邁入十二世紀，走到身穿鎖子鎧甲、同樣兩手合攏躺在那裡的一名十字軍戰士處，他像是木雕的，我長久凝視，相信他確實死了，但驀然看見他左手一根手指開始悄然活動。

【內容物】陽性元素為夢者中年榮格，陰性元素為三個死者，轉化性元素為夢者的注視、端詳。

【容器】墓園、墓穴，三個歷史時間，十九世紀三〇年代和十二世紀。

【相關事件與夢境意義】容器進一步進化，再次出現一個開放性空間，如墓園，同時有與之伴隨的封閉性空間，如墓穴，而且這兩個空間是通過死亡相互聯繫的。以前夢中，也會出現兩個空

間，開放性和封閉性的，但是往往彼此對立，譬如夢 1 中兩個空間（牧師樓）與地下黑洞，一個代表生命，一個代表著死亡。時間和歷史出現，但是因為夢者的出現，時間被逆轉，死者被復活。夢境故事回應夢 9 中雄鴿子埋葬死者一段。轉化性元素是夢者的注視和端詳，因為他的注視，死亡和生命，過去和現在的界限被打破。這說明了夢者認同了吸收了夢 9 中白鴿女孩代表的轉化性元素，既有可能帶來療癒，又有可能帶來自我膨脹。

【編號】夢 11：殺死西格弗里德夢

【夢境故事】見本書第七章

我發現自己跟一個皮膚棕褐的陌生少年、一個野人，在人煙稀少的多岩山中。天將破曉，東邊已經天亮，明星行將隱沒。這時，山上響起西格弗里德的號角聲，我知道，我們得幹掉他。我們攜槍在一條狹窄的石徑上伺機伏擊他。忽然，山脊高處，西格弗裡德現身於旭日的第一道光柱中，坐在骸骨製成的車上，順著多石的山坡疾馳而下，他拐過一個角落時，我們朝他射擊，他中彈墜亡。毀滅了如此壯麗之事，我充滿厭惡與悔恨，轉身逃遁，驅動我的是害怕有人可能發現這起謀殺。這時開始暴雨滂沱，我知道，它會滅跡殆盡。我逃脫了遭人發現之虞，生活可以繼續，但留下不堪忍受的罪疚感。

【內容物】陽性元素自我，陰性元素陌生少年，另一個陽性元素為西格弗里德，轉化性元素為謀殺、暴雨。

【容器】人煙稀少的多岩山

【相關事件與夢境意義】師徒反目。容器為山,象徵著自然原則、父性原則,也象徵著攀登和征服。陌生少年是未被意識到的部分,皮膚是暗色,與夢者相反,但是又緊隨夢者,象徵著夢者的陰影未被意識到。他的形象是少年,故可能象徵著永恆少年,叛逆父權,追逐自由,具有弒父衝動。西格弗里德是英雄父親原型。[8](西格弗里德出現於「旭日的第一道光柱」,代表其充足的陽性功能,「坐在骸骨製成的車上」,象徵其戰勝了死亡。故而也象徵著意圖整合生命與死亡,是官吏幽靈與十字軍幽靈夢(夢8)中,夏日豔陽下的十字軍幽靈的變形進化。謀殺是死本能的轉化方式,正常人只在夢中使用這種方式,轉化消化心靈的痛苦,而系列殺人犯則把這種衝動付諸白日生活中,見聚斯金德小說《香水》。謀殺把嫉妒、自卑、恐懼轉化為憤怒與攻擊的爽快感,而雨水則起到了降低悔恨、自責、恐懼懲罰的強度,把弒父的自責轉化為深深的內疚感。

佛洛伊德的理論中,兒童具有敢於具有弒父衝動,是成長的表現之一,但是象徵性弒父的前提,是父親的強大和父權制度的穩定,這些條件對於榮格來說並不存在。故而到了成年期,才迎來伊底帕斯情結(三角情結)中的弒父主題,而且是對古代的父親完成這一任務。但是,弒父成功,並不是佛洛伊德當初構想的伊底帕斯完善解決之道,這種情況叫做伊底帕斯勝利者,往往是男孩自戀的來源,也是罪疚感來源。如榮格所言,「生活可以繼續,但留下不堪忍受的罪疚感」。伊底帕斯王

8　【作者註】本書作者在《濁眼觀影》一書中,有多篇論述父親功能的散文,觀點之一是父親最重要的功能就是戰鬥英雄功能,其他的功能都是和母親可以替代的。

的悲劇，就來源於他弒父成功了。佛洛伊德構想的理想化解之道是，兒子發現自己也深愛著父親，故而願意接受象徵性閹割（抑制自己佔有母親的願望），母親也維護父親的權力，參與到象徵性閹割的過程中，兒子認同父親，希望成長為父親一樣的英雄，娶母親一樣的淑女為妻，由此而化解伊底帕斯情結。因此有些女權主義者批評佛洛伊德其實是父權制度的維護者，並非革命者、並非解放者。[9]

【編號】夢 12：腓利門鑰匙夢

【夢境故事】見本書第七章

藍天形同海洋，並非雲層密佈，而是佈滿褐色土塊，看上去土塊碎裂，其間可見湛藍海水，水卻是藍天。陸地從右邊漂來帶翼生靈，那是頭生牛角的老者，帶著一串四把鑰匙，手握一把鑰匙，仿佛正欲開鎖。他有翼，而翅膀如同具有典型色彩的翠鳥之翅。

【內容物】轉化性元素是腓利門，同時他集合了陽性元素和陰性元素，譬如他的翅膀是陽性元素，他的牛角又是陰性元素。夢者本沒有顯示出來，或者他只是純粹的觀察者。如果這是一個清醒夢的話，我們可以說，通過純粹的觀察功能，夢者的自我已經超越了陰性與陽性的二元對立。當然一個人只要還活在人世間，就不能說他已經徹底超越了二元對立。但是腓利門本身是智慧老男人的形象，並非雌雄同體，也不具有白鴿女孩的人獸

<hr>

9　【作者註】可參考上野千鶴子《父權制與資本主義一書》。

同體特徵，故而在他身上的鑰匙，是更為有力的轉化性元素的特徵。

【容器】隨著內容物出現共冶一爐的融合特徵，容器也展示出這種特點，天、地、水融為一體，這是化合原型的功能體現。

【相關事件與夢境意義】《紅書》的寫作邁出文思泉湧的階段，腓利門不但在夢中顯現，甚至在白日生活中顯現，並且給予榮格智慧開示。這提示在父性原則、陽性原則的基礎上，夢者出現了一個明顯的、穩定的自我和自性聯結的過程。智慧老人原型主導了夢者的意識和無意識生活，轉化中年危機。

【編號】夢 13：冰凍葡萄樹夢

【夢境故事】見本書第七章

不久之後，那是 1914 年春天和初夏，一個夢重複了三次，夏天裡襲來北極寒氣，大地冰封，我看見整個洛林地區及其水道凍結，各地空無一人，百川悉數冰凝，鮮綠植物盡數凍凝僵死，此夢境 1914 年 4、5 月來臨，最後一次在 6 月……第三個夢裡，又有來自太空的極寒降臨，夢的結局卻意想不到：一棵有葉無果的樹挺立著（我想是自己的生命樹），葉片經霜凍而轉化成了甘美葡萄，充滿了療癒的果汁，我摘下葡萄，送給翹首企盼的一大群人。

【內容物】陰性元素為冰雪、翹首企盼的一大群人，轉化性元素為生命樹、葡萄。榮格自己看起來是陽性元素，但是實際上是轉化性元素，因為轉化功能的實行，必須透過他來完成。

【容器】地點是歐洲大地，時間從春天、夏天到冬天。

【相關事件與夢境意義】白日生活中，榮格和托尼‧沃爾夫的戀情得到穩固，與國際精神分析協會決裂，最小的孩子出生。一戰爆發。反覆出現的夢表示其中有未修通的卡頓之處。此夢中，之前夢中提供包容功能的樹林，全部凍死，象徵著之前抱持夢者的歐洲文化和社會環境，隨著之後的一戰和二戰的寒流到來喪失了生機。所以也可以說，它預測了歐洲人集體的命運。榮格作為中年人的家國情結，看起來是受到了重創。這喚醒了集體無意識中的自性原型——生命樹，來整合這種從外到內的分裂和創傷。因為認同了自性原型的轉化性功能，夢者自己成為了救世主。在《聖經》中，葡萄藤是洪水過後諾亞種下的第一顆植物，象徵著救贖和復活。葡萄因為多子，在中國文化中也象徵著多子多福，同樣是生存繁衍、生命活力的象徵。時間貫穿了春、夏、冬天，卻缺了秋季，秋季象徵著收穫、結果，象徵著人生的中年期，中年人的責任和擔當，它缺失了，故葡萄有葉無果，直到榮格本人認同了救世主，而不是被救贖者，葡萄的葉片可以轉化為果實。

【編號】夢 14：訓伏阿拉伯王子夢
【夢境故事】見本書第九章

我夢見身處一個阿拉伯城市，如多數阿拉伯城市中一樣，此處也有一座堡壘，這是一個要塞。該城位於遼闊平原上，一道城牆繞城而砌。城市四四方方，有四座城門。

堡壘位於市中心（在那些地區，情況卻並非如此），一條寬闊的壕溝環繞四周。我立於一座木橋前，它跨越水面，通往一座

馬蹄形深色的城門，城門大開。我渴望也從內部看看城堡，於是縱步上橋。大約走到橋中央時，城門中迎面走來一名風度翩翩，幾乎具有王者氣度的、白色斗篷加身的阿拉伯人。我知道，他是駐守這裡的王子。跟我對面而立時，他發動攻擊，想把我打倒在地。我們纏鬥在一起，搏鬥時撞上了欄杆；欄杆塌陷下去，我倆落入壕溝，他試圖把我的頭按入水裡淹死我。我想，不行，這太過分了，就把他的腦袋按到水下。雖然我讚賞他，但不想坐以待斃，就這麼做了，不是想殺死他，而只是讓他失去意識、無力戰鬥。

然後場景變化了，他跟我身處城堡中央一間巨大的拱頂八角形屋中，室內一片潔白，陳設簡單，令人印象深刻。明晃晃的大理石牆邊放著幾張矮沙發，我前面的地上有一本打開的書，乳白的羊皮紙上書寫著極其漂亮的黑字，並非阿拉伯文，看上去更像是西突厥書稿中的維吾爾文，我因摩尼教的吐魯番殘卷而有所瞭解。雖然不知內容，卻仍感覺是自己寫的「我的書」。我剛才還與之扭打的年輕王侯坐在我右側的地上。我說，因為我得勝，他就得閱讀此書，但他拒不接受。我攬住他的肩膀，可謂用父親般的寬容與耐心強迫他讀書，我知道務必如此，最終，他妥協了。

【內容物】陽性元素為中老年夢者榮格，陰性元素為阿拉伯王子，因為他一來出自於「通往一座馬蹄形深色的城門」，二來其膚色想必是棕褐色，應是殺死西格弗里德夢（夢11）中棕褐黑人少年之更新反覆運算。轉化性元素一為打鬥，二為羊皮書。

【容器】阿拉伯城市、八角屋。

【相關事件與夢境意義】北非之旅，初學《易經》，初建塔樓。夢者既認同了英雄戰鬥的父親，又認同了智慧老人，通過和阿拉伯王子進行打鬥和教學，完成了兩個發展任務，其一，在情結層面上，完成了父親對伊底帕斯弒父兒子的訓伏（象徵性閹割），完成了兒子對父親智力的認同。其二，在原型層面上，完成了父親原型、智慧老人原型和永恆少年原型的整合。[10]

【編號】夢 15：死去父親婚姻諮商夢
【夢境故事】見本書第九章

　　喪母前幾個月，1922 年 9 月，我的一個夢就預兆了母親的死亡，這個夢涉及我父親，令人印象深刻。自從他去世，也就是 1896 年起，我再也沒有夢見他。現在，他重現夢中，彷彿遠

10　【作者註】有些讀者可能會疑問，既然阿拉伯王子是從殺死西格弗里德夢（夢 11）中棕褐黑人少年發展而來，那麼他更早的形象應該是小小意識燈火夢（夢 5）中的「巨大的黑色人影」，這不是陰影原型嗎？怎麼現在又變成了「永恆少年原型」？還有之前的父親原型的意象，不是西格菲爾德嗎？不是十字軍騎士幽靈和官員幽靈嗎？但是這些幽靈不也可以歸結為陰影原型嗎？正如前文所言，這樣的矛盾和混亂，已經在各個術語之間變來變去大串門的情況，有以下原型：其一，陰影原型，有多重意義，其中一個意義是，任何不被意識自我接受、不被意識自我看到的東西，都可以稱為陰影。故而，所有原型在表達、顯現之時，如果它從集體無意識層面上升到個人無意識層面，它就可能變成陰影原型，或者以陰影原型的樣貌表現出來。其二，我們說原型相當於基因，而我們知道，生物學基因表達出來的時候，往往是多個基因共同作用，決定一個人的身體機能，例如頭髮，看起來只是簡單的一根毛髮，其色澤、其硬度、其分布範圍，卻是眾多基因與環境、營養等多重因素共同作用的結果，夢中的意象也具有如此特徵。所以佛洛伊德說無意識是沸騰的大鍋，也就說，無意識本身具有多樣性和不確定性。其三，心理學家和心理學的讀者們，都共同期望心理學術語是科學術語，或者至少是醫學術語。但是實際上，心理現象的瞬息萬變，變化無窮，它是超出了科學術語與醫學術語的框架的，也許使用模糊數學或者易經那樣的符號系統，可以更好地表達心理現象，但是與此同時，它就更加無法理解了。這種無奈、無力、造化弄人的感受，被有些分析師命名為「搗蛋鬼原型」被啟動。榮格本人，應該是直到生命臨終前幾年，才比較明確地整合搗蛋鬼原型的。

　　　　　　　　　　　　　　榮格的 30 個夢：心靈大師的自我療癒

行歸來。看上去返老還童，脫除了他那父權權威主義的外表。我隨他走進我的圖書室，對獲知他境況如何狂喜不已，尤其盼望向他介紹妻子和子女，展示房子，講述其間我所做一切和成就，也想談談最近出版的心理類型之書，但隨即看出，這不合時宜。因為我父親看起來心事重重，看來想向我要什麼，我明顯感覺到了，因此克制自己，沒有說我自己關注的事情。這時他說，因為我是心理學家，他想向我諮詢，而且事關婚姻心理。我準備就婚姻的複雜性做一個長篇演講，這時就醒來。

【內容物】陽性元素為中年榮格，陰性元素是死去的父親，轉化性元素是圖書和心理學長篇演講。

【容器】家庭

【相關事件與夢境意義】再次處理家國情結，這也是夢者的生物學父親沒有完成的任務──夫妻不和。夫妻不和構成了童年創傷，即個人陰影，同時它也是文化崩解，父權社會解體的必然結果，故而也是文化陰影、集體陰影。化合原型在物質化合上，體現為腓利門鑰匙夢（夢 12）中的天、地、水，風各種物質元素的化合，在個人內部，體現為雌雄合同，在人際關係中，則體現為陰陽合一，琴瑟和諧，性愛合一，白頭偕老的恩愛夫妻。故而，雖然夢境表現為單純的家庭創傷的彌合，但是也有隱藏的原型意義。這次化合顯然不成功，因為夢者的自我意圖以理性說教挽救婚姻制度的崩潰，故而長篇演講還沒有開始，夢境就被叫停。

【編號】夢 16：魔王狼狗夢

【夢境故事】見本書第九章

> 喪母之前另一次經歷引人深思。她過世時，我在提契諾州，對靈耗震驚不已，因為死神突如其來。她死前一夜，我做了駭人的夢。我置身於一片茂密、陰森的樹林中。其間怪石嶙峋，古樹參天，一派神異洪荒景象。我突然聽到一聲尖厲的嗥嘯，它響徹寰宇。嚇得人雙膝發軟。這時灌木叢中劈啪作響，一條碩大的狼狗張著令人生畏的血盆大口躥出，見它這副模樣，我手腳冰涼，牠從我身旁掠過，我知道，現在荒野獵人命令它帶走一個人的靈魂。我聳懼而醒，次日早晨，得到家母的兇信。

【內容物】陽性元素為夢者自我，陰性元素為荒野獵人的狼狗，轉化性元素為尖厲的嗥嘯。

【容器】樹林、灌木。

【相關事件與夢境意義】母親的臨終。樹林和灌木，再次回到了以前的死亡和陰森的死亡恐懼和死亡焦慮中，如前所述，兒童的死亡恐懼，往往是害怕父母的喪失、被父母攻擊，自己被吞噬不存在等等，是其他情結的變形，投射到「死亡」這一概念上，而中老年人的生死情結，形成原因則多是因為切實地面對自己的衰老，切實地面對至親好友的死亡。榮格再次被啟動了童年時期的恐懼和憂慮，把死亡體驗的奪走和吞食。比起童年時期的死亡恐懼，進步之處在於死亡這一概念，已經不再是個人來承受，而是和傳統文化的死神意象（荒野獵人）聯繫，這意味著死亡被象徵化，而且是有效的文化象徵。譬如說，一個中國人夢到了牛頭馬面來拘捕人類魂魄，同時，既然有牛頭馬

面，就必然有閻羅王，既然有閻羅王，則隨之而來的地藏王菩薩等等救度靈魂的意象也隨之而來。當然，夢者夢中沒有出現生命樹、也沒有出現腓利門，這說明在無意識層面，夢者還是無法修通生死情結的。

【編號】夢 17：蟾蜍男孩夢

【夢境故事】見本書第九章

我在服兵役，跟隨著一個大部隊行軍。前行到奧辛根的叢林，我在十字路口看到一處遺蹟：一個有一米高，上方是青蛙或蟾蜍頭的石頭雕像矗立在那裡。有一個男孩坐在雕像的後面，但他的頭卻是蟾蜍頭。然後出現一個只有上半身的男人的形象，他的心口部位釘著一隻錨，他是一個羅馬人。另一個半身像大約來自 1640 年，與前一個人的形象相同。接著出現了木乃伊樣的屍體。最後駛來一輛帶有十七世紀風格的四輪馬車。車上坐著的是一位已經去世的人，但她仍然活著。當我叫她「小姐（Miss）」的時候，她轉回頭看著我，我意識到原來「Miss」是一種對貴族的稱謂。

【內容物】陽性元素軍人榮格，轉化性元素蟾蜍男孩，陰性元素半身男人、死而未亡的馬車小姐。

【容器】叢林、馬車

【相關事件與夢境意義】蟾蜍男孩看起來是陽性元素，但是之所以說他是轉化元素，是因為他的出現，轉化了整個夢境，從行軍場景變化為鬼魂飄舞。當然其轉化功能並不強大，沒有和夢者發生智慧對話，也體現出轉化功能。和他一樣的人獸合體的意

象，譬如白鴿女孩、長牛角的腓利門，都更加具有療癒性，這也提示夢者在無意識層面發生了退行。蟾蜍男孩更加接近獨眼肉柱的形象，幸虧蟾蜍在煉金術中，是煉金之屋的基礎，故而也還是可以幫助夢者。死而未亡的各種意象，如前所述，即代表著個人陰影，也代表著集體陰影。在博南諾（Dean Buonomauo）的著作《大腦是台時光機》（*Your Brainis a Time Machine*）一書中，我們看到，時間焦慮和死亡焦慮，都伴隨著工業化、城市化進程而加劇，而在連數學概念都幾乎沒有的原始部落中，人們幾乎不為死亡發愁，總是活在當下。

【編號】夢 18：黑人理髮師夢

【夢境故事】見本書第十章

整個過程中我只有一次夢見黑人，他的臉出奇地熟悉，我卻不得不沉思良久，才弄清在何處曾與他相逢。終於想起來了，是我在田納西州查塔努加市時的理髮師！一個美國黑人。夢中，他手持燒紅的燙髮巨鉗，對著我的腦袋，想要讓我的頭髮捲曲，這就是說，想給我了弄成黑人的頭髮。我幾乎就感覺到那灼人的熱力了，接著在一片恐慌中醒了過來。

【內容物】陽性元素是夢者本人，陰性元素是黑人，轉化性元素是燙髮巨鉗。

【容器】在夢中沒有明確顯示，但是黑人來自田納西，可能表示美國文化形成了一種容器。

【相關事件與夢境意義】榮格在非洲旅行。這看起來是榮格的人格面具，白人種族認同，與白人文化的陰影——黑人的整合。而

這種整合需要美國文化的進化，作為一個轉換、過渡的地帶。比如說黑人所使用的燙髮鉗，就具有現代文化的氣息。教堂上帝夢（夢2）也是人格面具與文化陰影的整合，但是那是青少年榮格的個人人格面具，與他所生存的基督教文化的陰影的整合。而這一次，是整個白人文化的人格面具──民族身分認同，和被貶低的黑人文化的整合，黑人文化因為被貶低、被歧視，故而成為了整個白人文化的陰影。

【編號】夢19：配樓煉金術圖書館夢
【夢境故事】見本書第十章

在我發現煉金術之前，我出現了一系列的夢境，它們都重複著一個相同主題──在我的房子旁邊，還有一個房子，也就是說，有一個我不熟悉的翼樓或者側房。每次，我都在夢中驚訝，為什麼我自己不瞭解這幢房屋呢？畢竟看來它早就在那裡了。終於在一個夢境中，我到了側樓那裡。在那裡發現一間奇妙藏書室，藏書大都出自十六世紀與十七世紀。豬皮裝訂的大開本厚書靠牆而立。其中有不少書籍飾以性質奇異的銅版畫，其插圖包含我從未見過的奇特符號。當時不知它們指涉什麼，很久之後才斷定是煉金符號，我在夢中只是意識到自己被它們和整間藏書室深深吸引。那裡收藏了關於中世紀古籍和十六世紀出版物。

【內容物】陽性元素是榮格本人，陰性元素是煉金古籍。無轉化性元素。

【容器】側樓

【相關事件與夢境意義】正性家國情結的修通和建立，在於連接故國的歷史，傳承祖國的文化傳統和文化精神，取其精髓，去除糟粕。在夢 18 之前的榮格生命歷史中，他和同時代的人一樣，對歐洲傳統文化採取徹底批判、徹底否定的態度。這樣，傳統文化，就變成了個人的陰影、家庭的陰影和社會的陰影。對煉金術的探索，既是為傳統文化續命，也是力圖從傳統文化中探索出適合歐洲人的解脫之道。但是，和訓伏阿拉伯王子夢（夢 14）比較起來，這個夢表面上看起來是退步了，因為在夢 14 中，他已經認同智慧老人，教導王子羊皮書了。但是實際上，這也可能是進步。智慧老人和永恆少年的整合，是在一個人內部完成的，如果在夢 14 中，阿拉伯王子起身說，「其實我就是你自己」，然後他變成為榮格的模樣，我們可以說，這是智慧老人和永恆少年整合了，而夢 14 中，其實是把永恆少年投射出去，投射到阿拉伯王子這個形象上。而且，這還隱約提示著夢者榮格的自戀和自大，自我膨脹，實際上，他不但不太瞭解阿拉伯煉金術和中國煉丹術，甚至對歐洲本土的煉金術也不太瞭解。故而現在開始把幼稚少年的意象回收，自己開始謙遜地學習傳統文化知識。所謂自性化是獨行道，就是能夠回收投射出去的各種情結、客體意象、原型意象，了知萬法皆出於我心，然後獨身上路。

【編號】夢 20：困在十七世紀夢
【夢境故事】見本書第十章

預演我與煉金術相遇的關鍵夢境大約 1926 年來臨：我在南蒂

羅爾,這是戰爭時期。在義大利前線,我從前線戰區搭乘一名小個子男人的馬車返回,他是農夫。四周炸彈轟鳴,我知道,我們得盡速趕路,因為情況十分危險。

我們必須過橋穿過一條隧道,其拱頂部分毀於炮火。來到隧道盡頭,驀然發現眼前是陽光燦爛的地區,我認出是維洛納省。腳下是城市,陽光普照。我如釋重負,我們向草木蒼翠、鮮花盛開的倫巴第平原飛馳而去。道路穿行於秀美的春景中,稻田、橄欖樹和葡萄映入眼簾。我瞥見與街道呈橫向的一幢巨大建築物,莊園主宅邸規模龐大,是典型的莊園主住宅,配樓和側樓眾多,像是義大利北方諸侯的宮殿。像在羅浮宮一樣,宮中的路穿過一座大院。小個子車夫和我駛入一扇大門,由此可以透過遠處的二道門又望見沐浴在陽光中的風景。我環顧四周:右邊是莊園主住宅的正面,左邊是僕人房屋和廚房、倉庫和其他連綿的附屬建築。

我們來到院子中央時,正好在正門口,發生了意外之事:一聲悶響,兩扇大門合上了。農夫從車夫座上一躍而下,叫道:「現在我們身陷17世紀了!」——我心灰意冷地想道:對,就是這麼回事!——可該怎麼辦呢?現在我們會被關在這裡很多年!——但隨後就起了寬慰之念:幾年之後,總有一天我可以再次出去。

【內容物】陽性因素榮格本人,陰性元素小個子車夫,轉化性元素是隧道。

【容器】馬車,莊園。

【相關事件與夢境意義】馬車,作為交通工具,也是貫穿榮格一

生的容器，早在少年時期，他的白日夢中，就幻想自己是乘坐十八世紀馬車的醫生，後來在教堂上帝夢（夢2）中，夢境故事也是發生在馬車來往的路口——「我從院子裡經過一個大馬車往來的大入口，在我面前是巴塞爾大教堂。」到了蟾蜍男孩夢（夢17）中，則出現了一個陰性元素被馬車包容的意象——死而未亡的馬車小姐，這一次則是夢者本人被馬車包容。車輛，總體上來看，是象徵著運載、運動、把人從一個地方到另外一個地方，它當然也象徵著對速度的追求。譬如一個夢到自行車，那可能象徵著他的獨立，也可能象徵著手淫，因為自行車刺激陰部，可以帶來快感，手淫是一種性生活方面的獨立自主、自力更生的表現。一個人夢到公共汽車，則可能象徵著他期望和公眾、集體連結。汽車和馬車都是內傾性格的人容易夢到的運載工具，它保證了這個人和他人的連接，不像自行車那麼孤獨，也不像公共汽車那麼多人際基礎。

第一輛汽車在1886年在德國問世，榮格的一生，見證了汽車替代馬車的歷史，他自己也是最早擁有私家汽車的人群。但是他這個夢中，顯然還是眷戀馬車的歲月。作為陽性元素的他，這次面對的陰性元素是駕駛馬車的農夫。他由殺死西格弗里德夢（夢11）中皮膚棕褐的陌生少年進化而來。我們可以說，那個仇恨英雄父親的少年，具有正性伊底帕斯情結的永恆少年，已經進化為一個健壯農夫了。

然後他們達到了一個「時空隧道」，經由時空隧道，穿越回了榮格一直想要回去但是又回不去的古代。時空隧道這種意象的出現，顯示了人們想要整合時間和空間的分裂，想要整合歷史

與現代的割裂。在加州大學神經心理學教授博南諾的著作《大腦是台時光機》中，我們可以瞭解到，人類是少數能夠進行精神時間旅行的物種，人類存在兩種時間觀，一種是直線時間觀，就是人們只能活在當下，過去無法追溯，未來不可穿越，另外一種時間觀，是塊狀恆在觀，就是時間是分佈在塊狀的四維宇宙中的，理論上是可以穿越的，只要能超越光速。

大概大部分五〇後到八〇後的人，接觸到的都是第一種時間觀，而年輕一代，對當代物理學瞭解比較多的。令人驚奇的是，恆在時間觀，聽起來像是科幻小說，相反卻是科學證據更多一些的時間觀。所以愛因斯坦說，「對於我們這些虔誠的物理學家來說，過去、現在和未來的區分，僅僅意味著一種頑固的幻覺。」

穿越、整合空間的功能，以前體現在腓利門鑰匙夢（夢 12）中，而現在榮格和他的陰影農夫馬車，卻具有的穿越時間，但是，當然這是被動的穿越和整合。也有個案夢中會出現主動穿越和整合，譬如某個案，他夢到自己進入了五維空間，看到下方是自己的一塊塊的時間，其中正在上演各種場景，他可以撥弄這些時間平面或時間塊，把他們移動到黑洞中去。

時空穿越後，榮格的第二人格農夫，感受到了囚禁感，而榮格的第一人格，卻安之若素，可以自我安慰，這提示我們他的療癒功能已經深入到無意識中，而且比起死去父親婚姻諮商夢（夢 15）略有進步，之前是掉書袋給爸爸說到底，現在是可以自我安慰了。

時空穿越，也蘊含著生死情結的解脫，對此世生命的超越，這

聽起來似乎很玄，其實好多老年人，都會出現無意識的精神時空穿越，比如說，老年人們開始會不斷回顧過去，嘮叨過去，過去的細節被驚人的回憶了起來，這不就相當於他的精神穿越到過去了嗎？他們還會不斷地夢到死後的世界，各種祖先鬼魂、死去的親朋好友來訪，這就相當於穿越到了未來。

時間和空間的二元對立的解除，當然也是自性原型最核心、最主要的功能。當然我們看到，此時榮格的夢中，還是沒有這種功能的，比如無論是腓利門還是白鴿女孩都沒有出現在夢中。如果今天我們給榮格做心理治療，可能就可以問他，說，如果這個夢沒有結束，可以延續，那麼我們回到夢境最後一幕，讓我們假設，腓利門這時候飛過來了，請想像一下，接下來的劇情會是什麼？

【編號】夢 21：利物浦之夢

【夢境故事】見本書第十章

我發現自己身處一座城中，齷齪不堪，一身煤炱。那是冬夜，陰暗有雨。我在利物浦，我跟一幫瑞士人——估計六、七個人吧，走過黑暗的街道，感覺我們從海上、從港口來，真正的城市在高處懸崖峭壁上，我們往那個方向走上去，這讓我想起巴塞爾：市場在下面，然後穿過死人巷上至一片高地，到達聖彼得廣場和聖彼得大教堂。我們上到高地時，發現一處街燈朦朧的寬闊廣場，許多街道在此交匯。市區圍繞廣場輻射狀排列，中間有圓形池塘，內有一座中心小島。雨、霧、煙和亮光寥寥的暗夜覆蓋一切時，小島卻陽光閃耀，那裡孤零零地長著一棵

玉蘭樹，遍掛紅花。似乎樹在日光中，同時自己又是光源。同伴們顯然沒看見樹，對可惡的天氣說三道四，談論的是住在利物浦的另一名瑞士人，驚訝於他偏偏定居於此。我著迷於樹木開花之美和陽光沐浴的島嶼之美，心想：我已經知道為何他定居此處了，於是醒來。

【內容物】陰性元素，榮格及一幫瑞士人，陽性元素，住在利物浦的另一名瑞士人，轉化性元素為玉蘭樹。

【容器】冬夜，利物浦城，圓形池塘，中心小島。

【相關事件與夢境意義】一般夢者的自我都是陽性元素，但此夢中，為什麼說夢者自我是陰性因素呢？他身出冬夜時分、有雨有霧的利物浦城，走在黑暗的街道，所以利物浦城是陰氣森森的容器，其中的夢者和同伴也是陰性元素。同伴六或七人，他們和夢者，組成了 6+1 或者 7+1 的結構，這種數位結構在基督教中也有神祕和神聖的意義，比如上帝造人用了六天，第七天是上帝安排的安息日，禮拜天。七也被認為是事物迴圈輪轉的規律，比如一周七天，煉丹經常有七七四十九天之說。[11] 但是在他論述此夢的另外一個版本中，隨從的人數又只有三人，所以形成的是 3+1 的結構，這和三位一體，四相性有類似之處。此夢的容器，再次出現了層層遞進、不斷發展的關係，比如在地下室頭骨夢（夢 7）、訓伏阿拉伯王子夢（夢 14）等多個夢中，我們都可以看到這種容器的不斷變化的結構。夢中說「市場在下面，然後穿過死人巷（Totengasschen）上至一片高

11　【作者註】有關數字的原型意義，可以參考澳門城市大學龔曦的博士論文《夢中數字的分析心理學意象研究》。

地，到達聖彼得廣場和聖彼得大教堂。」這大概是象徵著，在達到光明生命樹前，榮格及其代表的瑞士心靈，需要修通死亡焦慮、修通聖徒崇拜。生命樹再次出現，上一次它展現為葡萄樹，這一次則是玉蘭樹。

玉蘭，據說是生長在中國的植物，據說直到十八世紀才被移植到歐洲，它同時受到了東方人和西方人的喜愛。上海市市花是玉蘭，朝鮮的國花是玉蘭，美國的密西西比州也把玉蘭定為本州之花。在東西方文化中，它的共同的象徵意義是女性、高貴。有些時候玉蘭和木蘭還混淆了起來，因為它們外觀及其類似，只是玉蘭長在樹上，木蘭站在灌木上。花木蘭的故事傳到西方後，深受喜愛，因為它從父女關係的故事，被改造成了女性解放的故事。

榮格的無意識選擇了玉蘭花，大概也是隱約地採取了它的象徵——東方文化進入西方文化，和冰凍葡萄樹夢（夢 13）中的相輔相成。

這個夢出現 1927 年 1 月 2 日，之後榮格試圖要繪畫下夢中的城市街道，就在他繪畫的過程中，玉蘭花發生了變化，變成了寶石一般的玻璃，城市也變成了八角形的城市，周圍有很多星星，星星的一角居住在夢中的那個瑞士熟人。

這張曼陀羅最終於 1 月 9 日完稿，見下圖，它被命名為「永恆之窗」。

就在這天完成的時候,他的朋友席格(Hermann Sigg)死去了。故而他在圖下方,寫下了朋友死期。1920年北非之旅時,席格也是他主要的同伴,在那次旅行中,他做了訓伏阿拉伯王子(夢14),可見席格對他生命的重要意義。夢中的另外一個瑞士人,和玉蘭樹在一起的瑞士人,有沒有可能就是席格呢?目前的研究還沒有結論。

可以肯定的是,這個夢和之後的曼陀羅對榮格有重大影響,他先後多次提到此夢,引用這個曼陀羅,一次是在他為《黃金之花的秘密》所寫的序言中,另外一次是在《昆達裡尼瑜伽研討會》中,還有一次是1950年的論文《論曼陀羅的象徵》。

他認為這個曼陀羅的結構類似中國的紫禁城的城堡，可能也對應者中國道教中的「黃庭」。他對中央的玫瑰之光也產生了不同解釋，一開始他認為自己就是那個玫瑰之光，就是世界的中心。後來他接觸道教哲學後，認為把自己設為中心大概是西方文化的特性，根據道教等東方文化，自我可能被設定為周圍邊沿的星光，更加合理。

當然，即便夢中的另外一個瑞士人是席格，夢中的席格也仍然有象徵意義，而不是百分百對應現實人物，他可能象徵著和玉蘭樹相連結的心靈，嚮往永恆與光明的一面。

榮格在繪畫曼陀羅的時候，直覺感應到，這個玫瑰之光，類似於通往世界的永恆之窗戶。今天我們看到，這個永恆之窗，非常類似埃及的神聖幾何學，其中的世界之花的圖案，這是明確無疑的自性原型顯現的樣子。

從此我們得知，夢者榮格，此時已經能夠嫻熟地運用積極想像、繪畫療法的技能，來進行夢的工作，他首先記錄下系列夢，然後反覆地回味系列夢中重要場景，不斷地加工、描繪夢中的轉化性元素。通過這個工作，轉化性元素呈現為自性原型。永恆之窗，標誌著榮格的意識自我和自性，建立了較為穩固的聯結。比較起腓利門和自我的聯結，這個聯結更加穩固，因為腓利門具有自主性，並不受意識自我的掌控。

【編號】夢 22：聖杯夢

【夢境故事】見本書第十章

我發現自己，跟一大群蘇黎世的朋友和熟人，在一座無名島嶼

上，大約位於英國南部沿海，這島很小，近乎無人居住，它縱向狹長，向南北方向延伸約三十公里，南部海濱岩骨嶙嶙，有一座中世紀宮殿，我們這一隊立於院中，是一群遊客。前面聳立著一座氣勢宏偉的城堡主塔，透過大門，寬闊石階清晰可見，還可見它往上通向柱式廳堂，裡面燭光幽明。據說這裡是聖杯城堡，今晚要在此「給聖杯祝福」。

此消息似乎具有祕密性質，因為我們中間有一德國教授，他酷似老年蒙森，對此事一無所知。我與他開懷暢聊，對他學識淵博、才智洋溢印象深刻。

只有一件事令人反感，他持續不斷言說消逝的過往，如教師爺般大談特談聖杯故事的英國起源和法國起源的關係，顯然，他既沒有意識到此傳奇的意義，又沒有意識到其鮮活地存在於當下，而我對兩者印象最深。

他似乎也對周遭現實毫無察覺，因為他舉止就如在教室裡對學生講課。我徒勞地試圖讓他注意場面古怪，他看不到台階，看不見大廳裡微光閃爍，洋著節日氣氛。

我無助地茫然四顧，發現我自己站在一座城堡的高牆旁邊，高牆下部好像佈滿柵籬，但並非常見木質，而是黑鐵製成，它巧妙地製成葡萄藤的樣子，葉蔓俱全，還有葡萄。橫向枝椏上，每隔兩米就有小鐵屋，如同鳥巢，我忽見闊葉中有動靜，初似因鼠而起，隨後我卻清楚地看見蒙面小地精——蒙面侏儒，在小屋間穿梭。「天啊，」我衝著教授驚呼：「您看哪……」此時出現了間斷，夢境改變了。我們（跟先前還是同一夥人，但不見了教授）在城堡外，童禿無木，山石嶙嶙。我知道，肯定

會出什麼事，因為聖杯尚未在城堡中，而當晚就該給它祝聖。據說它藏在小島北部的僅有的無人居住小屋裡。我知道，我們的任務是到那裡迎取聖杯。

我們約有六人，上路向北漫步。長途步行幾小時，又累又乏，我們到達島上最狹處，我發現，一片海灣把它一分兩半。最窄處，水面寬約百米。太陽下沉了，夜幕開始降臨。

我們疲憊地躺在地上。這一帶荒無人煙，童禿無木，只有草叢和岩石。四處遼闊深遠，無橋無舟。天氣寒冷，夥伴們相繼入眠。我考慮該幹點什麼，得出的結論是，必須隻身泅渡，取回聖杯。醒來時，我已褪去衣衫。

【內容物】陽性元素為夢者，同伴，陰性元素為葡萄藤上的蒙面小地精，轉化性元素為聖杯。

【容器】英國小島，聖杯城堡。

【相關事件與夢境意義】印度之行期間做此夢。轉化性元素，從夢 21 中具有東方元素的玉蘭樹，回到了具有西方傳統意義的聖杯。夢者認同了聖杯騎士（英雄－父親原型），但是這種認同是不太認同得到同伴認同的，同伴一開始是七人，後來變成了六人（減去了多嘴多舌的教授）。回應了夢 21 中「六、七人」的結構。整個夢境更多恢復了歐洲文化傳統中的神話世界，如聖杯與地精。夢者在結尾處已經可以孤身上路。遠離世俗與人群。

【編號】夢 23：瑜伽行者夢
【夢境故事】見本書第十一章

我已經夢見過自性和自我的關係問題。在先前那個夢裡，自己在漫遊，在一條小街上穿過丘陵地帶，陽光閃耀，周圍視野開闊。我走近路旁小教堂，門虛掩著，我走進去。令人驚異的是，祭壇上既無聖母像，亦無耶穌受難像，而只有鮮花裝點。隨後卻見祭壇前地上，面對著我，有一個瑜伽行者，他以蓮花坐盤腿而坐，正處於甚深禪定中。細看時，發覺他長著我的臉。我驚恐至極，醒來是因為想到：「啊哈，原來他是那個正在禪觀我的人，他做夢了，而我就是那個夢。」我知道，他要是蘇醒，我將不復存在。做此夢是在 1944 年病後。

【內容物】陽性元素為夢中自我，陰性元素為瑜伽行者，轉化性元素為禪定，禪觀。

【容器】教堂

【相關事件與夢境意義】夢者出現了瀕死體驗。夢境體現出了明顯地超越二元對立的特徵，陰性元素和陽性元素整合，瑜伽行者如果是陰性元素，則榮格自我是陰中陽，反之亦然。

陰性元素，從一開始駭人的陰影，逐漸進化，從具有非洲特色的黑人，到歐洲農夫、古代十字軍幽靈，到亞洲的瑜伽行者，提示著整合各種文化陰影。同時，它也和轉化性元素融為一體，正如腓利門具有四把鑰匙可以解開心鎖一樣，瑜伽行者的禪定，也具有轉化、超越的意味。而且禪定、瑜伽，這個轉化性元素，正如積極想像、繪畫曼陀羅一樣，是夢者的白日自我也可以把握的工具。自我與自性的聯結更加穩固。

【編號】夢 24：配樓樂隊夢

【夢境故事】見本書第十一章

我又夢見，自家房屋加建了我還從未踏足的大配樓，我打算看看，最後走了進去，到了一扇巨大的折門跟前，一開門，就置身於一個裝配成實驗室模樣的房間。窗前立著一張桌子，鋪放著許多玻璃器皿和動物實驗室的一切器材，這是我父親的工作場所，但他不在。靠牆書櫃上成百上千的玻璃容器有各種我能想到的魚類，我吃驚了：「現在我父親研究魚類學了！」

我站在那裡，環顧四周，發覺一道簾子時不時鼓起，宛如有勁風吹拂。突然漢斯，一個來自鄉村的青年出現了，我請他查看一下，屋內簾後是否窗戶大開。他走過去，過了些時候回來，我看到他深為震驚，面有懼色，他只說：「對，那裡有點名堂，鬧鬼了！」

於是我親自前去，發現有一道門能通到我母親的房間。房間裡沒有人，氣氛頗為詭異。這個房間頗為寬敞，從天花板懸下來兩排各五只箱子，離地兩英尺。它們看起來貌似花園小亭，面積約六平方英尺，每一個都裝有兩張床。我的母親去世已久，我知道此處是讓人來拜訪我母親的，雖然她早已去世。她擺上這些床就是給來訪的精靈們睡覺用的。這些精靈成雙到來，結成了鬼魂的婚姻，它們來到這裡過夜，甚至白天也會來。

在我母親的房間對面有一扇門。我把門打開，走進了一個大廳——它使我想起了大賓館的大廳，有圈椅、幾案、柱子和一切應有的富麗堂皇。一個銅管樂隊正在演出，大廳裡空無一人，只有銅管樂隊大聲吹出舞曲和進行曲，大廳裡正在演奏銅

管樂，雖然從頭至尾聽見它是背景聲，卻不知來自何方。廳中無人，只有「銅管樂隊」高奏其曲調、舞曲和進行曲。

【內容物】陽性元素為夢者自我，鄉村青年，陰性元素為死去的父親與母親，寄宿的鬼魂夫妻，轉化性元素為魚類研究，銅管樂曲。

【容器】配樓，實驗室，花園小亭一樣的箱子

【相關事件與夢境意義】寫作《答約伯》，引發社會爭論。轉化性元素從具有神聖意義、超越世俗意義的瑜伽行者，變回了和世俗社會比較切合的魚類－獸型神學研究，以及銅管樂曲，但是這兩個轉化性元素，在此夢都沒有完成轉化的任務，父親並沒有出現，被轉化為虔誠的教徒或者科學家，母親也沒有被轉化為和自己伴侶翩翩起舞的賢妻良母。夢者的自體，再次出現了分裂——分裂為自我和鄉村青年。這種分裂可以理解為：1. 在個人層面上，夢者仍然無法放棄、遠離世俗生活，尤其是父母婚姻不幸福，引發的家國情結——不斷地期望彌補夫妻之間的裂隙。2. 夢者把化合原型投射到了世俗夫妻生活中，這種投射當然符合家族主義文化的社會，如夢者當年生活的歐洲和儒家文化圈。

但是這種投射隨著工業化、城市化進程，已經受到了極大挫折。工業化－城市化，以及隨後的全球化，造成的結果之一，就是家庭這種制度的衰敗和解體。家庭，尤其是建立在父權私有制基礎上的家庭，已經崩潰，越來越多的人，會選擇不再組建家庭，或者僅僅在家庭完成育兒、財產積累等基本功能後就

解散家庭。[12] 如果因為道德、財富分配等原因，勉強維持婚姻的表像，其婚姻就會像榮格夢中父母之家，陰氣深深、死氣沉沉。榮格及其同時代者，顯然都無法迎接這種數千年未有之變局，無法接納家庭制度的衰亡，無法哀悼個人家庭的喪失。

【編號】夢 25：父親聖經夢
【夢境故事】見本書第十一章

與約伯的問題連同所有後果也在一次夢中做了預告。夢開始於我去看望早已逝世的家父。他住在鄉間，不知何處。我看見一幢十八世紀式樣的房子，十分寬敞，有一些較大的外屋。我獲悉，這座房子原為溫泉浴場的客棧，陸續有大人物、名流與王公貴族在那裡下榻。還聽說一些人死了，在教堂地下室中放著他們的豪華棺槨，這個教堂也屬於此建築的，我父親作為教堂司事管理它們。

但我很快發現，我父親不僅是教堂司事，而且還是位獨立大學者，這在他生前是從未沒有的職業。我在書齋遇到他，奇怪的是，Y 醫生（年齡與我相仿的）與其子也在場，二人均為精神科醫生。不知是我自己提了一個問題，還是我父親自己主動想解釋什麼，反正他從架子上取下一本大《聖經》，厚厚的大開本，類似於我的圖書室中梅里安作插圖的《聖經》。家父所持的《聖經》裝訂著錚亮的魚皮。他打開《舊約》（我猜是《摩西五經》），開始解釋某處。他做得如此迅速、博學，讓人都

12　【作者註】可以參考上野千鶴子所著《父權制與資本主義》一書。

跟不上了，只發覺他所言透露出大量各類知識，對其含義，雖猜出一二，但既無法估量亦領會不了。我看到Y醫生一竅不通，其子發笑，他們以為，我父親處於老頭子的興奮狀態，滔滔不絕，胡說一通。我卻很清楚，那並非病態的興奮，更不是胡言亂語，而是一種如此睿智博學的論據，而我們比較愚蠢，跟不上他。那是令他著迷的十分重要之事，所以他會說得那麼深沉，充滿深邃的思想。我生著悶氣，心想，真可惜，他不得不在我們三個笨蛋跟前說話。

隨後場景變了：我父親和我在房前，對面是庫房，顯然堆著劈柴，我們聽得到砰砰聲大作。仿佛有人把大木塊扔上扔下。我感覺像至少有兩名工人在勞作，但父親示意那邊鬧鬼。顯然是某種吵鬧鬼正在製造出了喧嚷。

隨後，我們進屋，我看見牆壁很厚。我們沿窄梯上到二樓，那裡呈現出奇觀：一間廳堂，完全是蘇丹阿克巴在法赫塔布林西格裡城的市政廳地下室的翻版。那是圓形高大的房間，沿牆有一道遊廊，有四座橋通往佈置成池狀的中心。池子架在一根巨柱上，成為蘇丹的圓形座位，他在那裡對沿牆坐在廊台上的顧問和哲學家們說話。一切是一個巨大的曼陀羅，完全對應我在印度見過的市政廳地下室。

夢中忽見一道陸梯從中心沿牆突兀而上，這與現實不符了。上面是一小門，家父說：「現在我將領你面謁上主！」好像他說的是「highest presence」（作者案：夢中其父開始講英語，「最高存在」之意。）。然後，他跪下來，以額觸地，我依樣照做，同樣大動作下跪。因為某種原因，我的額頭無法完全著

地，額頭與地面相差一毫米。但至少我和他一起擺出了姿勢，或許因家父而蕁然曉悟，上面門後幽居著大衛王的統帥烏利亞，大衛王為了烏利亞之婦拔示巴而可恥地出賣了他，命令武士在面對敵人時對烏利亞棄之不顧。

【內容物】陽性元素為夢者本人，Y醫生及其兒子，烏利亞，陰性元素為聖徒父親，大衛王，轉化性元素為《聖經》，吵鬧鬼，天梯，拔示巴。

【容器】溫泉浴場的客棧、豪華棺槨、庫房，蘇丹阿克巴市政廳地下室。

【相關事件與夢境意義】夢中人物，形成了三組配對。配對1：是榮格及聖徒父親；配對2：Y醫生及其兒子；配對3：烏利亞－大衛王。前兩組是父子關係，最後一組是君臣關係。配對1的父子是經由神學、《聖經》得以連接和轉化。配對2的父子因為精神病學而得以連接傳承。最後這兩個配對得以徹底分離、絕裂。這對應著夢者在日後生活中遠離世俗社會和世俗價值觀。

父親意象，已經從一開始的生物學父親，逐漸演化為原型父親，現在進化為智慧老人，替代了腓利門的角色。吵鬧鬼的出現，貌似與搗蛋鬼原型類似，但是似乎更接近配樓樂隊夢（夢24），雖然銅管樂隊奏響的是愛的舞曲，但是夢者感知的卻是塵世的喧囂。

在遠離喧囂和吵鬧後，神性父子在具有東方色彩的容器中，與「最高存在」（自性原型）會面。但是這個最高存在，卻是與政治鬥爭，好色、暗殺聯繫在一起的，這可以視為榮格也開始

吸收、承認了佛洛伊德黑暗歷史觀合理性——文明建立在父子相殘、貪財好色、圖名戀權的基礎上。正因為這些人類的原罪，所以耶穌基督的獻祭才是具有意義的。要是大家都是翩翩君子，耶穌基督還有什麼必要為人類犧牲、為人類贖罪呢？世俗生活和超凡生活，在很多剛剛接觸靈性修練者心中，是二元對立、水火不容的，但是到了一定條件下，它們的對立就會消解。我們看到，榮格這個夢的最後，已經具有了這個特徵，最神聖的神性，最高存在的代表者，卻是一個俗人，他是一場人間政治謀殺中的冤大頭，一個被帶了綠帽子的老英雄。

【編號】夢 26：不喜不悲的妻子夢
【夢境故事】見本書第十一章

> 我在如視覺意象般的夢境中見到她，她站在不遠處，直視著我。她風華正茂，三十上下，身穿連衣裙，是多年前我的那個靈媒表妹給她做的，這或許是她曾穿過的最漂亮的連衣裙。她的表情不喜不悲，而是帶著一種客觀的智慧和理解，沒有絲毫情緒反應，如同她已經遠離情感迷霧。我知道，那不是她，而是她為我提供或安排的形象，包括我們交往之初、五十三年婚姻生活中的風風雨雨，還有她生命的終結。面對如此完整性，一個人幾乎無話可說，因為這幾乎難以領會。

【內容物】陽性元素為夢者自我，陰性元素為三十歲的亡妻。無轉化性元素。
【容器】無。
【相關事件與夢境意義】妻子去世。各種死而未亡者，在夢者的系

列夢中，不斷進化，從之前夢中死而未亡的官員幽靈、十字軍騎士，到父親的幽靈、代表母親幽靈的馬車小姐等，總體的進化途徑是越來越超脫。直到亡妻這個意象，其表情不喜不悲，超越了理性和情感的二元對立，也超越了世俗的感情。但是其著裝卻是漂亮的連衣裙，表示出對世俗美麗、人間風華的追求和接納。

這代表著母親－妻子這一類女性意象的超越性，和父親－師父那一類男性意象的超越性一樣重要，尤其是現代社會，男女平等，心靈超越再也不是男性特權。但是，和之前父親聖經夢（夢 25）中，父親意象總是有各種容器比較起來，這裡的妻子意象是缺乏容器的，或者連衣裙可以算作是包裹女性軀體的容器，但是夢者並沒有和對方處於同一容器中，譬如夢 25 中的蘇丹市政廳地下室。而且，夢中也沒有出現轉化性元素，只看到雙方的彼此凝視。所以這也是可以做積極現象的夢境，例如讓夢者畫下夢中妻子的圖像，不斷地觀想，體驗各種情緒後，開始和夢中妻子對話，以促進轉化性元素顯現、成型。既然夢者在夢後產生了領悟，就說明這個夢中，本來是應該有容器和轉化元素的，但是被夢者遺忘了。這也提示我們，在夢的工作中，要注意到，我們工作的，永遠都是夢者對原初夢境的回憶。當然，這些缺失的部分，在下一個夢中得到了補償。

【編號】夢 27：亡妻研究聖杯夢
【夢境故事】見本書十一章

另外一個有關死後靈魂進化的體驗，發生在我妻子死後一年左

右，某天晚上我突然醒來，我知道自己隨她在法國南部普羅旺斯，共同渡過了整整一天。她在那裡研究聖杯。

【內容物】陽性元素為夢者自我，陰性元素為亡妻，轉化元素為聖杯研究。

【容器】普羅旺斯

【相關事件與夢境意義】妻子死後一周年。夢 26 中缺失的容器與轉化元素都得到了補充。化合原型再次投射到夫妻關係中。

【編號】夢 28：幽浮投射夢

【夢境故事】見本書第十一章

　　1958 年 10 月做的一個夢裡，我從自家房子裡瞥見閃著金屬光澤的兩個透鏡狀圓盤，拐著小彎越過房頂風馳電掣奔湖而去。那是兩隻幽浮。隨後，另一物體直接朝我飛來，是一個圓形透鏡，如同望遠鏡的物鏡，相距大約四、五百米，停頓片刻，然後飛走。緊接著，又有一物體凌空飛來：一面物鏡，金屬附件通向一個子，是幻燈機，相隔大約六七十米，它停在空中，直接對準我。我感覺驚訝地醒來，但人還有一半在夢中，腦中出現這個念頭，「我們總以為飛碟是自己的心理投射。現在，情況表明，我們是它們的投射。幻燈機把我投影成卡‧古‧榮格。但何人操縱此裝置呢？」

【內容物】夢者和幽浮相互為彼此陽性或陰性元素。轉化性元素為投射。容器：自家房子。

【相關事件與夢境意義】再次出現物我同一，人我同一感。呼應瑜伽行者夢（夢 23）中的天人合一，人我雙泯。代表著自性化

進程的穩定。之前的瑜伽行者夢中，轉化性元素是具有東方色彩，古代色彩的禪定或禪觀，而這個夢中的轉化性元素則是具有西方特色、未來風格的外星高科技。這意味著夢者不再依賴古代文化中的象徵性意象來表徵自性原型。也不再把科學客體，科技客體與自性化過程對立起來。幽浮能夠通過投射創造世界，創造「榮格」這個主體或者說自體，這說明幽浮具有自性的功能。夢者在無意識中，再一次超越了「有我」與「無我」的二元對立。

【編號】夢 29：狼獾母親夢

【夢境故事】見本書第十一章

夢中，他看到「另外一個波林根」，它沐浴在光芒閃爍中，此時一個聲音告訴夢中的榮格，它已經完工了，可以居住了。夢者榮格看到，在遙遠的下方，有一隻狼獾母親，正在一片水中，教她的一個孩子潛水和游泳。

【內容物】陽性元素為榮格，陰性元素為狼獾母子，轉化性元素為一個聲音。

【容器】另一個波林根

【相關事件與夢境意義】臨終前一年。以前多次夢到的容器，家宅，發生了重大變化，家宅主要有以下幾種形態：1. 寫實的、對應現實生活的家宅：如獨眼肉柱夢（夢 1）、死亡父親回家夢（夢 6）、死去父親婚姻諮商夢（夢 15）等，這體現了夢者正在重演在自己家裡啟動的內心衝突或者試圖改變家庭中人際關係的努力。2. 充滿異國風情的住宅：如白鴿女孩夢（夢

9）、訓伏阿拉伯王子夢（夢 14）等那樣的，往往提示夢者正在把重建家庭的希望，正性家族主義情結投射到異國他鄉。

3. 具有神奇、怪異色彩的家宅：如配樓樂隊夢（夢 24），是一個陰間的家宅，而本夢的家宅，則是天堂中的家宅。這個空中的家宅，具有明顯的陽性特徵，因為他「沐浴在光芒閃爍中」。這一方面提示夢者具有根深蒂固的家庭情結，類似很多家族主義者那樣，以為家庭相愛，百毒不侵，忽略了家庭制度正在解體的社會進程，另外一方面，表明化合原型正在投射到家庭上，現在正投射到天堂的家庭中。這種投射，形成了新一輪的分裂，就是母子關係，被投射為下方的狼獾母子，與大地、動物的陰性原則。形成了純陽－純陰的兩極對立結構。轉化性元素，一個聲音，是幫助夢者轉化為純陽的存在，去天堂安家，而不是試圖消除天堂與大地的對立，陰間與陽間的對立。

【編號】夢 30：金線樹根夢

【夢境故事】見本書第十一章

1. 他看到在一個高高的、光禿之地上，有一塊巨大的、圓形的石頭，上面刻寫著：這是你的完整性和一體性的標誌。2. 在一塊方形地的右側，有許多器皿，陶瓶。3. 一塊方型的地長滿樹木，所有的鬚根，從地下伸出包圍著他，在鬚根之間，有金線在閃閃發光。

【內容物】陽性元素為夢者，陰性元素為具有金線樹根的樹木，轉化性元素為石頭。

【容器】方形地、地底、陶瓶。

【相關事件與夢境意義】臨終時刻。轉化性元素石頭，既是榮格從小的玩具，也是被投注了神奇轉化力量的煉金術中哲人石象徵，圓形代表著圓滿，之前夢中隱藏的聲音，自性原型之聲，變成了銘刻在石頭上的墓誌銘。多次出現的森林、樹木，這次緊緊地與夢者身體包裹，這個大地母親與身體包裹的意象，在個人情結層面，是母嬰身心抱持關係的重現，在原型層面則是化合原型。容器則既有方形容器，類似墓穴、獨眼肉柱夢（夢1）中的方形黑洞，也有類似可能是圓形容器類似在訓伏阿拉伯王子夢（夢14）中的城堡、幽浮投射夢（夢28）中的飛碟等多個夢中，都出現過圓形容器，譬如圓形池塘等，但是這裡並沒有明確顯示。樹木和自我的吞噬關係，也對應於夢1中自我與獨眼肉柱的吞食關係，但是夢1的情緒基調是恐懼，夢30的基調可能是寧靜快樂的，也可能是悲欣交集。更有可能是不喜不悲，猶如不喜不悲的妻子夢（夢26）。

結語

榮格的自我療癒故事到此為止，他如何從一個恐懼的兒童，走向空心的少年，變成熱情的青年，最後經歷中年危機，走向人生的終點：死神畫下一個圓滿的句號。

榮格，之所以沒身不殆，死而不亡，至今仍然頻頻有其新作發表，大概在於他本人象徵著兩種人格形象。

其一，他象徵著追尋靈魂的現代人。從空心青年到巨嬰老人，

隨著宗教頹敗、家庭解體，傳統價值崩潰，現代人喪失了人生的意義，每天呼吸著空虛和焦慮，吃力地拖曳著抑鬱的肉體，奔波勞碌於名利財色之間。而榮格幾乎從他的第一個夢，獨眼肉柱夢開始，就展開其長達八十餘年的自我療癒歷程。

其二，他更象徵著受傷療癒者。這大概是心理治療師們，為什麼一方面對榮格的神神鬼鬼不屑一顧或心存畏懼，另一方面又經常「真香」於榮格的支言片語。傳統的療癒者們，各種聖徒神僧，總是那麼完美無暇，高不可攀，就像春節晚會的國家一級演員，一顰一笑、一詞一句都是那麼字正腔圓、精雕細琢，而榮格的一生，更接近抖音裡直播的農民歌手，時不時都是荒腔走板，車禍現場。他是一個嚴重的病人，顯然攜帶著精神分裂的基因，該經歷的童年創傷也一個都沒落下，他也是一個身殘志不殘、發奮自我療癒的好醫生。愛情上，他是一個標準的渣男，所有純情少女應該退避三舍，又是一個用情至深、不離不棄的情種。

總不少人，因為對宗教超越體驗的不瞭解，把榮格封神，投射為當代仁波切，當然了，榮格的修行功夫，距離「竹影掃階塵不動，月穿潭底水無痕」這種修行界大學生水準，尚有一定距離，但是在一般的近似佛教徒中，的確可以算高考學霸了。

雖然榮格並沒有超凡脫俗，但是他的確為凡庸的人們提供了信心和勇氣，雖然在白日生活中不能用於肉身不腐、虹化遷轉等修行得道的成就，但是至少我們可以在夢境中，在幻想中擁有一些小確幸，所謂虛己以遊世，乘物以遊心。

推薦閱讀

　　本章的發展心理學是從嬰兒期開始的，但是當代的發展心理學，已經開始研究胎兒期的事件對於人的影響，對於這方面知識感興趣者，可以瞭解斯坦尼斯拉夫‧格羅夫（Stanislav Grof）的著作《非常態心理學》，2004 年雲南人民出版社出版。

　　童年的各種情結、各種創傷，可以使用內在小孩工作法來療癒，市面上內在小孩為名的自助書很多，我個人最推薦，日常工作中使用最多的，是《回家吧，受傷的內在小孩》一書，佈雷蕭（John Bradshaw）著，熊錦玉，吳文忠翻譯，這本書提供了從嬰兒期到青春期各種情結和創傷的修復方法。

　　青年成人期的衝突一是工作，一是婚戀。常用的自助書籍是《找到你工作的意義》、《愛的五種語言》、《錢、性、孩子：好女人不可不知的婚姻雷區》、《愛情是一個故事》、《親愛的，我們別吵了》。中年期經常使用的自助手冊眾多，如《走出無性婚姻》、《幸福的婚姻》、《離婚的心靈法則》、《必要的喪失》等。對於有心理障礙，情緒困難者，可使用《抑鬱情緒調節手冊》、《焦慮情緒調節手冊》、《穿越抑鬱的正念之道》、《當情緒遇見心智》等。老年人當然也是需要心理自助的，比如《當溫暖消逝》、《臨終：精神關懷手冊》、《最後的陪伴：如何面對親人的衰老和死亡》。以上推薦的都是心理自助，比心理自助更重要的，是心性修養。心理自助書籍大多是講求情感和理性的平衡，而心性修養，則是理性、情感、直覺、知覺四方面的辯證整合，這一任務主要是世界名著來承擔的，《浮士德》和《西遊記》，都是這

方面的優秀作品，《西遊記》則更有優勢一些，尤其是李安綱教授總結和評注的《西遊記》，使用佛教和道教的理論，來論述小說中包含的自性化過程。

後記：最美麗的村莊

灪灪騑騑，歲暮編敝。寵名棄捐，君褏在位。

——《易林・蠱之坤》

此書寫作貌似偶然，實則也是命運之力的牽引。

編輯何萍找我約稿時，我正處於中年危機的高峰回落時期。這場危機從 2015 年開始，當時我博士畢業，本以為人生到了顛峰。各方面順風順水。我已經訂好了退休計畫——含飴弄孫、安度晚年。至於寫作，我的計畫是這輩子只寫四本書，而且已經寫好了，後半生就是精益求精，惟精惟一，把這四本書修改得完美一些。

然後人生的低谷就出現了，離婚遷居、中美危機，要不是有分析師、督導師、算命師、佛法導師們護駕保航，鐵定要憂鬱症大爆發，去找同行們走後門住院治療。

約稿之初，頗無心情，一來我的「四部」計畫會被打破，二來我吃夠了違背本心、為錢工作的苦，所以帶著很消極的心態答應了。我心想只要改一改演講稿就好了，反正這錢不賺白不賺，背叛理想就再背叛一次好了，反正也不是第一次背叛。結果本書初稿出來我一看，發現那是一本百分百的爛書，已經不是背叛理想的問題，接近於昧著良心製造垃圾，浪費紙張忽悠讀者。

此時我為此書起卦，得到了蠱卦變坤卦，便決定此書從頭再寫。重寫的過程中也是一波三折。一是原稿中有很多《哲人玫瑰

園》和《十牛圖》的內容，過於精深，不適合入門讀者；二是我在翻閱了能找到的幾乎所有的榮格傳記才發現，居然沒有一個榮格的清晰的年表；三是榮格的這些夢境，居然各個版本翻譯不一，甚至英文本也和德文有細微出入。所以花費了大量時間去查閱、校對。交稿日期一拖再拖。

此書完成之時，我也做了一個夢，這個夢境編碼為「最美麗的村莊」，夢境故事如下：

這是一個春天的早上，大約十點左右，我正在一個美麗的古鎮遊玩。這個古鎮類似上海金山的一個古鎮或者浙江紹興市步行街旁邊的一條小街，小橋流水，陽光明媚，小鎮沒有開發，街道上幾乎空無一人。我的心情極其舒適。正在小鎮四處行走。就走到了一處戲台，它是長方形的，有著一個類似廟宇的頂蓋，還有一條長廊，供人休息或觀看演出。夢中我知道，這也是鄉親們祭祖祭神之地。這時看到一對青年男女正在排演，他倆說說笑笑，眉目傳情，讓人心生歡喜與祝福。此時我在夢裡突然想起我在以前的一個夢中已經來過這個鎮子，在那夢中，我和愛人傳文走過一條公路，走到了鎮子另一邊的一個美麗的湖泊，我們感慨，這真是世界上最美麗的村莊。

醒來後我想起，其實我在多個夢中都到達過這小鎮周邊，有時候一個在鎮邊農田遊蕩，有時穿梭於它的大街小巷。還有一次，和傳文一起參加法會，看到我逝世的佛法老師，起死回生，一襲白衣，英姿勃發。

此夢中的轉化性元素是愛情與戲劇，這愛情來自初入青年期小鎮青年之愛，不知學區房為何物？以為常春藤是房前屋後的植物。這戲劇也非聚光燈下，萬眾矚目。純粹只是為了娛樂自我，取悅鄉親，並不在乎票房高低，豆瓣評論或者同行評議。

我遠離這種心態好多年。以前經過這些古鎮時，我都幻想著，自己能夠在這樣的古鎮租用一個房屋，專心寫作，就像傳說中那些我崇拜的作家們一樣。2012 年到 2015 年間，在澳門城市大學寫作博士論文時期，我曾經有很短時間，小小的滿足了這種需求。但是總的來說，我已經遠離純粹的寫作十多年，寫作總是為了滿足他人的需求或者期望，要麼是所謂市場的需求，要麼是親戚朋友們的拜託，要麼是看不見摸不著的學術規範的需求。直到此書寫作，可以算我寫作異化再次轉化，我欣喜地發現，原來此書，就是脫胎於我的四部著作中專業著作卷《感應轉化：從投射認同到感應轉化》，而且是原書的一個很好的補充。《感應轉化》中討論了受傷療癒者和受傷研究者，本來我是準備用文學手法來寫作其中的案例部分的，尤其是榮格作為受傷療癒者的部分，沒有得到充分論述。但是學術界視文學為深仇大敵，有位師妹，甚至因為博士論文引用了一句民間諺語，被答辯組導師們批判太過文藝。

但是我，作為一個內傾直覺者，屬於我的本質語言就是文學性語言，赫曼·赫塞的《悉達多》中，有一段話一直鼓舞著我，那是悉達多和佛陀的對話——悉達多讚賞佛陀，嚮往佛法，但是他告訴佛陀，他認為在佛法中，存在一個小小的缺口，這個缺口就是：「大徹大悟的佛陀教誨內涵豐富，它教導眾人履行正道，諸惡勿做。但是有一點，卻未包含在如此明晰莊嚴的教法當中，那就是，

他沒有包含佛陀自身經歷的祕密，在千千萬萬人中唯有他一人經歷的祕密。」

心理諮商和治療總是與個人的生命息息相關，這些純屬個人的愛恨情仇，只有這樣一個前提下才能被展開、被傾訴。這個前提就是，治療師作為一個整體，許諾為來訪者嚴格保密，許諾對來訪者的一切經歷不進行道德判斷、價值判斷、真假判斷。來訪者的故事，要是被縮減為量表上一個分值，然後 SPSS 上場、卡方檢驗、邏輯回歸、結構方程三板斧，一通操作猛如虎，回望這一切的科學硝煙、歷史塵埃，在其背後，豈非正如悉達多所言，「萬物的統一性和連續性，在一個地方斷裂開了，通過這個小小裂口，某種陌生的東西，某種嶄新的東西，某種以前沒有展示也不能展示、沒有證明也不能證明的東西，湧入了這統一的世界。」

傅文在此書寫作期間出現在我生命中，她和我一樣，受傷於這父權制坍塌、金融資本主義盛行的時代。沒有她的鼓勵，此書無法完成。此書完成於一個初春的夜晚，雲歸千峰靜，月出萬松明，祝願此書的所有讀者們，能夠跨越人生的坎坷，在抑鬱與空虛的年代，安住於您心靈中最美麗的村莊，享受生命的衰老和死亡。

附錄

附錄 1　情結原型發展表

情結	功能	原型	客體－自體配對	心理－社會衝突
自戀情結	內傾感知覺	偉大母親原型 －兒童原型	慈愛母親－信任嬰兒	安全信任－懷疑
			死亡母親－恐懼嬰兒	
權威情結	外傾感知覺	父親原型 －個人陰影原型	規訓父母－自主幼兒	自主－害羞
			操縱父母－害羞幼兒	
三角情結	內傾情感	化合原型 －集體陰影原型	相愛父母－主動小兒	主動－內疚
			敵對父母－內疚小兒	
學習情結	外傾思維	人格面具 －文化陰影原型	民主老師－勤奮少兒	勤奮－散漫
			獨裁老師－懶散少兒	
青春情結	外傾情感	永恆少年原型 －智慧老人原型	欣賞長輩－浪漫少年	角色穩定 －角色混亂
			功利長輩－空心少年	
名利情結	外傾直覺	人格面具 －愚弄者原型	關愛社會－有愛青年	親密－隔絕
			冷漠社會－隔絕青年	
家國情結	內傾思維	智慧老人 －永恆少年原型	感恩他人－繁衍中年	繁衍－停滯
			冷漠他人－停滯中年	
生死情結	內傾直覺	自性原型	抱持宇宙－統整老人	統整－絕望
			無情宇宙－絕望老人	

附錄 2　系列夢工作記錄表

| 編號 | 夢境故事 | 意象 | | | | 個人理解 |
| | | 內容物 | | | 容器 | 相關事件 |
		陽性元素	陰性元素	轉化性元素	時間／空間	夢境意義

附錄 3　榮格自我療癒年表

- 1875，榮格誕生。
- 1876，1 歲，移居勞芬。
- 1879，4 歲，家庭移居巴塞爾近郊，父母不和，母親住院。夢 1：獨眼肉柱夢（本書第二章）。
- 1884，9 歲，妹妹出生。
- 1887，12 歲，夢 2：教堂上帝夢（本書第二章）。
- 1887-1888，12-13 歲，患病，有可能是腦創傷或者癌症。
- 1893-1895，18-20 歲，夢 3：挖掘古墓夢，夢 4：放射目動物夢，夢 5：小小意識之火夢（本書第四章）。
- 1895-1900，20-25 歲，醫學院學習。參加表妹的招魂會。
- 1896-1899，21-24 歲，在醫學院演講，後結集命名為《佐菲迦演講錄（Zofingia Lectures）》出版。1896 年，21 歲，父親去世，夢 6：死亡父親回家夢。
- 1900，25 歲，決定專業方向為精神病學。
- 1902，27 歲，學位論文，《關於神祕現象的心理學與病理學》。
- 1903，28 歲，榮格結婚，其後相繼生育了 5 個子女，一直到 1914 年最後一個兒子出生。
- 1902-1903，27-28 歲，巴黎進修，在讓內（Pierre Janet）的醫院學習精神病學。
- 1903-1905，28-30 歲，精神病院做實習醫師，做字詞聯想測驗，驗證佛洛伊德所說的「情結」。

- 1902-1906，27-31 歲，寫作多篇精神病學症狀學研究文章，後彙集為全集第一卷。
- 1904-1911，29-36 歲，與薩賓娜發生戀情。也有人認為他們關係持續了十二年，到 1916 年才終止。
- 1905，30 歲，在蘇黎世大學任醫學系講師。
- 1906，31 歲，開始支持佛洛伊德，與之通信。發表《佛洛伊德的歇斯底里症理論：對阿沙芬堡的回應》。
- 1907，32 歲，面見佛洛伊德，發表論文《早發失智的心理》。
- 1904-1907，29-32 歲，做多項實驗研究，字詞聯想，對情結等進行心理生理學研究，這些論文收入到全集第二卷；成為精神醫學界與心理學界的新星。
- 1908，33 歲 , 發表《犯罪心理學新領域》、《精神病的內容》、《佛洛德的歇斯底里症理論》。
- 1909，34 歲，開始個人執業，同年 9 月份去克拉克大學演講。夢 7：地下室頭骨夢，夢 8：官吏幽靈與十字軍幽靈夢。（本書第六章），發表《夢境的分析》。發表《父親在個體命運中的意義》（1949 年重修）。
- 1910，35 歲，擔任國際精神分析協會首任主席，開始撰寫《轉化的象徵》，與佛洛伊德強烈爭執。發表《一個孩子的精神衝突》，1946 年有修改。開始閱讀煉金術書籍。發表《論對精神分析的批評》。
- 1911，36 歲，發表《布魯勒精神分裂陰性症狀的批判》、《論數字夢的意義》，《也論謠言的心理學》。
- 1912，37 歲，與佛洛伊德決裂。同年聖誕，夢 9：白鴿女孩夢，

夢 10：死者復活夢（見本書第七章）。決定與托尼‧沃爾芙發展婚外情關係，這段關系持續終生。出版《轉化的象徵》，其中引用佐西摩斯的幻覺。發表《心理學新路》、《關於精神分析》。

- 1913，38 歲，將自己的理論命名為「分析心理學」，從蘇黎世大學辭職。開始直面無意識，寫作《黑書》，這個寫作持續了 1917 年，一直到 1930 年，《黑書》的內容精選改寫為《紅書》。同年 12 月，夢 11：殺死西格弗里德夢，夢 12：腓利門鑰匙夢。（見本書第七章）。發表《精神分析理論》、《精神分析理論的一般方面》。

- 1913-1917，38-42 歲，間斷服兵役，1916 年，41 歲，任英國拘留營陸軍醫療隊的醫生與隊長。

- 1914，39 歲，和托尼‧沃爾夫的戀情進一步發展，持續終生。徹底與佛洛伊德的精神分析協會決裂，辭去國際精神分析協會主席。最小的孩子出生。一戰爆發。夢 13：冰凍葡萄樹夢。（見本書第七章）。閱讀西爾伯勒（Herbert Silberer）的書籍，對煉金術的觀點發生改變，從之前的貶低蔑視，轉化為興趣盎然。發表《論心理學中無意識的重要性》，發表《精神分析中一些關鍵問題：榮格醫生與羅伊醫生往來信件》。

- 1916，41 歲，發表文章《對死者的七次佈道》、《論超越功能》（1957 年有修改）、《自我與無意識的關係》、《無意識的結構》，開始使用集體無意識，阿妮瑪、阿尼姆斯、自性、自性化等概念。發表《論夢心理學的一般方面》（1948 年重修）。發表《精神分析與精神官能症》，《〈分析心理學論文

集）序言》。

- 1917，42 歲，發表《論無意識的心理學》（1926、1943 年重修）。
- 1918，43 歲，一戰結束。開始研究諾斯替文獻。
- 1919，44 歲，發表《本能與無意識》，使用「原型」這一概念。
- 1920，45 歲，北非之旅（1920 年 3 月 4 日到 4 月 17 日）。同年開始學習《易經》。開始建造塔樓。夢 14：訓伏阿拉伯王子夢（見本書第九章）。發表《靈性信仰的心理基礎》（1948 年重修）。
- 1921，46 歲，出版了《心理類型》一書。發表《宣洩的治療價值》（1928 年修改）。
- 1922，47 歲，夢 15：死去父親婚姻諮商夢（本書第九章）。發表《論分析心理學與詩歌的關係》。
- 1923，48 歲，母親去世。夢 16：魔王狼狗夢，夢 17：蟾蜍男孩夢。同年，塔樓初步建成（本書第九章）。
- 1924，49 歲，衛禮賢回到德國，開始和榮格往來，交流衛禮賢版本的《周易》、道教等。
- 1924-1926，49-51 歲，去美國印第安人居住地考察。
- 1925，50 歲，去東非考察。夢 18：黑人理髮師夢（本書第十章）。舉辦《分析心理學》講座，是最早系統講述分析心理學的講座，發表《作為心理關係的婚姻》。
- 1926，51 歲，夢 19：配樓煉金術圖書館夢，夢 20：困在十七世紀夢（本書第十章）。發表《靈性與生命》、《分析心理學與教

育》。

- 1927 年，52 歲，夢 21：利物浦之夢（1 月 2 日），1 月 9 日繪畫了「永恆之窗」曼陀羅（見本書第十章）。塔樓擴建。發表《精神的結構》（31 年重修）。

- 1928，53 歲，出版《自我與無意識的關係》一書，發表《論心理能量》。開始煉金術研究。發表《心理治療與靈魂的療癒》、《心理疾病和精神》、《分析心理學與世界觀》、《兒童發展與教育》、《個性化教育中無意識的意義》。

- 1928-1929，53-54 歲，繪畫「金色城堡」曼陀羅，看到了《黃金之花的秘密》，認為自己正在尋找的方法已經在中國人那裡存在，寫作《注解（黃金之花的秘密）》。發表《帕拉塞爾蘇斯》、《心理學中體質和遺傳的意義》、《佛洛伊德和榮格：比較》

- 1930，55 歲，《紅書》完工。擔任「心理治療通科醫師協會」副主席。衛禮賢逝世，發表《紀念衛禮賢》，發表《心理學與文學》（1950 年重修）。發表《現代心理治療的某些側面》，發表《生命的階段》，《克蘭菲爾德（心靈之隱祕路徑）序言》。

- 1928-1930，53-55 歲，《夢分析研討會》，購買了煉金術書籍，但是拖延閱讀。

- 1931，56 歲，塔樓擴建。發表《心理治療的目標》、《分析心理學的基本假設》，開始給物理學家包立做治療。

- 1932，57 歲，舉辦《昆達裡尼瑜伽研討會》，發表《心理治療師或神職人員》、《佛洛伊德及其歷史地位》、《畢卡索》、《尤里西斯：一場獨白戲》。

- 1930-1934，55-59 歲，在蘇黎世心理學俱樂部開展《意象分析研討會》，擔任美國特工，提供對納粹、希特勒的心理分析。
- 1933，58 歲，擔任了「心理治療通科醫師協會」代理主席，因為和納粹有關受到譴責。同年在蘇黎世聯邦理工大學開始做講座，在愛諾斯會議發表《自性化過程的經驗》，發表《現實與超現實》。結識馮・法蘭茲，她成為榮格後半生重要助手，學術傳承人。
- 1934，59 歲，在愛諾斯會議做《關於集體無意識的原型》演講，發表《夢分析的實踐用途》、《情結理論回顧》、《靈魂與死亡》、《自性化過程研究》（1950 年重修），《人格的發展》。開始系統地研究煉金術。
- 1934-1939，59-64 歲，在蘇黎世心理學俱樂部做《尼采的（查拉斯圖特拉如是說）研討會》。
- 1935，60 歲，在愛諾斯會議做《自性化過程的夢象徵》演講，後出版為文集《心理學與煉金術》第二部分。在倫敦塔維斯多克診所，做《分析心理學的理論與實踐》演講。發表《西藏度亡經》的心理評論（1953 年有修改），發表《實踐心理治療的原則》、《什麼是心理治療》。
- 1935-1938，60-63 歲，獲得了許多名譽教授、名譽博士稱號。妹妹於 1935 年去世。
- 1936，61 歲，在愛諾斯會議做《煉金術中的救贖象徵》演講，後出版為文集《心理學與煉金術》第三章。發表《瑜伽與西方》、《紀念佛洛伊德》，發表《集體無意識的概念》、《關於原型：尤其是阿妮瑪》。

- 1937，62歲，在德里的艾爾大學發表「心理學與宗教」講座，1940年彙編為《心理學與宗教》一書。同年在愛諾斯會議發表演講，《佐西摩斯的幻象》，1938年出版。寫作《實踐心理治療的現實》，1966年發表與全集十六卷第二版。發表《決定人類行為的心理學因素》。

- 1936-1937，61-62歲，在紐約等地進行《自性化過程的夢象徵》演講。

- 1938，63歲，印度之行，夢22：聖杯夢（見本書第十章）。在愛諾斯會議發表《母親原型的心理學側面》（1954年重修），發表《心理學與宗教》。

- 1939，64歲，二戰爆發。愛諾斯會議發表《論重生》演講（1940年發表，1950年重修）。發表《西藏大解脫書》的心理學評論（1954年重修）。為鈴木大拙《禪宗導論》寫序。發表《論精神分裂症的心理病因》、《意識、無意識與自性化》。

- 1940，65歲，愛諾斯會議，發表《三位一體教理的心理之途》（1942年、1948）年重修。發表《兒童原型的心理學》。

- 1941，66歲，發表《作為醫生帕拉塞爾蘇斯》、《（少女）科爾的心理學側面》。

- 1936-1940，61-65歲，蘇黎世心理學俱樂部，《夢分析研討會》，瑞士聯邦理工學院，《兒童之夢》研討會。

- 1936-1941，61-66歲，蘇黎世心理學俱樂部，《古代及現代的釋夢研討會》。

- 1941，66歲，與克雷尼（Károly Kerényi）合著《神話的科學文集》，愛諾斯會議發表《關於彌撒中的象徵》報告。

- 1933-1941，58-66 歲，瑞士聯邦理工學院講座，共 8 卷，包括心理學歷史，意識心理學和夢心理學、瑜伽心理學、煉金術心理學等內容，目前只有第一卷出版，其他七卷待出版。
- 1940-1943，65 歲到 68 歲之間，他開始了編輯《心理學與宗教》並開展系列講座。
- 1942，67 歲，發表《作為靈性現象帕拉塞爾蘇斯》，並辭去蘇黎士大學的名譽教授職位，辭去蘇黎世聯邦理工大學教授，在愛諾斯會議發表《精靈墨丘利》演講（1948 年有改動此文）。發表《群眾中的轉化象徵》。
- 1943，68 歲，再次擔任巴塞爾大學的心理學教授。發表《東方禪修的心理學》、《心理治療與生命哲學》，發表《天才兒童》。
- 1944，69 歲，退出教學領域。出版《心理學與煉金術》。出現瀕死體驗，進入印度神廟。夢 23：瑜伽行者夢（見本書第十一章）。發表《印度的聖人》。
- 1945，70 歲，二戰結束。在愛諾斯會議做《靈魂的心理學》演講，收入文集第九卷的時候，更名為《古老傳說中的心理現象》。在蘇黎世心理學俱樂部做《論心理及視覺藝術》演講，這個演講曾經於 1942 年在蘇黎世精神科協會舉辦過一次。發表《哲學樹》（1954 年又改動）。發表《醫學與心理治療》、《今日心理治療》，《論夢的本質》（48 年重修），《童年中的靈性現象》（48 年重修）。1946 年，71 歲，出版《移情心理學》，在愛諾斯會議發表《心理學的精神》演講。
- 1948，73 歲，成立了蘇黎士榮格學院，並出版《精神的象徵

性》。在愛諾斯會議演講，《關於自性》。發表《論精神的本質》（1954年重修）。

- 1949，74歲，出版了《無意識結構》。

- 1950，75歲，出版《艾翁》。再次獲得蘇黎世聯邦理工學院名譽博士學位。發表《（易經）前言》、《論曼陀羅象徵》。

- 1951，76歲，愛諾斯會議，做《論共時性》演講。發表《心理治療的基本問題》。

- 1952，77歲，出版《答約伯》，夢24：配樓樂隊夢，夢25：父親聖經夢（本書第十一章）。發表《共時性：非因果聯結原則》，此文首先發表於和包立合著的書《對自然和精神的解釋》，後收入全集。

- 1953，78歲，托尼·沃爾夫去世，開始戒菸。開始出版英文版《榮格全集》二十卷。

- 1954，79歲，出版《論意識的起源》，發表《論愚弄者形象的心理學》。

- 1955，80歲，妻子艾瑪去世。夢26：不喜不悲的妻子夢（本書第十一章）。發表《曼陀羅》。

- 1956，81歲，夢27：亡妻研究聖杯夢。

- 1955-1956，80-81歲，出版《神祕化合》一書。

- 1957，82歲，開始撰寫《榮格自傳》。發表《精神分裂症近思》。

- 1958，83歲，出版《飛碟：一個現代神話》，夢28：幽浮投射夢（本書第十一章），獲得榮譽市民。發表《精神分裂症》。

- 1959，84歲，接受BBC採訪，製作記錄片《榮格面對面》。

- 1960，85 歲，德文版《榮格全集》陸續出版。
- 1961，86 歲，發表《接近無意識》。夢 29：狼獾母親夢，夢 30：金線樹根夢（本書第十一章）。6 月 6 日，榮格在庫斯那赫特家中逝世。

PsychoAlchemy 033

榮格的 30 個夢：心靈大師的自我療癒
The Self Healing Journey of C. G. Jung
李孟潮——著

出版者—心靈工坊文化事業股份有限公司
發行人—王浩威　總編輯—徐嘉俊
執行編輯—趙士尊　封面設計—黃怡婷
內頁排版—龍虎電腦排版股份有限公司
通訊地址—10684 台北市大安區信義路四段 53 巷 8 號 2 樓
郵政劃撥—19546215　戶名—心靈工坊文化事業股份有限公司
電話—02）2702-9186　傳真—02）2702-9286
Email—service@psygarden.com.tw　網址—www.psygarden.com.tw

製版・印刷—彩峰造藝股份有限公司
總經銷—大和書報圖書股份有限公司
電話—02）8990-2588　傳真—02）2290-1658
通訊地址—248 新北市新莊區五工五路二號
初版一刷—2022 年 3 月　初版三刷—2023 年 9 月
ISBN—978-986-357-235-0　定價—540 元

《榮格的 30 個夢：心靈大師的自我療癒》
中文版權 © 李孟潮
繁體中文版權經由北京頡騰文化傳媒有限公司
授權心靈工坊文事業股份有限公司在台灣獨家出版發行

國家圖書館出版品預行編目資料

榮格的 30 個夢：心靈大師的自我療癒 / 李孟潮著 . -- 初版 . -- 臺北市：
心靈工坊文化事業股份有限公司 , 2022.03
　面；　公分
　ISBN 978-986-357-235-0（平裝）

1.CST: 分析心理學　2.CST: 個案研究

170.181　　　　　　　　　　　　　　　　　　　　　　　111003096

書系編號— PsychoAlchemy 033　　　書名—榮格的30個夢：心靈大師的自我療癒

姓名

是否已加入書香家族？ □是 □現在加入

電話 (O)　　　　　　(H)　　　　　　　手機

E-mail　　　　　　生日　　年　　月　　日

地址 □□□

服務機構　　　　　　職稱

您的性別—□1.女 □2.男 □3.其他

婚姻狀況—□1.未婚 □2.已婚 □3.離婚 □4.不婚 □5.同志 □6.喪偶 □7.分居

請問您如何得知這本書？
□1.書店 □2.報章雜誌 □3.廣播電視 □4.親友推介 □5.心靈工坊書訊
□6.廣告DM □7.心靈工坊網站 □8.其他網路媒體 □9.其他

您購買本書的方式？
□1.書店 □2.劃撥郵購 □3.團體訂購 □4.網路訂購 □5.其他

您對本書的意見？
□ 封面設計　1.須再改進 2.尚可 3.滿意 4.非常滿意
□ 版面編排　1.須再改進 2.尚可 3.滿意 4.非常滿意
□ 內容　　　1.須再改進 2.尚可 3.滿意 4.非常滿意
□ 文筆／翻譯 1.須再改進 2.尚可 3.滿意 4.非常滿意
□ 價格　　　1.須再改進 2.尚可 3.滿意 4.非常滿意

您對我們有何建議？

□本人同意　　　　　　（請簽名）提供（真實姓名/E-mail/地址/電話/年齡/
等資料），以作為心靈工坊（聯絡/寄貨/加入會員/行銷/會員折扣/等之用，
詳細內容請參閱http://shop.psygarden.com.tw/member_register.asp。

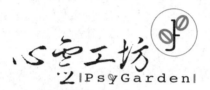

廣　告　回　信
台　北　郵　政　登　記　證
台北廣字第1143號
免　貼　郵　票

10684台北市信義路四段53巷8號2樓
讀者服務組　收

免　貼　郵　票

（對折線）

加入心靈工坊書香家族會員
共享知識的盛宴，成長的喜悅

請寄回這張回函卡（免貼郵票），
您就成為心靈工坊的書香家族會員，您將可以——

⊙隨時收到新書出版和活動訊息

⊙獲得各項回饋和優惠方案